FINANZ-CONTROLLING

MANAGEMENT SERVICE TASCHENBÜCHER

8/9

KURT JEHLE
ALFRED BLAZEK
ALBRECHT DEYHLE
MANFRED GROTHEER
KLAUS EISELMAYER

FINANZ-CONTROLLING

*Planung und Steuerung von
Finanzen und Bilanzen*

Herausgegeben von der
Controller-Akademie

6. Auflage
neu bearbeitet

MANAGEMENT SERVICE VERLAG
Wörthsee-Etterschlag

Finanz-Controlling ist ein Doppelband dieser Reihe
Band 8 und Band 9 in einem Band
mit 80 Abbildungen und Tabellen

6. Auflage 1997 – neu bearbeitet
5. neu bearbeitete Auflage 1994
4. durchgesehene Auflage 1991
3. neu bearbeitete Auflage 1986
2. durchgesehene Auflage 1982

ISBN 3-7775-0208-1

© 1976 Management Service Verlag
Dr. Albrecht Deyhle, D-82237 Wörthsee-Etterschlag
Gesamtherstellung: Schoder Druck GmbH & Co. KG
D-86368 Gersthofen

Printed in Germany 1976/1982/1986/1991/1994/1997

Inhaltsverzeichnis

Vorwort   Seite 10

1. Kapitel   Seite 15

Was wir unter Finanz-Controlling verstehen

Der Controlling-Thementeppich / Gibt es einen Finanz-Controller? / Management und Controlling / Wann ist ein Unternehmen finanziell gesund? / Bilanzpolitik und Ertragsteuerplanung / Sustainable Development

2. Kapitel   Seite 25

Treasurer- und Controller-Aufgaben

Notizen zur Geschichte der Finanzfunktion / Soll der Controller auch Bilancier sein? / Aufgaben der finanziellen Unternehmensführung / Zusammenspiel zwischen Controller, Treasurer und Manager / »...klangen die Taler, klirrte das goldene Blech der Dukaten« / Teilung der Aufgaben zwischen Treasurer und Controller / Funktionsbeschreibungen für Treasurer und Controller / Der Beitrag des Treasurers zum Planungsbrief

3. Kapitel   Seite 45

Buchhaltung und Bilanz

Grundsätze ordnungsmäßiger Buchführung und Bilanzierung / Die Organisation der Buchhaltung / Das Prinzip der Doppik / Was uns die Bilanz zeigt / Bewegungsbilanz / Was sich in der Bilanz abspielt / Systematik der Geschäftsfälle für die Bilanzplanung / Buchungsliste für die Systematik der Geschäftsfälle / Die Überleitung vom Betriebsergebnis zum Bilanzerfolg / Die Abstimmbrücke zur Bilanz / Wo kommen die Daten für die Bilanzplanung her? / Wie geht's weiter in diesem Buch?

4. Kapitel   Seite 71

Fallbeispiel zum Finanz-Controlling

Die Einnahmen- und Ausgabenübersicht / Das Prinzip der integrierten Erfolgs-, Finanz- und Bilanzplanung / Erfolgsplanung und Bilanzplanung / Erläuterungen zu den einzelnen Bestandsänderungen / Ableitung der Planbilanz / Die Planung der Bewegungsbilanzen / Buchhalterische Interpretation der Bewegungsbilanz / Zusammenstellung der Bewegungsbilanz zum Tableau für Mittelverwendung und Mittelaufbringung / Der Finanzplan / Der Soll-Ist-Vergleich

5. Kapitel   Seite 99

Fallstudie zur Mehrjahres-Finanzplanung

Plandaten zum Bodenerwerb und zur Erstellung des Gebäudes / Weitere Daten zur Investitions- und Abschreibungsplanung / Daten aus der Ergebnisplanung / Die Bilanz als Ausgangspunkt des Falles / Voraussichtliche Jahresschlußbilanz der MAFAK GmbH / Die Umsetzung der für die nächsten 3 Jahre geplanten Sachverhalte in Buchungssätze / Kommentar zur Buchungsliste / Die Planbilanzen für die drei Planjahre / Der Sinn eines Planungs-Panoramas / Der Finanzplan / 3 Jahresbewegungsbilanz

6. Kapitel   Seite 117

Finanz-Controlling mit Kennzahlen

Kennzahlen für die Rentabilität / Rentabilitäts-Analyse der Fallstudienfirma MAFAK / Der Leverage-Effekt / Finanzielle Stabilität / Die »goldene« Bilanzregel bei der MAFAK-Fallstudie / Working Capital-Analyse / Vermögens- und Kapitalaufbau / Cash Flow-Analyse / Cash Flow und Break-even-Analyse / Cash Flow bei der Fallstudien-Firma MAFAK / Zeitvergleich und Betriebsvergleich / Gliederung der Bilanzpositionen zur Bilanz- und Finanzanalyse / Schnelligkeitsgliederung der Aktivseite bei der »Versilberung« von Vermögenswerten / Dringlichkeitsgliederung der Passivseite der Bilanz bei der Schuldenrückzahlung / Kennzahlen-»Inventar« zur Bilanzanalyse / Kennzahlen zur Vermögensstruktur / Kennzahlen zur Kapitalstruktur / Kennzahlen über Beziehungen zwischen Vermögen und Kapital / Kennzahlen für die Kapitalbindung

7. Kapitel   Seite 151

Finanzplanung und Finanzbericht

Direkte und indirekte Methode bei der Finanzplanung / Kurz- und langfristige Finanzplanung / Finanzerwartungsrechnung / Investitions- und Finanzplanung / Planung von Forderungen und Schulden / Der Finanzbericht / Die Kapitalflußrechnung im internationalen Vergleich

8. Kapitel   Seite 183

Die Investitionsrechnung – Ergebnis- und Finanzplanung im Verbund

Mehrjahres-Management-Erfolgsrechnung / Ausgangsdaten / Amortisationsrechnung / Kapitalwertmethode (Discounted Cash Flow) / Interne-Zinsfuß-Methode (Discounted Cash Flow-Rate) / Finanzierung / Controller und Treasurer im Team / Shareholder-Value-Berechnung

9. Kapitel   Seite 195

Vom Erfolgsbudget zum Finanzbudget – eine System-Fallstudie

Strategische und operative Planung / Portfolio-Positionierung / Kostenbegriffliches / Überlegungen für's neue Budget / Simultanes Arbeiten strategisch und operativ / Operative und strategische Preiskalkulation / Gewinnbedarfsbudget / Das neue Budget – computerprotokolliert / Vom Ergebnisbudget im Rahmen der Management-Erfolgsrechnung in die Gewinn- und Verlustrechnung der Finanzbuchhaltung / Plan-Bilanzbuchungen / Aufstellung der Planbilanz / Finanzbericht / Controlling-Triptychon / Shareholder Value

Sachnachweise   Seite 235

Verzeichnis der Abbildungen

Abb.		Seite
1	Ausschnitt aus dem Controlling-Thementeppich	16
2	Ordnungsbild für die Managementfunktion	19
3	Bild zum Nachdenken über das Zusammenspiel zwischen Manager und Controller	29
4	Treasurer- und Controller-Aufgabengebiete	37
5	Anforderungen an das Rechnungswesen	38
6	Typologie der Geschäftsfälle zur Bilanzplanung	53
7	Systematik der Geschäftsfälle für die Bilanzplanung	54/55
8	System der Management-Erfolgsrechnung	62/63
9	Informationsquellen zur Bilanzplanung	66/67
10	Einnahmen- / Ausgabenplan	72
11	Zusammenhang zwischen Erfolgs-, Finanz- und Bilanzplanung	74
12	Ableitung der Ausgaben und Einnahmen aus dem Erfolgsplan	75
13	Planung der Gewinn- und Verlustrechnung (operative Erfolgsplanung)	77

Abb.		Seite
14	Planung der Bestandsänderungen; von der Erfolgsplanung zur Planbilanz	78
15	Planbilanz mit saldierten Bestandsänderungen (Veränderungsbilanz)	80
16	Planung der Bewegungsbilanzen	83
17	Übersicht über Mittelverwendung und Mittelaufbringung gemäß der Bewegungsbilanzen	87
18	Finanzplan	89
19	Istzahlen aus der Finanzbuchhaltung	91
20	Tatsächliche Geldbewegungen (Sachkonten)	92
21	Tatsächliche Geldbewegungen (Kunden, Lieferanten, Sonstige)	93
22	Soll-Ist-Vergleich der Einnahmen und Ausgaben – Finanzkontrolle	94
23	Soll-Ist-Vergleich der Bewegungsbilanzen	95
24	Soll-Ist-Vergleich bei der Bilanz	96
25	Planbuchungen zur 3-Jahresplanung	104/105
26a	Planbilanzen und Planbewegungen	108/109
26b	3-Jahres-Bewegungsbilanz und Working-Capitalanalyse	115
27	Struktur eines Planungs-Panoramas	111
28	Finanzplan in Form einer Kapitalflußrechnung	113
29	Wechselwirkung zwischen Umsatzrendite und Kapitalumschlag	118
30	Kapitalertrags-Stammbaum	119
31	Rentabilitäts-Kennzahlen dreijährig	123
32	Planbilanzen dreijährig	125
33	Das Working Capital als Kennzahl für die Finanzierung	128
34	Entwicklung des Working Capital dreijährig	129
35	Der Cash Flow im Break-even-Diagramm	133
36	Das Netto-Umlaufvermögen und seine Einflußgrößen	146
36a	Verhältniszahlen aus dem Monatsbericht der Deutschen Bundesbank	149
37	Die Finanzströme der Planperioden als Differenz der Bilanzpositionen	153
38	Finanzbewegungsrechnung mit Ausweis der Veränderung von Geld und Geldanlagen (free cash flow)	154
39	Finanzplan komprimiert	155
40	Muster eines Finanzplans – Das Budget der Einnahmen und Ausgaben	156
41	Muster eines Finanzplans – Das Budget der Kredite und Zahlungsmittel	157
42	Formularbeispiel für eine kurzfristige, rollierende Einnahmen- und Ausgabenplanung mit monatlichem Soll-Ist-Vergleich	158

Abb.		Seite
43	Listenbild für die Finanzerwartungsrechnung	159
44	Formular für einen Investitionsantrag	162
45	Investitionsantrag: Aufteilung des Kapitalbedarfs	163
46	Formular zur Projektplanung für nicht aktivierungspflichtige Aufwendungen	164
47	Investitionsliste	165
48	Formularbeispiel zum Investitions-Controlling	166
49	Formularbeispiel für einen Plan des Umlaufvermögens	170
50	Formularbeispiel für einen Plan der Verbindlichkeiten und Rückstellungen	171
51	Beispiel für die graphische Darstellung der Entwicklung der Bilanzstruktur	175
52	Beispiel zur direkten und indirekten Methode der Kapitalflußrechnung	178
53	Kapitalflußrechnung – Praxisbeispiel deutsch, englisch, französisch	180
54	Kapital- (Mittel-) flußrechnung nach US GAAP	182
55	Zahlenbeispiel einer Mehrjahres- Management-Erfolgsrechnung	186
56	Investitionsrechnung	187
57	Interne Zinsfuß-Methode und Kapitalwert-Methode	188
58	Controller, Treasurer und Manager im Team vor dem PC	192
58a	Shareholder-Value-Berechnung	193
59	Hochgerechnete Eröffnungsbilanz	197
60	Strategisch-operatives Schnelldiagnose-Videobild	197
61	Portfolio-Diagnose	200
62	Ergebnisbudget graphisch	201
63	Ergebnisbudget - Struktur stufenweise Deckungsbeiträge	203
64	Kostenwürfel - Kommunikations-Bühnenbild	204
65	Strategisches Formular	209
66	Strategisches Fähigkeitszeugnis	213
67	Neues Budget im Rahmen der MER	216/217
68	Strategisches Formular - Ausfüllbeispiel	219
69	Umbauen MER in G- u. V-Rechnung der Finanzbuchhaltung	223
70	Liste der Plan-Bilanzbuchungen	225
71	Erarbeiten Plan-Bilanz über Plan-Bewegungsbilanz	227
72	Finanzbericht: Bewegungsbilanz und Working Capital	228
73	Controlling-Triptychon: Potentiale, Ergebnis, Finanzen	229
74	Mehrjahres-Netto-Cash-Flow-Formular	234

Vorwort

Dieses Buch ist im Team geschrieben. Es konzentriert sich auf die Darstellung des Rahmens für das Finanz-Controlling; also auf die »Apparatur« für die Planung und Steuerung der Finanzen.

Dabei wendet es sich primär an Führungskräfte und Fachleute mit Treasurer- und Controllerfunktionen – vor allem im Finanz- und Rechnungswesen. Es hilft aber auch dem operativen Manager der »Linie« in Verkauf, Produktion, Einkauf, Entwicklung, in der Spartenleitung, die Finanzverantwortung besser zu verstehen und die dazu vorgelegten Berichte des eigenen Hauses besser interpretieren zu können. Jede Maßnahme hat schließlich ihr finanzielles Spiegelbild. Die Existenz- und Entwicklungssicherung einer Unternehmung entscheidet sich mit der finanziellen Stabilität.

Für das Controller-Handwerk der Budget-Betreuung will dieses Methodenbuch helfen, die Finanzplanung in den Aufbau der operativen Planung besser integrieren zu können. Oft genug ist es so, daß ein Budget der Einnahmen und Ausgaben separat in der Buchhaltung aufgestellt und weiterverfolgt wird. Die in diesem Finanz-Controlling-Buch empfohlenen Methoden der integrierten Überleitung vom Erfolgsbudget im Rahmen etwa der Deckungsbeitragsrechnung in die Bilanzplanung tragen der Parallelität von Gewinnziel und Finanz-Stabilität Rechnung und ermöglichen auch den systematischen Soll-Ist-Vergleich.

Die Modellfälle, Fallbeispiele und Fallstudien, an denen der Finanz-Controlling-Stoff einfach und mit Rechenbeispielen nachvollziehbar – also nachmachbar – veranschaulicht wird, sind in den Seminaren der Controller-Akademie erarbeitet worden. Die Autoren fungieren als Trainer im Controller-Ausbildungsprogramm sowie als praktische Berater.

Pionier und Schrittmacher für das Finanz-Controlling-System sowie die Fallbeispiele in diesem Buch ist Dipl.-Kfm. Dr. Kurt *Jehle*, Wirtschaftsprüfer und Steuerberater in München gewesen. Interpretationen, textliche Kommentierungen und ergänzende Fallbeispiele haben Dipl.-Kfm. Dr. Alfred *Blazek* und Dipl.-Kfm. Dr. Albrecht *Deyhle*, beide hauptamtliche Dozenten der Controller-Akademie mit Sitz in Gauting bei München, beigesteuert. Die 5. Auflage haben Dr. Alfred *Blazek* und Manfred *Grotheer* neu bearbeitet.

Der Schwerpunkt liegt auf der betriebswirtschaftlichen und management-gerechten Interpretation des Themas. Es handelt sich also um kein Spezialwerk über Bilanzen und Steuern, sondern um ein praktisches »Rezept«-Buch beim Übersetzungs- und Lotsendienst zwischen Zahlen und Maßnahmen im Interesse einer größeren Stabilität bei der Planung von Entscheidungen im Management. Vorne gründlich gerührt, brennt eben hinten nicht so leicht an.

Die Redeweisen der Buchhaltung mit Soll und Haben sind uralt und bis zum heutigen Tag unverändert geblieben. Der Sprachgebrauch stammt aus dem Debitorenkonto. Herr/Frau Sowieso »soll« mir geben dafür, daß ich etwas geliefert oder geleistet habe... Kommt die Zahlung, wäre zu vermerken »hat« gegeben. Da man etwas, das einem gegeben worden ist, eben haben tut, bedarf dies keiner weiteren Aufschreibarbeit unbedingt. Jedoch daß jemand etwas noch geben soll, vergißt man vielleicht – und die andere Partei vergißt es vielleicht ganz gerne. *Also muß man es sich aufschreiben getreulich dem ewigen Grundsatz »aus den Augen, aus dem Sinn«.* Und da abendländisch die Menschen links beginnen mit Schreiben, steht das eher Vergeßliche eben links; also das Soll.

Die betriebswirtschaftlichen Ausdrucksweisen der Management-Erfolgsrechnung hingegen sind neueren Datums. Paten-Tante war die Mathematik. Daher stammen Ausdrucksweisen wie Grenzkosten und Fixkosten. Sie ergeben sich aus der mathematischen Beschreibung einer Kostenfunktion. Grenzkosten als das Steigungsmaß der Funktion; Fixkosten entsprechen der mathematischen Konstanten. Die lineare Kostenfunktion würde z.B. lauten: Kosten in Funktion von x ist gleich mx plus t. Darin wären die x-Einheiten z.B. die Absatzmengen; m wäre der jeweilige Grenzkostensatz – dazukommende Kosten für eine Einheit mehr. Und t, die Konstante, sind dann eben die »Fixkosten«.

Damit geht der Ärger los. Besonders wenn man statt Grenzkosten/proportionale Kosten »variable« Kosten sagt. Dann gibt es immer diese Redeweisen, daß die variablen Kosten doch nicht ganz so variabel seien. Oder sinngemäß, daß die Fixkosten nicht ganz so fix seien.

Verstehen muß man, daß in diesen beiden Bemerkungen, aus dem praktischen Leben gegriffen, zweierlei Variabel und zweierlei Fix gesagt worden sind. Das eine betrifft den Struktursachverhalt, der sich in Kosten äußert – die Struktur des Produkts und die Struktur des organisatorischen Gehäuses darum herum (oder eben bildlich als Sockel darunter). Das andere »Variabel« oder »Fix« meint die Beeinflußbarkeit/Veränderbarkeit der Kostensachverhalte durch Entscheidungen – das Activity Based Cost. Der Leser prüfe dazu Abbildung 64 mit dem Kostenwürfel.

In der neu vorgelegten Fassung des Buches Finanz-Controlling *sind die Ausdrucksweisen Grenzkosten/Fixkosten als »früher verwendet« bezeichnet. Die neu von den Trainern der Controller Akademie vorgeschlagenen Redeweisen sind Produktkosten und Strukturkosten.* Schließt man sich diesem Sprachgebrauch an, hören die Zweifel solcher »Bi-Wörter« auf. Dann heißt es, daß man *nicht alle Elemente der Produktkosten (z.B. den Fertigungslohn) kurzfristig bei schwankender Auslastung entsprechend beeinflussen kann.* Es gibt dann Abweichungen um die Kostenfunktion herum.

Der andere Sachverhalt wäre, daß *»auch Elemente der Strukturkosten – vor allem die ›lmi‹ (leistungsmengeninduzierten) kurzfristig beeinflußbar sind«* – vor allem wenn es gelingt, kostentreibende Faktoren beizeiten beherrschbar zu machen. Statt »die Fixkosten sind nicht so fix« würde man eben sagen, daß auch Strukturkosten beherrschbar (controllable) sind durch passende Entscheidungen.

Controller und Kommunikation gehören zusammen. Deshalb kommen wir an den Sprachgebräuchen nicht vorbei. Ausdrucksweisen haben oft die Eigenart, so nicht verstanden zu werden, wie sie gemeint sind. Also braucht man sich gegenseitig – eben Manager und Controller im Team –, um praktisches Betreiben wirtschaftlich abzubilden und zu erreichen, daß jeder, jede jeweils von dem lernt, was der/die jeweils andere dazu beitragen kann, um eine komplex-vernetzte Frage zu lösen.

In diesem Sinn mag das Buch Finanz-Controlling dem Leser und Anwender behilflich sein.

Ostern 1994
Dr . Albrecht Deyhle, Gründer der Controller Akademie

Vorwort zur 6. Auflage 97

Das interne Rechnungswesen mit der im Break even-Bild darstellbaren Logik der Verknüpfung von Umsatz, Kosten und Ergebnis mit den Sprachgebräuchen der Produkt- und Strukturkosten und den Deckungsbeiträgen einerseits und das externe, finanziell orientierte Rechnungswesen im Algorithmus von Soll und Haben/Mittelverwendung und Mittelherkunft andererseits liefen in den letzten Jahrzehnten eher auf getrennten Wegen. Zwar hat die Abstimmbrücke zwischen Managementerfolg/ Bruttobetriebsergebnis und dem Jahresüberschuß der Finanzbuchhaltung für Verknüpfung gesorgt in einer Art Nabelschnur. Auch in der Kontierung von Belegen war stets das Bestreben, in einer Art Mitbuch-Logik die Sachverhalte möglichst konform zu halten.

Wenn aber davon auszugehen ist für die kommende Zeit, daß die externe Rechnungslegung bei der Gewinn- und Verlustrechnung zunehmend das Umsatzkostenverfahren verwendet, dann rücken internes und externes Rechnungswesen mehr zueinander. Dies wird auch gefördert durch die International Accounting

Standards (IAS) sowie durch die Rechnungslegung nach US GAAP.

Folgen den Umsatzerlösen die Herstellungskosten der zur Erzielung der Umsatzerlöse erbrachten Leistungen, so braucht man dazu die Kalkulation/den Artikelstamm – parallel gestaltet zu Produktkostensätzen wie zu Herstellungskosten (inklusive Strukturkosten der Produktion). Das Bruttoergebnis vom Umsatz sieht dann für den flüchtigen Betrachter ähnlich aus wie ein Deckungsbeitrag I; ist es aber nicht. Also entsteht für die Controllerarbeit erneut Erklärungsbedarf.

Folgen nach Umsatzkostenverfahren dem Bruttoergebnis die Vertriebskosten und sodann die Verwaltungskosten, so genügt nicht mehr der gebuchte Personal- und Sachaufwand sowie Abschreibungsaufwand, um eine G- und V-Rechnung aufzustellen. Es muß entsprechende Kostenstelleninformation eingebaut sein, die entweder aus dem betrieblichen Rechnungswesen kommt, oder in der Buchhaltung sind entsprechend vielerlei Konten zu führen, die Kostenstelleninformation etwa für den Personalaufwand enthalten.

In der Formulierung der Controlleraufgabe nach Transparenzverantwortlichkeit ist deshalb zunehmend die Ergebnis-und Finanz-Transparenz zu integrieren. Umso bedeutsamer wird für Controllers Kernkompetenz das, was wir in diesem Buch erarbeitet und beschrieben haben.

Pfingsten 1997

Dr . Albrecht Deyhle
für das das Trainerteam der Controller Akademie GmbH
Gauting/München

1. Kapitel

Was wir unter Finanz-Controlling verstehen

Thema des Finanz-Controlling ist das Controlling der Finanzen. Das ist so zu verstehen wie Vertriebs-, Produktions- oder Logistik-Controlling. Controlling ist der Prozeß der Zielfindung, der Ausarbeitung von Plänen zur Realisierung dieser Ziele und der begleitenden korrektiven Steuerungsmaßnahmen auf der Basis von Soll-Ist-Vergleichen. Das gilt für alle Aufgabengebiete im Unternehmen, also auch für die Finanzen.

Der Controlling-Thementeppich

Die Beispiele im »Controlling-Thementeppich« sollen dies deutlich machen. In den Spalten stehen Controller's Werkzeuge; die Controlling-Anwendungsgebiete im Management in den Zeilen.

Das ist wie beim Weben; der Zusammenhalt von Kette und Schuß. Der Controlling-Thementeppich wird gehalten durch die Kettfäden: die Werkzeuge. Die Schüsse, also die Anwendungen, machen die Dichte des Teppichs aus. Die Verknüpfung der Inhalte gibt der folgende Fragesatz ganz gut wider: Welche Zahl, für welche Entscheidung, für wen als Verantwortlichen? Statt den Verantwortlichen zu benennen (in Abb. 1 Projektleiter und Gesamtvorstand als Beispiele), könnte auch ein Zielmaßstab angegeben werden wie z.B. Deckungsbeitrag III im Profit Center. Die Zielhöhe, also z.B. 7,5 Millionen Deckungsbeitrag III für 1995, ist im Planungsprozeß zu erarbeiten.

Für die Beispiele Logistik, Personal und Finanzen in der Abbildung 1 ist das Controlling zu verstehen als

Controlling-Anwendungen \ Controller's Werkzeuge	Internes Rechnungswesen	Unternehmensplanung	Führung durch Ziele
Vertriebs-Controlling	stufenweise Deckungsbeitragsrechnung	Prioritäten im Produkt-Mix	Deckungsbeitrag III im Profit Centre
Produktions-Controlling	Flexible Plankostenrechnung	Eigenfertigung oder Fremdbezug	Reduzierung des Kostensatzes um ....
Forschungs- und Entwicklungs-Controlling	Projektkalkulation	Grad der Fertigstellung und Erwartung zum Projektende	Projektleiter – Verantwortlichkeit
Logistik-Controlling	Prozeßkostenrechnung	Lieferbereitschaft für das Kernprogramm	Durchschnittlich gebundenes Kapital pro Quartal
Personal-Controlling	Kosten der Weiterbildung pro Mitarbeiter	Verhältnis interner zu externer Weiterbildung	Weiterbildungsbudget in % des Gesamtbudgets
	Externes Rechnungswesen	Unternehmensplanung	Führung durch Ziele
Finanz-Controlling	Verschuldungsfaktor	Finanzierung des Aufbaus einer Fertigung	Verschuldungsfaktor nicht größer als 3,5

*Abb. 1: Ausschnitt aus einem Controlling-Thementeppich –
Controllers Werkzeuge/Denkzeuge als Spalten;
die Controlling-Anwendungen in den Zeilen*

– unternehmensübergreifende Funktion (so auch die Beispiele im Controlling-Thementeppich) und als

– Leistungs- und Kostenstellen-Controlling des Fachgebiets, oft als Ressort- oder Bereichs-Controlling bezeichnet.

Gibt es einen Finanz-Controller?

In der betrieblichen Praxis erleben wir Vertriebs-, Produktions-, Forschungs- und Entwicklungs-, Logistik- und Personal-Controller. Gibt es auch einen Finanz-Controller?

In den Controller Statements des Controller Verein eV wird definiert: »*Der Controller leistet in einer das Management begleitenden Rolle betriebswirtschaftlichen Service; sorgt für Kosten-, Ergebnis- und Strategietransparenz; koordiniert die Ziele und Teilpläne des Unternehmens ganzheitlich; organisiert ein unternehmensübergreifendes, führungs- und steuerungsgeeignetes Berichtswesen und sorgt mit seiner Methodik für mehr Wirtschaftlichkeit im System der Unternehmung als Regelkreis.*«

Die Finanzen kommen in dieser Definition nicht ausdrücklich vor. Die Entscheidungen in Vertrieb, Produktion, Forschung und Entwicklung, Logistik spiegeln sich nicht nur in einer internen Ergebnisrechnung, sondern auch in der Bilanz: Der Zugang zu einem neuen Markt durch den Kauf einer Beteiligung; die Verbesserung der Lieferfähigkeit durch Investition in Vorräte und flexible Fertigungsanlagen für die Montage kundenindividueller Aufträge; die Reduzierung von Entwicklungszeiten durch Computerunterstützung. Die Finanzierung der Vermögenszugänge auf der Aktivseite zeigt die Passivseite der Bilanz. Der Einstieg in eine neue Technologie oder die Intensivierung der Bearbeitung eines bestimmten Marktes führen auch zu Investitionen in die Personalkapazität. Diese führen aber nicht zu einem Anlagenzugang (außer bei Profi-Fußballclubs); die »sichtbare« Bilanzwirkung liegt in der Veränderung der Pensionsrückstellungen. Das bedeutet einerseits zusätzliche, ab sofort langfristig zur Verfügung stehende Finanzmittel, andererseits eine spätere Verpflichtung zur Zahlung von Pensionen.

Um die Finanzwirkungen von Entscheidungen kümmert sich der Treasurer, der Schatzmeister. Beide Ausdrücke sind in Unternehmen des deutschen Sprachraums nicht üblich. Schatzmeister sagt man in Vereinen, Verbänden und Parteien. So wie Controller die Ergebniswirkungen von Entscheidungen aufzeigen bis hin zur Umsatzrendite oder dem Return on Investment (als ökonomische Zielgröße sowohl für das Gesamtunternehmen als auch für das einzelne Investitionsprojekt), tun dies die Finanzleute für die Finanzwirkungen, indem sie z.B. die Veränderung des Verschuldungsfaktors (das ist das Verhältnis von Effektivverschuldung zum Cash Flow) durch eine geplante Großinvestition aufzeigen. Diese Funktion könnte man gut als Finanz-Controller bezeichnen. Die Finanzleute tun aber noch mehr. Sie entscheiden über die Art der Finanzierung, bei welcher Bank und in welchem Land Geld aufgenommen bzw. angelegt wird. Sie betreiben Finanz-Management. So wie wir vom Management in Vertrieb, Produktion, Forschung und Entwicklung, Logistik und Personal sprechen, für das der Controller einen betriebswirtschaftlichen Service leisten soll.

Management und Controlling

Management ist eine praktische Rolle. Aber sie hat Struktur. Sie ist zu erfüllen in Ergänzung zu dem, was jemand fachlich gelernt hat und dann tut im Vertrieb, in der Produktion, in Forschung und Entwicklung, in der Logistik, im Personal- oder Finanzwesen. Das gilt auch für das Management jedes einzelnen Aufgabengebietes: Sich Ziele setzen, Pläne machen und Steuerungsmaßnahmen auf der Basis von Soll-Ist-Vergleichen durchführen einerseits; für die eigenen, sich weiterentwickelnden Aufgaben, die Anforderungen zu erkennen (Soll-Profil), mit seiner Eignung (Ist-Profil) vergleichen und daraus notwendige Förderungsmaßnahmen ableiten andererseits. Erst recht gilt dies für jemanden, der als Führungskraft für ein Aufgabengebiet und Mitarbeiter verantwortlich ist. Abbildung 2 zeigt, wie das gemeint ist.

Die Verknüpfung der Elemente in diesem Management-System ist mit Doppelpfeilen angezeigt und durch einfache Fragesätze und Kommentare angedeutet. In anderen Büchern des Management Service Verlags, z.B. in der Controller Praxis, wird dieses Thema ausführlich dargestellt.

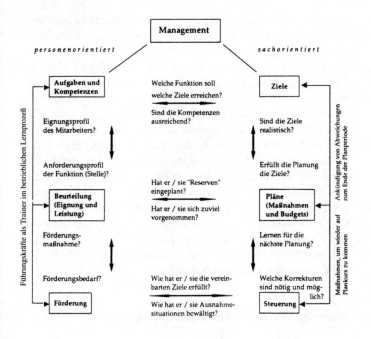

Abb. 2: Ordnungsbild für die Managementfunktion

»Control normally means manage, direct«. So steht es in Michael Swan, »Practical English Usage«. Control heißt steuern oder regeln, auch kontrollieren. Wir kennen den Regler in der Technik. Die Temperatur im Raum soll einen bestimmten Zielwert haben. Dieser wird von einem Thermostat überwacht. Sinkt die Temperatur unter den Zielwert, z.B. weil jemand vergessen hat, das Fenster zu schließen, signalisiert der Thermostat dem Heizaggregat, daß es mehr heizen soll und zwar so lange, bis die Zieltemperatur wieder erreicht ist. Das ist ein technischer Controlling-Prozeß.

Ziele festlegen, die Pläne zu deren Erreichung aufstellen und auf der Basis von Soll-Ist-Vergleichen (das ist die Kontrolle) monatlich oder quartalsweise über Korrekturmaßnahmen entscheiden, um wieder auf Plankurs zu kommen oder Abweichungen vom Ziel zum Ende der Planperiode ankündigen, damit sich die Betroffenen rechtzeitig darauf einstellen können – das ist Controlling in betriebswirtschaftlicher Sicht. Das entspricht der sachorientierten Seite der Managementfunktion in Abbildung 2. Controlling zu machen ist Sache der Manager selber. Controller leisten dafür einen betriebswirtschaftlichen Service. Demnach ist das Finanz-Controlling Sache des Finanzmanagers selber. Einen Finanz-Controller braucht er dazu nicht. Er oder sie macht sich selbst die Werkzeuge und kann selbst die Informationen interpretieren. Die Finanzleute sind die Signalgeber und Interpreten gegenüber ihren Kollegen in Vertrieb, Produktion, Forschung und Entwicklung, Logistik, soweit es um die Finanzierbarkeit von Expansion und Investitionen geht oder um die Notwendigkeit von Einschränkungen und Desinvestitionen zur Sicherung der Zahlungsfähigkeit des Unternehmens.

Wann ist ein Unternehmen finanziell gesund

Im normalen Sprachgebrauch verwenden wir die Wörter gesund und krank nur für Lebewesen, also Menschen, Tiere und Pflanzen. Natürlich sind es Menschen, die durch ihre Entscheidungen dafür sorgen, ob ein Unternehmen finanziell gesund oder krank ist. Was ist mit finanziell überhaupt gemeint? Ist es das Ergebnis, die Ertragskraft oder ist es die jederzeitige Zahlungsfähigkeit, die Finanzkraft? Für Experten ist das klar; aber können es die Experten auch den Nicht-Fachleuten im Unternehmen erklären? »Finanziell« krank oder gesund ist kein Punkt, sondern eher ein Bereich auf einer Skala.

Wenn ein Mensch hüstelt, so bedeutet das, auf das Unternehmen übertragen: *Das Ergebnis könnte besser sein.* Wenn man nicht aufpaßt, rutscht das Hüsteln aus dem Hals in die Bronchien. In einem Bericht über ein Unternehmen im Wirtschaftsteil der Zeitung heißt es dann: *Wir haben ein ausgeglichenes Ergebnis.*

Das klingt gut. Oder der Vorstandsvorsitzende kündigt zum Jahresende *eine schwarze Null* an. Das klingt noch besser, aber beides ist nicht toll. Ausgeglichen sind die Aufwands- und Ertragsseite und das bedeutet, daß kein Gewinn erwirtschaftet wurde. Wenn man weiter nicht aufpaßt oder einem nichts einfällt, wird aus der Bronchitis eine Lungenentzündung: *Man schreibt rote Zahlen.* Wegen einer Lungenentzündung muß man nicht sterben, seit es Penicillin oder ähnliches gibt. Wenn man diese Roßkur übersteht – Entlassung von Mitarbeitern und Sozialpläne, Verkauf von Unternehmensteilen, Umorganisation mit Hilfe von Beratern – kann es wieder aufwärts gehen und das Unternehmen gesund werden. Diese Beispiele beschreiben das Auf und Ab und Rentabilität eines Unternehmens. Die Zahlungsunfähigkeit, die Illiquidität, ist der tödliche Herzinfarkt unter den Unternehmenskrankheiten. Er symbolisiert den Gang zum Konkursrichter im dunklen Anzug, das Aus, das Begräbnis des Unternehmens. Die Liquidität muß sichergestellt sein. Darum kümmert sich der Treasurer oder der Finanzchef, die Finanzchefin.

Der Controller sorgt dafür, daß die Manager in Entwicklung, Verkauf, Produktion, Logistik bei ihren Entscheidungen nicht nur an Qualitätsverbesserung, Marktdurchdringung oder hohe Lieferbereitschaft, sondern auch an die Ergebniswirkung denken. *Aus dem Ergebnis wird die Liquidität gespeist. Wenn das Ergebnis versiegt, versiegen auch die flüssigen Mittel.* Gilt es, eine Durststrecke durchzustehen hin zu fetten Deckungsbeitragsweiden, dann können die Eigentümer oder Kreditgeber mit zusätzlichen flüssigen Mitteln helfen – falls es gelingt, den potentiellen Kapitalgebern die Zukunftsvision zu vergegenwärtigen. Oder professioneller ausgedrückt: Wenn die auf den Gegenwartswert abgezinsten Überschüsse der zu überbrückenden Jahre den Zinsendienst und die Rückzahlung erwarten lassen. Verhandlungsführer mit den Kapitalgebern ist der Treasurer. Er oder sie ist aber auch zuständig dafür, den investierenden Managern die Risiken für die finanzielle Stabilität und Liquidität des Unternehmens zu erläutern. Es macht daher Sinn, wenn der Finanzchef bei besonders riskanten und mit hohem Finanzbedarf verbundenen Vorhaben, z.B. Akquisitionen, Einstieg in neue Technologien ein Vetorecht im Entscheidungsgremium hat.

Bilanzpolitik und Ertragsteuerplanung

Wenn im Wirtschaftsteil der Zeitung zu lesen ist, daß der Ehrgeiz des Vorstandsvorsitzenden, am Jahresende eine schwarze Null darzustellen, nur mit Hilfe eines bilanziellen Kraftakts befriedigt werden kann, dann steckt dahinter Bilanzpolitik. Oder soll der Konzern die Gunst der Stunde nutzen und nach der Devise »Wenn schon rot, dann richtig« klare Bilanzzahlen sprechen lassen? Auch das ist Bilanzpolitik, bei der es auch um die steuerliche Belastung geht.

Unter Bilanzpolitik versteht man das Ausüben von *Wahlmöglichkeiten im Rahmen der Bewertungsfreiheit* in den Bilanzierungs- und Rechnungslegungsgrundsätzen, die teils auf gesetzlicher, teils auf freiwilliger Grundlage beruhen. Investitionen und Vorräte auf der Aktivseite, Rückstellungen auf der Passivseite sind wesentliche Positionen für die »Gestaltung« der Bilanz. Gegenstand der Ertragsteuerplanung sind *steuerliche Ergebniswirkungen einzelner Maßnahmen*, die *Ergebniswirkung einzelner Steuern* und die *steuerliche Gesamtbelastung eines oder mehrerer Jahre*.

Bilanzpolitik und Ertragsteuerplanung sind mit der Unternehmensplanung, strategisch und operativ, zu verknüpfen. Im Vordergrund steht die Orientierung am Bedarf der Kunden und nicht die Steuervermeidung oder eine Kampfansage an den Fiskus. Für die Unternehmensführung muß gelten: *Zuerst steuern, dann die Steuern.*

Die Internationalisierung von Verkauf und Produktion führt auch zu einem internationalen Wettbewerb um Finanzmittel. Bei der Einführung der Aktien eines deutschen Unternehmens an der New York Stock Exchange stoßen unterschiedliche Philosophien der Rechnungslegung aufeinander: die *Grundsätze ordnungsmäßiger Buchführung und Bilanzierung* und die *Gene-*

rally Accepted Accounting Principles. Der Jahresabschluß muß ein den tatsächlichen Verhältnissen entsprechendes Bild der Vermögens-, Finanz- und Ertragslage, einen *True and Fair View,* vermitteln, heißt es im Deutschen Handelsgesetzbuch und in der EG-Richtlinie. Aber was ist ein True and Fair View? Die jeweilige *Bilanzwahrheit* kann dann akzeptiert werden, wenn die Grundsätze der Bilanzerstellung offengelegt und möglichst kontinuierlich – *Prinzip der Bilanzkontinuität* – angewandt werden. Auf diese Weise können »kulturelle Brücken« zum gegenseitigen Verständnis gebaut werden.

Für die Bilanzplanung ist es zweckmäßig, sich an die Regeln für die Erstellung von Jahresabschlüssen zu halten. Nur dann ist ein Soll-Ist-Vergleich sinnvoll.

Sustainable Development

Durch die Umweltkonferenz 1992 in Rio de Janeiro ist Sustainable Development, die Forderung nach einer *nachhaltigen Entwicklung* oder *nachhaltigen Wirtschaftsweise* einer größeren Öffentlichkeit bekanntgeworden. Was hat diese Diskussion mit dem Thema Finanz-Controlling zu tun?

In den USA können Banken für die Beseitigung von Umweltschäden auf dem Grundstück eines Kreditnehmers haftbar gemacht werden, wenn die Bank die Möglichkeit hat, auf die Abfallentsorgung des Kreditnehmers Einfluß zu nehmen. Als der amerikanische Supreme Court diese Rechtslage 1991 bestätigte, wurden zahlreiche Grundstücksgeschäfte in den USA gestoppt. Das ist mehr als ein *schwaches Signal* für europäische Finanzchefs.

Die britische National Westminster Bank (NatWest) hat eine Abteilung für Umweltmanagement eingerichtet, die sich mit Haftungsproblemen dieser Art befaßt und die Strategien der Kreditvergabe der Bank überdenkt. Die Kunden und Mitarbeiter von NatWest werden über den neuesten Stand der Umwelttechnik informiert. Man ist überzeugt, daß Unternehmen mit hohem Umweltstandard zu denjenigen mit den höchsten Gewinnchancen zählen werden.

Wenn in der Strategischen Planung über neue Produkte, Produktionsverfahren und logistische Konzepte entschieden wird, muß also auch an den umwelt-kritisch prüfenden Kreditgeber gedacht werden; übrigens auch an den Versicherer für Produkthaftung. So könnten die ökonomischen Interessen von Banken und Versicherungen die produzierenden Unternehmen zu einer nachhaltigen Wirtschaftsweise drängen. Eine Leitlinie für den heute wieder stark geforderten dynamischen Unternehmer (Joseph A. Schumpeter) könnte heißen: ***Ökologie ist Ökonomie auf lange Sicht.***

2. Kapitel

Treasurer- und Controller-Aufgaben

Controller und Treasurer begegnen sich auf der Abstimmbrücke von der internen Ergebnisrechnung zur Gewinn- und Verlustrechnung und in der Bilanz. In der Abstimmbrücke geht es um die Verzahnung von internem und externem Rechnungswesen, die unterschiedlichen Zwecken dienen. In der Bilanz geht es um die Darstellung des Vermögens und dessen Finanzierung. Dieses Vermögen wird erst in der Hand von Menschen zu Möglichkeiten für ein Unternehmen. Menschen haben Ideen, zu deren Umsetzung in Problemlösungen für Kunden »Sachen« gebraucht werden. Das führt zu Investitionsanträgen. Wichtige Entscheidungsgrundlagen dafür sind die Rendite und die Amortisationszeit; sie werden vom Controller bereitgestellt. Diese »Sachen«, die die Menschen im Unternehmen brauchen, um etwas zu »vermögen«, müssen finanzierbar sein. Ob sich das Unternehmen diese »Sachen« finanziell leisten kann, sagt der Treasurer. Sie oder er ist zuständig für die Bilanzstruktur, für die Ausgewogenheit der Bilanz; und das ist mehr als die Summengleichheit von Aktiv- und Passivseite.

Notizen zur Geschichte der Finanzfunktion

Im Jahre 1494 erschien die »Summa de Arithmetica, Geometria, Proportioni et Proportionalita« des Franziskanermönchs Luca Pacioli (1445–1514), Professor für Mathematik und Theologie. In diesem Sammelwerk erschien die erste gedruckte Darstellung der doppelten Buchführung unter Verwendung von Konten, die von Italien aus den Siegeszug durch ganz Europa antrat. Auch für die Buchhaltung war die Renaissance eine Zeit der Wiedergeburt, denn die ersten Spuren reichen zurück bis zum Reich der Sumer im alten Orient. Darüber schreibt Kuno Barth in Die Wirtschaftsprüfung, Heft 14/1993 unter dem Titel »Das Rechnungswesen im vorbabylonischen Sumer Mesopotamiens vor 4000 Jahren, insbesondere die perfekte Fabrikbuchhaltung eines großen Textilbetriebes«. Luca Paciolis »Abhandlung über die Buchhaltung« wurde von Balduin Penndorf ins deutsche übersetzt und erschien 1933 beim C. E. Poeschel Verlag in Stuttgart, wiederaufgelegt 1992 bei Schäffer/Poeschel.

Bis heute ist die Herkunft und damit die eigentliche Bedeutung der Buchungsformeln Soll und Haben nicht geklärt. Der Sprachgebrauch kommt vom Debitorenkonto: »soll« mir geben; »hat« gegeben. Buchhalter gehen gekonnt damit um. Nicht-Fachleute, die zu verstehen gelernt haben, was Soll und Haben in der Buchhaltung eines Industrieunternehmens bedeutet, sind vielleicht erstaunt, daß es nicht gut oder zumindest teuer ist, wenn sie bei ihrem persönlichen Bankkonto im Soll sind (Sie sollen der Bank etwas geben); dann sollten sie bald wieder etwas haben – im Haben. Die Wörter sind die gleichen, nur sieht die Bank es von ihrem Standpunkt aus. Es ist nicht leicht, trotz 500 Jahre Erfahrung mit doppelter Buchführung.

Gustav Freytag hat in seinem Buch »Soll und Haben« (1855) die Herkunft dieser Begriffe auch nicht geklärt, aber er beschreibt dort zwei verschiedene, »zum Teil Ehrfurcht gebietende Ämter und Würden« im Finanzbereich. »Der Buchhalter, Herr Liebold, thronte als geheimer Minister des Hauses an einem Fenster des zweiten Kontors in einsamer Majestät und geheimnisvoller Tätigkeit. Unaufhörlich schrieb er Zahlen in ein ungeheures Buch und sah nur selten von seinen Ziffern auf...«. Der zweite Funktionsinhaber ist »Der Kassierer Purzel, umgeben von eisernen Geldkasten, schweren Geldschränken und einem großen Tisch mit einer Steinplatte. Auf diesem Tische klangen die Taler, klirrte das goldene Blech der Dukaten, flatterte geräuschlos das graue Papiergeld vom Morgen bis zum Abend.«

Auf diese Beschreibung lassen sich die aus der amerikanischen Organisationspraxis stammenden Funktionsbezeichnungen Controller und Treasurer anwenden. Die Bezeichnung Controller ist im deutschen Sprachraum eingeführt; das Wort Treasurer wird selten gebraucht.

Der Controller im amerikanischen Unternehmen ist der Chef des Rechnungswesens, inklusive Buchhaltung, Jahresabschluß und der Steuern. In dieser Zuständigkeit für beide Rechnungswesen, das interne und das externe, liegen auch die Gefahren für die Controller-Funktion, die aus der Charakterisierung der Tätigkeit des Buchhalters Liebold herauszulesen sind: die geheimnisvolle Tätigkeit und daß er unaufhörlich Zahlen in ein ungeheures Buch schreibt und nur selten von seinen Ziffern aufschaut. Statt des ungeheuren Buches steht heute ein Personal Computer auf dem Schreibtisch. *Bean counters no more* war das Hauptthema der amerikanischen Controller-Zeitschrift Management Accounting vom März 1993. Wir von der Controller Akademie meinen, daß die Gefahr des Erbsenzählens, das Hineinschlittern in die Rolle des Rechenknechts, eingegrenzt werden kann, wenn das Interne Rechnungswesen dem Controller und das Externe Rechnungswesen dem Treasurer bzw. Finanzchef zugeordnet wird.

Der Kassierer Purzel ist der Treasurer, der Schatzmeister, der Cash-Manager; seine Funktion ähnelt ein wenig der des internen Bankers. Natürlich kommt heute noch die Geldbeschaffung und Gelddisposition dazu, auch in fremden Währungen.

Soll der Controller auch Bilancier sein?

Das ist so in der Controller-Organisation in USA. Die Trainer der Controller Akademie meinen aufgrund der praktischen Erfahrung, daß dies für die Länder des deutschen Sprachraums nicht gut wäre. Andernfalls kommt eine der Aufgaben zu kurz: entweder der Jahresabschluß und die daranhängenden steuerlichen und juristischen Fragen oder die planerischen und steuernden Aufgaben.

Welches Thema »gewinnt«, wenn es um knappe Controller-Kapazität geht: die Kalkulation eines spezifischen Kundenauftrags oder die Vorbereitung einer Argumentation für die Bilanzkonferenz? Wohl eher die »öffentlichkeitswirksame« Frage, obwohl ein Unternehmen von den Kundenaufträgen lebt. Das Verkaufsressort, aus dem die Anforderung der Kalkulation kommt, ist wiederum interner Kunde für den Controller.

Und was passiert, wenn eine steuerliche Betriebsprüfung stattfindet? Wer hier »Gegenprüfer« spielt, muß in die Vergangenheit eintauchen und aufgrund von Belegen alte Vorgänge rekonstruieren. Ein guter Controller dagegen verwechselt die Jahre nach vorwärts. Er soll die Manager bei dem betreuen, was sie in den nächsten drei Jahren unternehmen wollen. Gleich gut nach vorne und nach rückwärts zu schauen ist schwer. Je nach persönlicher Vorliebe kommt dann eine der Aufgaben im Rechnungswesen schlechter weg. Janus, der gleich gut ins alte und neue Jahr schauen konnte, war nicht umsonst eine Gottheit.

Aufgaben der finanziellen Unternehmensführung

Aufgabe der finanziellen Unternehmensführung ist die Erhaltung der Existenzfähigkeit durch die Sicherstellung der Ertragskraft und der Finanzkraft. In dieser prägnanten Formulierung des Vorstandsvorsitzenden eines großen Unternehmens bei der Aktionärsversammlung sind die Funktionen von Controller und Treasurer angesprochen.

Der Controller sorgt dafür, daß eine Methodik existiert, die darauf hinwirkt, daß das Unternehmen das Gewinnziel erreicht. Diese Arbeitsdefinition aus den Anfängen der Controller Akademie paßt zur Sicherstellung der Ertragskraft. Die *Ertragskraft* besteht in der Kompetenz zur Lösung von Kundenproblemen; im Zugang zum Markt, zu den Zielgruppen; in einer Organisation, die die Menschen zur Leistung, zur Freisetzung und Mobilisierung ihrer Energien anregt. Aufgabe des Controllers ist es, zu zeigen, wie sich die Umsetzung im Ergebnis darstellt.

Die *Finanzkraft* besteht in der Fähigkeit, die für die Umsetzung der strategischen und operativen Entscheidungen nötigen

Geldmittel bereitzustellen. Dazu braucht der Treasurer eine Methodik, die darauf hinwirkt, daß das Unternehmen finanziell stabil bleibt. Daraus lassen sich für die Treasurer-Funktion folgende Hauptaufgaben ableiten:

- Ermittlung des Kapitalbedarfs für das Unternehmen insgesamt und für einzelne Aktionen.
- Deckung des Kapitalbedarfs unter Berücksichtigung von Kosten und Risiken.
- Sicherstellung der jederzeitigen Zahlungsfähigkeit.
- Ausgleich des Spannungsfeldes zwischen Rentabilität und Liquidität.

Zusammenspiel zwischen Controller, Treasurer und Manager

Controlling zu machen, ist Sache der Manager selber. Controller leisten dafür einen Service, der einerseits in der Bereitstellung von Instrumenten, Werkzeugen (Tools), andererseits in betriebswirtschaftlicher Beratung und Begleitung besteht. Seit Jahren stellen wir bei der Controller Akademie dieses mit dem Schnittmengenbild dar (Abb. 3).

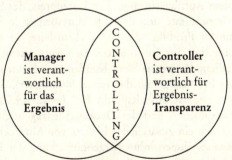

Abbildung 3: Bild zum Nachdenken über das Zusammenspiel zwischen Manager und Controller; der Manager »Treasurer« ist ergebnisverantwortlich analog einer Bank sowie für den »profit after taxes«.

Die Schnittmenge ist ein Begriff aus der Mengenlehre. Sie symbolisiert Gemeinsamkeit in der Sache, das wirtschaftliche Ergebnis, und die Zugehörigkeit zu einer Gemeinschaft, einem Unternehmen oder einer Sparte, einem Profit-Center, einem Werk, einem Projekt, also einem Unternehmen im Unternehmen. Gemeinsamkeit und Gemeinschaft verstärken das Verständnis füreinander. Die Kreisdarstellung symbolisiert auch gut das beliebte Wort »Center« – als Profit-Center, Cost-Center, Service-Center. Dann muß in die Schnittmenge aber auch sichtbar rein, was »Profit« oder »Cost« sein soll; damit man's »vor Augen« hat.

In diesem Miteinander definiert der Manager seine Entscheidungssituationen, z.B. höhere Lieferbereitschaft, zu verbessernde Produktqualität, Reduzierung der Durchlaufzeit. Wenn der Controller den Manager versteht, liefert er ihm die richtigen Rechnungswesen-Informationen zur Darstellung der Ergebniswirkung der anstehenden Entscheidung. Oft klagen Manager über Informationsflut und Informationsmangel fast in gleichem Atemzug. Sprachlich richtiger wäre die Klage über die Datenflut; oder Papierflut, soweit die Daten auf Papier gedruckt angeboten werden. Wir reden ja auch vom Datenträger und nicht vom Informationsträger. Die vielen Zahlen, der viele Text auf einer Computerliste oder auf dem Bildschirm sind Daten. Die Zeile mit dem Auftragseingang, dem Listenpreis, der Standard-Erlösschmälerungsrate und dem Deckungsbeitrag je Stück für ein bestimmtes Produkt, die der Verkaufsleiter in der Liste sucht, ist für ihn eine Information. Der Auftragseingang hilft ihm, zusätzliche Potentiale beim Kunden zu erkennen (auf der Basis seiner Erfahrung und der seiner Mitarbeiter), die Erlösschmälerungsrate ist Anhaltspunkt für die Einschätzung der Verhandlungsposition und der Deckungsbeitrag orientiert ihn darüber, ob sich ein zusätzlicher Einsatz von Mitarbeitern und Promotionsmaßnahmen lohnt (Ergebniswirkung der Entscheidung). Die Aktualität und der schnelle Zugriff zu den Daten wirken vertrauensbildend gegenüber dem Hersteller und Lieferanten; erst recht, wenn in schwierigeren, komplexeren Fällen der Controller vor Ort beim Kunden, eventuell gemeinsam vor dem Personal Computer sitzend, die betriebswirtschaftlichen Auswirkungen von Entscheidungsalternativen persönlich erläutert, durchschaubar, verstehbar, einsehbar, transparent macht. Das ist das Miteinander im Controlling. Wenn der Verkaufsleiter vor lauter Wald die Bäume nicht mehr sieht, klagt er über Informationsmangel. Er findet nicht das, was er braucht. Controlling findet nicht oder nur eingeschränkt statt. Also muß ein guter Controller auswählen können.

Warum Schnittmenge und nicht Schnittstelle? Das Wort Schnittstelle ist technisch orientiert, auch computer-technisch. Damit die Organisation der Zusammenarbeit zwischen Menschen funktioniert, nicht nur zwischen Manager und Controller, braucht es ein Mindestmaß an Verständnis füreinander. Jeder muß über den eigenen Tellerrand hinausschauen zum Anderen hinüber; nicht, um ihm etwas wegzunehmen, sondern um ihn zu verstehen, seine Sicht der Dinge kennenzulernen, ein Verzahnen, eine Koordination.der einzelnen Beiträge zu einer »runden«, machbaren Problemlösung zu ermöglichen. Was mit Schnittmenge gemeint ist, steckt eher im englischen Wort für »Schnittstelle« drin: interface. Face to face bietet die Chance des gegenseitigen Verstehens und das ist mehr als die Weitergabe einer Akte an den nächsten Bearbeiter an einem »sauber« definierten Punkt, der Schnittstelle.

Erinnern wir uns an die Funktionsbeschreibung des Buchhalters Liebold in Gustav Freytags »Soll und Haben«: »...in einsamer Majestät und geheimnisvoller Tätigkeit«. Besonders in schwierigen Zeiten wird mehr auf die Zahlen geschaut. Im Staat steht der Finanzminister stärker im Blickpunkt, im Unternehmen sind es Controller und Treasurer. Im externen Berichtswesen, bei Presse- und Bilanzkonferenzen, in Jahreshauptversammlungen ist der Finanzchef gefordert. Manche dieser Auftritte haben etwas Majestätisches und auch Geheimnisvolles an sich.

Die Zahlen sprechen für sich, sagen Politiker, Entscheider im Unternehmen, aber auch Leute aus dem Finanz- und Rechnungswesen. Wie oft stimmt denn das wirklich? Wenn das die

Regel wäre, müßten Aufsichtsräte spielend ihren Kontrollpflichten nachkommen können und Controller und Finanzchefs hätten nicht mit der Klage der Manager über die Zahlenfriedhöfe zu kämpfen. Eine Bilanz ist ein höchst abstraktes Abbild der Leistung eines Unternehmens. Der Saldo der Gewinn- und Verlustrechnung, die selbst nichts über die Rentabilität von Produkten, Zielgruppen oder Vertriebskanälen aussagt, erscheint in der Bilanz in einer Zeile. Wenn man noch die Gestaltungsmöglichkeiten in der Bilanz dazunimmt, wird klar, wie groß der Erklärungsbedarf ist.

Denken wir uns in der Schnittmenge der Abb. 3 das Finanz-Controlling. Manager beeinflussen durch ihre Entscheidungen über Investitionen, Lieferbereitschaft, Zahlungsziele nicht nur das Ergebnis, sondern auch die Struktur der Aktivseite der Bilanz. Die genannten Beispiele verändern das Anlagevermögen, die Vorräte und die Forderungen. Der Treasurer, der Finanzmann oder die Finanzfrau macht als »Finanz-Controller« dem Manager die Wirkung seiner Entscheidungen auf die Passivseite der Bilanz, auf die Finanzstruktur transparent. Schnittmenge = Menge der Elemente, die in beiden Kreisen (Abb. 3) identisch sind. *Der Finanz-Controller ist verantwortlich für die Finanz-Transparenz.* Auch schwierige Finanz-Sachverhalte gehören »ent-geheimnist«. Majestäten und geheimnisvolle Tätigkeiten machen mißtrauisch. Wir brauchen Vertrauen in die Entscheidungen im Unternehmen, also müssen die Majestäten herunter von ihrem Thron und heraus aus dem Schatten der Geheimnisse, ins gemeinsame Verständnis.

Das Zusammenspiel zwischen Controller und Treasurer findet auf dem Spannungsfeld zwischen Rentabilität und Liquidität statt. Bei einzelnen Investitionsprojekten ist es die Spannung zwischen Rendite und Amortisationszeit. Je länger die Amortisationszeit, desto größer das Risiko, das mit einer Investition verbunden ist. Rein »technisch« gesehen ist die Verbindung zwischen internem und externem Rechnungswesen herzustellen. Das geschieht über die Abstimmbrücke im System der Management-Erfolgsrechnung.

»... klangen die Taler, klirrte das goldene Blech der Dukaten«

Es mag auch in einem Fachbuch erlaubt sein, Geschichten zu erzählen, um Nachdenklichkeit auszulösen und Verständnis zu schaffen. Die Überschrift kommt aus der Funktionsbeschreibung für den Kassierer Purzel aus Gustav Freytags »Soll und Haben«. Die Geschichte ist ein Erlebnis des kleinen Prinzen von Antoine de Saint-Exupéry auf dem Planeten des Geschäftsmannes.

Dieser Mann war so beschäftigt, daß er bei der Ankunft des kleinen Prinzen nicht einmal den Kopf hob. »Guten Tag«, sagte dieser zu ihm. »Ihre Zigarette ist ausgegangen.« »Drei und zwei ist fünf. Fünf und sieben ist zwölf. Zwölf und drei ist fünfzehn. Guten Tag. Fünfzehn und sieben ist zweiundzwanzig. Zweiundzwanzig und sechs ist achtundzwanzig. Keine Zeit, sie wieder anzuzünden. Sechsundzwanzig und fünf ist einunddreißig. Uff! Das macht also fünfhunderteine Million, sechshundertzweiundzwanzigtausendsiebenhunderteinunddreißig.« »Fünfhundert Millionen wovon?« »Wie? Du bist immer noch da? Fünfhunderteine Million von ... ich weiß nicht mehr ... ich habe so viel Arbeit! Ich bin ein ernsthafter Mann, ich gebe mich nicht mit Kindereien ab. Zwei und fünf ist sieben...«

»Fünfhunderteine Million wovon?« wiederholte der kleine Prinz, der niemals in seinem Leben auf eine Frage verzichtete, die er einmal gestellt hatte. Der Geschäftsmann hob den Kopf. »In den vierundfünfzig Jahren, die ich auf diesem Planeten da wohne, bin ich nur dreimal gestört worden. Das erstemal war es vor zweiundzwanzig Jahren ein Maikäfer, der von weiß Gott wo heruntergefallen war. Er machte einen schrecklichen Lärm, und ich habe in einer Addition vier Fehler gemacht. Das zweitemal, vor elf Jahren, war es ein Anfall von Rheumatismus. Es fehlt mir an Bewegung. Ich habe nicht Zeit, herumzubummeln. Ich bin ein ernsthafter Mann. Und das ist nun das drittemal! Ich sagte also, fünfhunderteine Million...«

»Millionen wovon?«

Der Geschäftsmann begriff, daß es keine Aussicht auf Frieden gab: »Millionen von diesen kleinen Dingern, die man manchmal am Himmel sieht.«
»Fliegen?«
»Aber nein, kleine Dinger, die glänzen.«
»Bienen?«
»Aber nein. Kleine goldene Dinger, von denen die Nichtstuer träumerisch werden. Ich bin ein ernsthafter Mann. Ich habe nicht Zeit zu Träumereien.«
»Ach, die Sterne?«
»Dann sind es wohl die Sterne.«
»Und was machst du mit fünhundert Millionen Sternen?«
»Fünfhunderteine Million, sechshundertzweiundzwanzigtausendsiebenhunderteinunddreißig. Ich bin ein ernsthafter Mann, ich nehme es genau.«
»Und was machst du mit diesen Sternen?«
»Was ich damit mache?«
»Ja.«
»Nichts. Ich besitze sie.«
»Du besitzt die Sterne?«
»Ja.«
»Aber ich habe schon einen König gesehn, der...«
»Die Könige besitzen nicht, sie ›regieren über‹. Das ist etwas ganz anderes.«
»Und was hast du davon, die Sterne zu besitzen?«
»Das macht mich reich.«
»Und was hast du vom Reichsein?«
»Weitere Sterne kaufen, wenn jemand welche findet.«
»Wie kann man die Sterne besitzen?«
»Wem gehören sie?« erwiderte mürrisch der Geschäftsmann.
»Ich weiß nicht. Niemandem.«
»Dann gehören sie mir, ich habe als erster daran gedacht.«
»Das genügt?«
»Gewiß. Wenn du einen Diamanten findest, der niemandem gehört, dann ist er dein. Wenn du eine Insel findest, die niemandes gehört, so ist sie dein. Wenn du als erster einen Einfall hast

und du läßt ihn patentieren, so ist er dein. Und ich, ich besitze die Sterne, da niemand vor mir daran gedacht hat, sie zu besitzen.«

»Das ist wahr«, sagte der kleine Prinz. »Und was machst du damit?«

»Ich verwalte sie. Ich zähle sie und zähle sie wieder«, sagte der Geschäftsmann. »Das ist nicht leicht. Aber ich bin ein ernsthafter Mann.«

Der kleine Prinz war noch nicht zufrieden.

»Wenn ich einen Seidenschal habe, kann ich ihn um meinen Hals wickeln und mitnehmen. Wenn ich eine Blume habe, kann ich meine Blume pflücken und mitnehmen. Aber du kannst die Sterne nicht pflücken!«

»Nein, aber ich kann sie in die Bank legen.«

»Was soll das heißen?«

»Das heißt, daß ich die Zahl meiner Sterne auf ein kleines Papier schreibe. Und dann sperre ich dieses Papier in eine Schublade.«

»Und das ist alles?«

»Das genügt.«

Das ist amüsant, dachte der kleine Prinz. Es ist fast dichterisch. Aber es ist nicht ganz ernst zu nehmen. Der kleine Prinz dachte über die ernsthaften Dinge völlig anders als die großen Leute.

»Ich«, sagte er noch, »ich besitze eine Blume, die ich jeden Tag begieße. Ich besitze drei Vulkane, die ich jede Woche kehre. Denn ich kehre auch den erloschenen. Man kann nie wissen. Es ist gut für meine Vulkane und gut für meine Blume, daß ich sie besitze. Aber du bist für die Sterne zu nichts nütze…«

Der Geschäftsmann öffnete den Mund, aber er fand keine Antwort und der kleine Prinz verschwand.

Der Geschäftsmann in dieser Geschichte ist Manager, Controller und Treasurer in einem, wie ein Pionierunternehmer, wie der Gründer eines Unternehmens am Anfang. Allerdings ist er schon seit 54 Jahren im Geschäft. Er ist dauernd unter Zeitdruck, möchte bei seiner ernsthaften Arbeit nicht gestört werden und leidet an Bewegungsmangel. Er zählt die Sterne, kleine goldene

Dinge, die Nichtstuer träumerisch werden lassen. Hat unser Geschäftsmann eine Vision davon, was der Sinn seiner Tätigkeit ist? Er zählt die Sterne. Aber wozu und was macht er mit den Sternen? Wenn er dann seine Tätigkeit mit dem Finden eines Diamanten, der Entdeckung einer Insel und dem Patentieren einer Idee vergleicht, so ist das wieder vertrautes Streben nach Besitz im Stil eines Pionierunternehmers. Aber wozu Sterne besitzen? Um deren Zahl auf einen Zettel zu schreiben und diesen in eine Bank oder in eine Schublade zu legen? »Ich besitze eine Blume, die ich jeden Tag begieße... und es ist gut für eine Blume, daß ich sie besitze. Aber du bist für die Sterne zu nichts nütze...«

Das ist amüsant, aber nicht ganz ernstzunehmen, findet der kleine Prinz. Ein Unternehmen ist nicht allein zum »Geldscheffeln« da. Es müssen immer wieder Fragen gestellt werden wie »Wozu sind wir da?« und »Braucht man uns noch s o?« Die Antworten darauf stehen im Leitbild eines Unternehmens. So fragt der dynamische Unternehmer, wie ihn Joseph Alois Schumpeter beschrieben hat. Und wir brauchen heute nicht nur einen solchen an der Spitze, sondern möglichst viele Unternehmer im Unternehmen oder Intrapreneure zum Unterschied vom Entrepreneur, der für's Ganze verantwortlich ist. Wir brauchen Unternehmen, die einen Beitrag zur Befriedigung individueller Bedürfnisse und zur Lösung gesellschaftlicher Probleme wie Arbeitslosigkeit und Erhaltung der natürlichen Lebensgrundlagen leisten. Diese *Beiträge* müssen mindestens auf lange Sicht ausreichend *Deckungsbeiträge* bringen, um die Rentabilität und finanzielle Stabilität zu sichern. Der Gewinn ist eine Bedingung, ohne die es nicht geht. Woher sollten sonst die Mittel zur Finanzierung von Innovationen und qualitativem und quantitativem Wachstum sowie für Umweltrücksicht kommen? Dafür leisten Controller und Treasurer ihren betriebswirtschaftlichen Service. Dies ist auch das kritischer zu Nehmende am Shareholder Value-Konzept, das davon ausgeht, daß der diskontierte Cash Flow (Abb. 74) nur als Vermögenswert der Aktionäre zu sehen sei und nicht auch verglichen wird mit dem Problemlösungsauftrag des Unternehmens auf dem Markt.

Teilung der Aufgaben zwischen Treasurer und Controller

Verwenden wir dazu ein traditionelles Symbol aus der Welt der Buchhaltung, das T-Konto. Links steht, was davon zum Treasurer gehört; rechts was Controller's Arbeit ist.

Treasurer	Finanz- und Rechnungswesen	*Controller*

▶ Finanzbuchhaltung mit
  – Debitoren-
  – Kreditoren-
  – Anlagen-
  – Lohnbuchhaltung
▶ Bilanzen und Steuern
▶ Finanzen: Beschaffung und Disposition
	▶ Internes Rechnungswesen mit
	  – Management-Erfolgsrechnung
	  – Kalkulation
	  – Leistungs- und Kostenstellenrechnung
	  – Projektrechnungen
	▶ Betreuung der gesamten Unternehmensplanung
	▶ Organisation: Ablauf und Struktur	

Abb. 4: Treasurer- und Controller-Aufgabengebiete

Wir sehen den Treasurer also nicht als reinen Cash-Manager. Im übrigen ist diese Verteilung der Aufgabengebiete als Orientierungshilfe zu verstehen. Die Organisationsaufgaben passen immer besser zum Controller, wenn wir an die zunehmende Bedeutung des Blocks der fixen Kosten oder Strukturkosten, wie wir bei der Controller Akademie lieber sagen, denken. Die Beeinflussung dieser Kosten erfolgt durch ablauf- und strukturorganisatorische Maßnahmen. *Gemeinkosten-Wertanalyse, Zero-Base-Budgeting, Prozeßkostenrechnung,* das *Re-Engineering* der Geschäftsprozesse sind *Methoden für das Controlling der Strukturkosten.*

Wohin mit der Internen Revision? Wie der Controller hat auch sie eine Service-Funktion. Die Interne Revision unterstützt die Unternehmensleitung in ihrer Überwachungsfunktion durch stichprobenweise oder lückenlose Prüfungen von Arbeitsverfahren und Geschäftsvorfällen zur Vermeidung von Vermögensverlusten. Auch Ordnungsmäßigkeits-, Sicherheits- und Wirtschaftlichkeitsprüfungen gehören zum Aufgabengebiet. Im Interesse der Unabhängigkeit ist die Interne Revision meist dem Vorstandsvorsitzenden unterstellt.

Externes und Internes Rechnungswesen als Basis für Treasurer- und Controllerarbeit haben unterschiedliche Prioritäten und Anforderungen. Die Gegenüberstellung in Abbildung 5 soll das verdeutlichen.

Externe Rechnungslegung	*Internes Rechnungswesen*
1. Es kommen rechtliche Vorschriften und die Grundsätze ordnungsmäßiger Buchführung und Bilanzierung zur Anwendung.	1. Unternehmensspezifische Prinzipien gelten.
2. Bericht *über* die Führung des Unternehmens an Kapitalgeber, Kreditgeber, Öffentlichkeit.	2. Bericht *zur* Führung des Unternehmens an die Verantwortlichen.
3. Ausrichtung auf das gesamte Unternehmen (Bilanz).	3. Ausrichtung auf Produkte, Kundengruppen, Profit Centre, Geschäftsbereiche, Projekte, Auftragseingang, Lagerbestand etc.
4. Die Informationen müssen auf jeden Fall bereitgestellt werden.	4. Der Wert der Informationen muß größer sein als die Kosten der Beschaffung.
5. Exaktheit ist erforderlich.	5. Näherungswerte genügen oft, auf Schnelligkeit und Aktualität kommt es an.
6. Nur historische Daten werden verarbeitet.	6. Historische Daten und Plandaten werden verarbeitet.

Abb. 5: Anforderungen an das Rechnungswesen

Natürlich ist der Treasurer damit kein reiner Ist-Rechner und Kassenführer, der nur dafür zu sorgen bräuchte, daß Soll und Haben auch hinter dem Komma stimmen. Als »Linien«-Chef ist er verantwortlich für den Finanzplan und die Planbilanz. Dabei muß er mit seiner besonderen Situation fertig werden. Seine Kollegen in Verkauf, Entwicklung, Produktion, Logistik, Administration werden an den von ihnen selbst erarbeiteten Zielen und Plänen gemessen. Der Manager der Finanzen hingegen ist dafür verantwortlich, die Erfüllung der von seinen Kollegen eingegangenen Verpflichtungen sicherzustellen. Der Finanzplan ergibt sich als Resultat der operativen Teilpläne, deren Realisierbarkeit er von der Finanzierbarkeit her beurteilen muß. Der Treasurer hat also nicht nur ein finanzielles Teilproblem zu lösen, denn letztlich ist jeder Vorgang, jede Maßnahme im Unternehmen irgendwann einmal zahlungswirksam.

Um mit dieser besonderen Situation fertig zu werden, könnte er sich sozusagen an die Spitze des operativen Planungsprozesses setzen und die Begründung für das Gewinnziel liefern. Ausgangspunkt sind die Ansprüche an das Unternehmen; sie lassen sich von Positionen auf der Passivseite der Bilanz herleiten.

Zunächst haben Anspruch die *Eigentümer*. Das ist die Dividende oder allgemein die Kapitalverzinsung. Sie wird ausgedrückt in einem Prozentsatz des gezeichneten Kapitals. Anspruch auf Zinsen haben die Kreditgeber für die kurz- und langfristig zur Verfügung gestellten Finanzmittel. Im Rechnungswesen erscheinen die Zinsen als Kosten bzw. Aufwand. Trotzdem empfehlen wir die Fremdkapitalzinsen ins Gewinnbedarfsbudget einzuplanen. Schließlich sollten sie aus dem erwirtschafteten Ergebnis bezahlt werden. Einen Anspruch hat auch das Unternehmen selber. Für geplante Akquisitionen und Investitionen, die Verbesserung der Finanzstruktur, die Vorbereitung auf schlechte Zeiten muß in Form von Gewinnrücklagen vorgesorgt werden. Als Resultatgröße ist der Anspruch der Öffentlichkeit, des Fiskus, zu berücksichtigen. Für die Ertragsteuerplanung ist die Ausschüttungspolitik – Dividende und Zuführung zu den Gewinnrücklagen – maßgeblich. Die Fremdkapitalzinsen sind steuerliche Betriebsausgaben und mindern daher die Bemessungsgrundlage für die Ertragsteuern.

Setzt man die Summe der erwarteten Ansprüche in Beziehung

zum investierten Kapital, erhält man den geplanten Return on Investment (RoI) bzw. die geplante Gesamtkapitalrentabilität. Vgl. Budget-Beispiel im 9. Kapitel

Aufgabe des Controllers ist es, das im RoI ausgedrückte Rentabilitätsziel des Unternehmens in operationale Ziele für alle organisatorischen Einheiten – in Zusammenarbeit mit diesen – aufzulösen. Das können »gebündelte« Ziele in Form eines Deckungsbeitrags II, III oder IV, eines flexiblen Leistungs- und Kostenbudgets, eines Strukturkostenbudgets oder einzelne Ziele für Mengen, Qualität, Termine und Kosten sein.

Funktionsbeschreibungen für Treasurer und Controller

Die Funktionsbezeichnung Controller ist im deutschen Sprachraum eingeführt. Treasurer oder die deutsche Übersetzung »Schatzmeister« sind in den Unternehmen nicht gebräuchlich. Die folgende Funktionsbeschreibung für den Controller ist eher auf eine zentrale Funktion ausgerichtet, was in der Erwähnung von Sparten zu erkennen ist. Die Formulierung »...oder Kostendeckung erreicht« in der Kernaufgabe des Controllers gilt für nicht gewinnorientierte Unternehmen, Verbände, Vereine, Behörden. Vorübergehend kann das auch für »normale« Unternehmen eine anspruchsvolle Aufgabe sein.

Die Funktion Finanzen ist typisch zentral. Juristisch selbständige Unternehmen eines Konzerns müssen natürlich eine eigene Finanzbuchhaltung haben und eine Bilanz erstellen. Auch Finanzpläne und Planbilanzen werden erstellt, aber im Normalfall nach eher strengen finanz- und bilanzpolitischen Richtlinien der Konzernzentrale.

Funktionsbeschreibung für einen (zentralen) Controller:

Funktionsbezeichnung: Controller

Kernaufgabe: der Controller hat die Aufgabe, als wirtschaftlicher Ratgeber des Management so zu wirken, daß die Unternehmung nachhaltig Gewinn erzielt oder Kostendeckung erreicht.

Beschreibung wesentlicher Tätigkeiten und Kompetenzen:
- Mitwirkung bei der Festlegung der Unternehmensziele;
- Federführung und Koordinierung bei Planungs- und Budget-Arbeiten;
- Abstimmung der einzelnen Teilziele und Teilpläne sowie Zusammenführung zu einem Gesamtplan.
- Einrichtung eines aussagefähigen Informations- und Berichts-Systems, in welchem sich inhaltsgleiche Daten in Plan, Ist sowie in der Erwartungsrechnung entsprechen;
- Berücksichtigung der speziellen Informations- und Berichtsbedürfnisse der Sparten und Funktionsbereiche nach deren individueller Struktur;
- rechtzeitige Lieferung periodischer Soll-Ist-Vergleiche bezüglich Umsatz, Kosten, Ergebnis und Investitionen, gegebenenfalls mit Erläuterungen im Hinblick auf Maßnahmen zur Verbesserung oder Vermeidung der Fortsetzung ungünstiger Abweichungen;
- Signalisierung der Abweichungen an die Unternehmensleitung beim Überschreiten bestimmter, bereits in der Planung definierter Grenzwerte; damit Realisierung eines Informations-Systems für das Management »von unten nach oben«;
- Analyse der Abweichungen und Diskussion der Ergebnisse mit den verantwortlichen Stellen sowie Erarbeitung von Alternativen und Empfehlungen zur Gegensteuerung;
- Koordinierung der Erwartungsrechnung zu den verabredeten Terminen und Bericht an die Unternehmensleitung;
- Durchführung von Wirtschaftlichkeitsrechnungen für neue Projekte außerhalb der Sparten;
- Sorgen für die Erarbeitung, Festlegung und Einhaltung eines Deckungs-Solls durch die Sparten.

Funktionsbeschreibung für den Treasurer:

Funktionsbezeichnung: Finanzen
Kernaufgabe: Der Leiter Finanzen hat die Aufgabe, die Finanzkraft und jederzeitige Zahlungsfähigkeit des Unternehmens zu sichern.

Beschreibung wesentlicher einzelner Tätigkeiten und Kompetenzen:
- Ermittlung des Kapitalbedarfs für das ganze Unternehmen zur Finanzierung des Wachstums und der Entwicklung (neue Produkte, Investitionen) sowie der Absicherung gegen finanzielle Anspannungen;
- Deckung des Kapitalbedarfs unter Berücksichtigung von Kosten und Risiken;
- Disposition der flüssigen Mittel zur Sicherstellung der jederzeitigen Zahlungsfähigkeit;
- Festlegung bilanzpolitischer Maßnahmen für die Erstellung der Handels- und Steuerbilanz;
- Rechenschaftslegung gegenüber den Aktionären (Geschäftsbericht) und dem Fiskus sowie Berücksichtigung internationaler Berichtspflichten;
- Darstellung der langfristigen finanziellen und Vermögens-Entwicklung in Planbilanzen und Finanzplänen auf der Basis der langfristigen operativen Ergebnisplanung;
- Zusammenarbeit mit dem Controller zum Ausgleich des Spannungsfeldes zwischen Rentabilität und Liquidität.
- Begründung der Höhe des Gewinnziels (Gewinnbedarfsbudget)

Aufgaben und Rolle von Treasurer und Controller sind in diesem Kapitel in ihrer historischen Entwicklung skizziert und in ihrer heutigen Bedeutung beschrieben worden. Im Vergleich von Controller- und Finanzaufgaben sind einige Spezialitäten der Treasurer-Funktion zu kurz gekommen oder gar nicht erwähnt worden. Dazu gehören der Umgang mit Devisen und die Ermittlung der Finanzierungskosten einer Industrieanleihe oder der Emission von Aktien. In der Darstellung der Abbildung 4 ist das unter »Finanzen: Beschaffung und Disposition« einzuordnen. In der hier skizzierten Funktionsbeschreibung für den Treasurer gehören diese Spezialitäten zum Punkt »Deckung des Kapitalbedarfs unter Berücksichtigung von Kosten und Risiken«.

Der Beitrag des Treasurers zum Planungsbrief

Der Planungsbrief wird aus dem Strategierahmen oder »eine Runde später« aus der operativen Mehrjahresplanung abgeleitet und dient als Startschuß und Orientierung für die operative (Jahres-)Planung. Die Federführung bei der Formulierung des Planungsbriefes kann der Controller übernehmen. Er sorgt dafür, daß dieses wichtige Planungsinstrument überhaupt erstellt wird und koordiniert die Beiträge dazu. Ein Musterbeispiel eines Planungsbriefes ist nachzulesen in Deyhles Controller Praxis, Band I, S. 190 ff.

Der wichtigste Beitrag des Treasurers zum Planungsbrief ist die Begründung des ROI-Ziels oder Gewinnbedarfsbudgets. Zum »Lieferumfang« von Basisdaten für die Planung aus dem Treasurer-Bereich können gehören: Sätze für die kalkulatorische Verzinsung von Anlage- und Netto- Umlaufvermögen; Soll- und Haben-Zinssätze für die Konzernverrechnung; die Veränderung von Steuersätzen, z.B. Körperschaftsteuer von 50% auf 45% bei Thesaurierung und von 36% auf 30% bei Ausschüttung von Gewinnen von 1993 auf 1994; ausländische Steuern und Wechselkurse.

Bessere Lesbarkeit von Geschäftsberichten

Bell Atlantic and NYNEX became the first companies to file plain English disclosure documents as participants in the Securities and Exchange Commission's (SEC) plain English pilot program. The SEC's program encourages companies to use simplified and readable English in their disclosure documents to investors, in exchange for expedited staff review of their filings.

This Fall, with the help of volunteers, the SEC will publish a handbook on how to write disclosure documents in plain English. The Commission will convene workshops with the Society of Corporate Secretaries and the American Bar Association. Finally, the Commission is drafting a rule that will require that pro-

spectuses have cover pages, summaries and risk factors written in plain English.

Chairman Levitt said, »This is a victory for investors, for public companies, and for state and federal regulators–to say nothing of the English language. As you examine the cover page and summary of the proxy statement and prospectus for Bell Atlantic and NYNEX, you should notice the following hallmarks of plain English: everyday language; active voice; personal pronouns: shorter sentences; a ›questions and answers‹ format; a straightforward tone; more white space; and double columns of text that make it easier to read.«

»We still have much to accomplish, but I'm confident that we are well on our way to creating a new generation of disclosure documents, documents that investors can read and understand,« he added.

Dieser Text ist entnommen aus »Controllers Update«, Nov. 1996, einer Publikation des Controllers Council of the Institute of Management Accountants in Montvale, New Jersey, USA. Controller und Treasurer, also die Finanzleute im weiteren Sinne, könnten auch im deutschsprachigen Raum für mehr Verständlichkeit in den Geschäftsberichten sorgen. Aus der Publikationspflicht wird so die Pflege der Beziehungen zu den Investoren und der interessierten Öffentlichkeit.

3. Kapitel

Buchhaltung und Bilanz

Die kaufmännische Buchhaltung (auch Finanz- oder Geschäftsbuchhaltung genannt) hat die Aufgabe, alle Geschäftsfälle systematisch (nach einem Kontenplan) und lückenlos zu erfassen. Sie ist Grundlage für die Erstellung der Bilanz und der Gewinn- und Verlustrechnung.

Die Bestandskonten werden mit der Bilanz abgeschlossen. Die Bilanz ist somit eine Gegenüberstellung von Vermögen (Aktiva) und Schulden (Passiva) für einen bestimmten Stichtag (»Stichtagsbilanz«). Dieser statischen Bilanzauffassung (»Beständebilanz«) steht die dynamische Auffassung von der Bilanz gegenüber. Nach dieser dient die Bilanz als Abgrenzungskonto, das zwischen Einnahmen- und Ausgabenrechnung (»Kassenrechnung«) und Aufwands- und Ertragsrechnung geschaltet ist, um einerseits alle Einnahmen und Ausgaben, die in der Abschlußperiode nicht zu Erträgen und Aufwendungen geworden sind, andererseits alle Erträge und Aufwendungen, die in der Abschlußperiode noch nicht zu Einnahmen und Ausgaben geführt haben, aufzunehmen. Im Vordergrund steht also bei der dynamischen Bilanzauffassung die Ermittlung des Periodenerfolges.

Grundsätze ordnungsmäßiger Buchführung und Bilanzierung

Die Buchhaltung dient in erster Linie der Dokumentation und der Beweissicherung gegenüber auskunftsberechtigten Stellen. Man könnte demnach vom »*dokumentären*« *Rechnungswesen* des Treasurers und vom »*instrumentalen*« Rechnungswesen des Controllers sprechen. Die Buchhaltung kann aber auch instrumentalen Charakter annehmen, z.B. wenn sie die Istzahlen für die Finanzplankontrolle liefert. Die vorwiegende Dokumentationsfunktion der Buchhaltung kommt in zahlreichen Ordnungsvorschriften zum Ausdruchk. Aus dem Handelsbrauch (»was ehrbare Kaufleute tun«), der Rechtsprechung und der Entwicklung in der Betriebswirtschaftslehre haben sich die Grundsätze ordnungsmäßiger Buchführung und Bilanzierung herausgebildet.

Die *Buchhaltung ist ordnungsgemäß*, wenn sie die Geschäftsfälle (verbucht werden grundsätzlich Erfüllungsgeschäfte und keine Verpflichtungsgeschäfte) chronologisch (Journal), vollständig, materiell richtig, periodengerecht abgegrenzt, klar und nachprüfbar aufzeichnet. Für eine ordnungsgemäße Bilanzierung gelten die Grundsätze der Bilanzwahrheit, Bilanzklarheit, Bilanzkontinuität und Bilanzvorsicht. Die Auslegung dieser Maßstäbe für die Ordnungsmäßigkeit ist vor allem durch die Entwicklung neuer technischer Verfahren und Hilfsmittel flexibel zu halten. Aus dem »Buch« sind längst lose Blätter, EDV-Listen bzw. Speicherplätze auf Band oder Platte geworden; die Aufbewahrung der Originalbelege in Ordnern wurde dort, wo es ökonomisch sinnvoll ist, durch den Mikrofilm abgelöst.

Der Grundsatz der *Bilanzwahrheit* ist eher im Sinn einer »Bilanzrichtigkeit« zu verstehen. Die Bilanz ist richtig, wenn das Vermögen und die Schulden nach den gesetzlichen Vorschriften und Prinzipien für die Bewertung vollständig dargestellt sind. Es kann also nicht der »wahre« oder tatsächliche Wert der Aktiven und Passiven gemeint sein.

Die *Bilanzklarheit* verlangt nach einer übersichtlichen Darstellung des Vermögens und der Schulden sowie der Aufwendungen und Erträge. Für bestimmte Unternehmen sind Mindestgliederungen vorgeschrieben.

Der Grundsatz der *Bilanzkontinuität* hat einen formellen und einen materiellen Aspekt. Die Forderung nach formeller Bilanzkontinuität läuft auf die Beibehaltung einmal gewählter Gliederungsschemata, Bezeichnungen und Methoden (z. B. direkte oder indirekte Abschreibung) hinaus. Die Forderung nach materieller Bilanzkontinuität richtet sich auf eine Stetigkeit in der Anwendung der Bewertungsgrundsätze. Dies schließt jedoch bilanzpolitische Maßnahmen im Rahmen der gesetzlichen Möglichkeiten nicht aus.

Der Grundsatz der *Bilanzvorsicht* zielt auf eine vorsichtige Gewinnermittlung und Darstellung der Vermögensverhältnisse ab. Nach diesem Gebot der Vorsicht müssen drohende Verluste, die in der Abschlußperiode verursacht wurden, als Aufwand (d.h. gewinnmindernd) berücksichtigt werden, wenn sie vor Erstellung des Jahresabschlusses erkennbar sind. Noch nicht realisierte Gewinne dürfen dagegen nicht ausgewiesen werden (Realisations- bzw. Imparitätsprinzip). Kommen bei der Bewertung von Vermögensgegenständen mehrere Werte in Betracht (Anschaffungs- oder Herstellungskosten bzw. Börsen- oder Marktpreis), ist der niedrigste als Bilanzansatz zu nehmen (Niederstwertprinzip). Dementsprechend müßte man bei den Schulden einen eventuell höheren Rückzahlungswert (entsprechend den Vertragsklauseln) ansetzen.

Die Organisation der Buchhaltung

Aus den Grundsätzen ordnungsmäßiger Buchführung ergeben sich Konsequenzen für den Arbeitsablauf. Jeder Buchung muß ein Beleg zugrunde liegen *(Belegprinzip)*. Externe Belege sind z.B. Kunden- und Lieferantenrechnungen, interne Belege z.B. Lohnscheine oder Material-Entnahmescheine. Die Buchung der Belege erfolgt auf Konten.

Eine systematische Verbuchung der Geschäftsfälle setzt die Erarbeitung eines *Kontenplans* voraus, der auf die Bedürfnisse des Unternehmens zugeschnitten ist. Die Anlehnung an generelle Ordnungsschemata bringt Vorteile für Betriebsvergleiche. Ist der Kontenrahmen nach dem Bilanzgliederungsprinzip ausgerichtet, kann jedes Konto bzw. jede Kontenklasse Bestandteil der Bilanz oder der Gewinn- und Verlustrechnung sein. Beim Kontenrahmen nach dem Prozeßgliederungsprinzip (im Sinne von Betriebsprozeß) wird der genauen kontenmäßigen Darstellung des Werteflusses im Betrieb der Vorrang vor einer detaillierten Kontengliederung nach der Bilanz gegeben. Neben den Sachkonten (laut Kontenplan) sind auch Personenkonten zu führen, in denen die Debitoren und Kreditoren (»Kontokorrente«) »nach Köpfen« erfaßt werden. Außer der Kreditoren- und Debitorenbuchhaltung sind häufig auch die Lohn- und Gehaltsbuchhaltung, die Anlagenbuchhaltung und die Lagerbuchhaltung als sogenannte Nebenbuchhaltungen verselbständigt.

Das Prinzip der Doppik

Das Prinzip der Doppik verlangt die Doppelverbuchung jedes Geschäftsfalls: zu jeder Buchung im Soll eines Kontos gehört eine Buchung im Haben des Gegenkontos. Das ist das äußere Merkmal der doppelten Buchhaltung. »Doppelt« heißt aber auch, daß neben den Veränderungen der Bestände (»einfache« Buchhaltung) auch die Aufwendungen und Erträge laufend aufgezeichnet werden. Daraus ergibt sich die »doppelte« Möglichkeit der Erfolgsermittlung: 1. Aus den Bestandskonten durch den Vergleichh des Reinvermögens (Eigenkapitals) am Ende der Periode mit dem Reinvermögen am Anfang der Periode unter Berücksichtigung der erfolgsneutralen Veränderungen (Einlagen, Entnahmen) des Eigenkapitals. 2. Aus den Erfolgskonten durch den Aufwands- und Ertragsvergleich, d.h. der Gewinn- und Verlustrechnung.

Der Jahresabschluß besteht aus der Bilanz und der Gewinn- und Verlustrechnung. Beide sind durch die Doppik der kaufmännischen Finanzbuchhaltung miteinander verknüpft, so daß in der Bilanz neben den Beständen auch der Saldo der Gewinn- und Verlustrechnung erscheint. Wir haben es mit dem wohl umfassendsten Kontrollinstrumentarium in festgefügter und bewährter Systematik zu tun.

Schon Goethe beschrieb die auf dem Prinzip der Doppik beruhende Buchführung als eine der schönsten Erfindungen menschlichen Geistes. Buchhaltung und Bilanz dokumentieren die Vergangenheit. Gestalten können wir nur in die Zukunft. Nutzen wir also die Systematik einer der schönsten Erfindungen menschlichen Geistes für die Planung. Wie so eine Planbuchhaltung aussieht, zeigen wir in der Fallstudie im 5. Kapitel dieses Buches.

Was uns die Bilanz zeigt

Die Bilanz zeigt eine Momentaufnahme aller Vermögens- und Schuldenposten und als Differenzgröße das (buchmäßige) Kapital. In ihr schlagen sich auch alle Finanzvorgänge nieder, wenngleich sie vielerlei Einflüssen unterliegt, ihre Aussagefähigkeit beschränkt ist und daher sorgfältiger Analyse bedarf.

Ein wesentliches Merkmal liegt in ihrer »Janusköpfigkeit«: Als Schlußbilanz eines Zeitraums und gleichzeitig Anfangsbilanz des nächsten Zeitraums ist sie zunächst einmal ein verbindendes Recheninstrument. Es liegt daher nahe, die Entscheidungen über Maßnahmen in der operativen Planung nach dem Prinzip der Doppik in Planbuchungen darzustellen und daraus eine Planbilanz abzuleiten. Dadurch wird das Ergebnisbudget über die Abstimmbrücke mit der Planbilanz integriert.

Welchen Zwecken kann eine Planbilanz dienen? Sie gibt einerseits einen Einblick in die Struktur des im Unternehmen gebundenen Vermögens (Aktivseite), andererseits in die Art der Finanzierung dieses Vermögens (Passivseite). Daraus lassen sich Schlüsse über die Zweckmäßigkeit der Finanzierung der verschiedenen Vermögensteile ziehen, z.B. über das Ausmaß der Finanzierung aus eigenen (Eigen- bzw. Selbstfinanzierung) oder fremden Mitteln und über die Fristigkeit der zur Verfügung stehenden Finanzierungsmittel (lang-, mittel- oder kurzfristig). Die Planbilanz ist in erster Linie ein Instrument der mittel- und langfristigen Planung, die vor einer dauerhaften Verschiebung des finanziellen Gleichgewichts wahren soll.

Die Bilanzplanung basiert auf den operativen Teilplänen wie

Absatz, Produktion, Investitionen. Sie zeichnet sich jedoch durch eine gewisse Eigenständigkeit aus, die vor allem in folgenden Punkten begründet liegt:

- Es müssen objektive und subjektive Bewertungsprobleme berücksichtigt werden, die den Bilanzerfolg unmittelbar beeinflussen.
- Es müssen handels- und steuerrechtliche Vorschriften beachtet werden.
- Es müssen Prämissen über die Bilanz- und Steuerpolitik, im besonderen über die zu verfolgende Thesaurierungs- und Ausschüttungspolitik beachtet werden.

Für einen späteren Soll-Ist-Vergleich empfiehlt es sich, die Planbilanz nach den Regeln der Istbilanz zu erstellen. Der erste »Wurf« der Planbilanz sollte »technisch«, d.h. an den operativen Entscheidungen orientiert sein. Im zweiten Durchgang werden dann alternativ Rechnungen unter bilanzpolitischen Gesichtspunkten durchgeführt. Bilanzplanung und Ertragsteuerplanung sind eng miteinander verknüpft. Für eine sinnvolle Ertragsteuerplanung ist nötig ein Überblick über die zu erwartende Höhe der Vermögens- und Schuldenposten und ihre möglichen Schwankungsbreiten. Im Prozeß der Bilanzplanung werden immer wieder Rückkoppelungen zu den operativen Teilplänen, insbesondere zum Investitionsplan, manchmal auch zur strategischen Planung nötig sein. Trotz der beträchtlichen Finanzwirkungen der Ertragsteuern auf die Selbstfinanzierung muß (wiederholt) gelten: *zuerst steuern, dann die Steuern.*

Bewegungsbilanz

Die Bewegungsbilanz wird als dritte Jahresrechnung neben der Bilanz und der Gewinn- und Verlustrechnung (erste und zweite Jahresrechnung) intern und extern (in Geschäftsberichten) erstellt. Sie ergänzt als Zeitraumrechnung die zeitpunktbezogenen Beständebilanzen. Die Bewegungsbilanz stellt die Investitionen in das Verrnögen (Mittelverwendung) und deren Finanzierung (Mittelaufbringung oder Mittelherkunft) innerhalb einer Rechnungsperiode dar. Das Grundschema läßt sich in Form eines T-Kontos darstellen:

Mittelverwendung	Mittelaufbringung
»investiert in«	»finanziert durch«
• Mehrung Aktiva	• Minderung Aktiva
• Minderung Passiva	• Mehrung Passiva

Diese 4 Typen umfassen die Finanzwirksamkeit der Logik der Doppik: Aktiva-Mehrung und Passiva-Minderung (Schuldentilgung) brauchen Geld; Passiva-Mehrung und Aktiva-Minderung (Beständeabbau) bringen Geld. Zur Passiva-Mehrung gehört auch der Gewinn, der »drinbleibt«.

Im weitesten Sinne ist die Bewegungsbilanz eine Darstellung aller Umsatzbuchungen auf allen Konten der Finanzbuchhaltung und zwar sowohl der Bestands- als auch der Erfolgskonten. Aus Gründen der Übersichtlichkeit und Aussagefähigkeit wird meist folgendermaßen vorgegangen und vereinfacht:

- Alle Umsätze auf den Erfolgskonten werden saldiert und als Gewinn oder Verlust dargestellt.
- Für bestimmte Bestandsveränderungen wird die Brutto-Darstellung der Umsätze gewählt; meist sind dies das Anlagevermögen, das Kapital und die langfristigen Schulden.
- Die übrigen Bestandspositionen werden in saldierter Form dargestellt, soweit im Einzelfall die Aussagefähigkeit nicht beeinträchtigt wird.

Daraus folgt, daß sich die Bewegungsbilanz nicht nur für bilanzanalytische Zwecke, sondern auch zur mittel- und langfristigen Finanzplanung eignet. Die Planung von Bewegungsbilanzen ist notwendigerweise mit der Planung von Beständebilanzen verknüpft.

Was sich in der Bilanz abspielt

Die Bilanz ist eine Gegenüberstellung von Vermögen (Aktiva) und Kapital (Passiva) für einen bestimmten Stichtag (»Stichtagsbilanz«). Durch die Geschäftstätigkeit verändert sich die Vermögens- und Kapitalstruktur laufend. Da man nicht jeden Tag eine Bilanz machen kann und außerdem die Bewegungen der Bestände (Umsätze) sehen möchte, zerlegt man die Bilanz, indem man jeder einzelnen Bilanzposition ein eigenes Rechenfeld (Konto) zuweist. Auf einer Seite des Kontos werden Anfangsbestand und die Zugänge, auf der anderen die Abgänge aufgeschrieben; der Bestand läßt sich durch Ziehen des Saldos jederzeit ermitteln.

Ein Geschäftsfall kann eine *erfolgsneutrale* Veränderung der Vermögens- und Kapitalstruktur bewirken; d.h. die Höhe des Eigenkapitals wird dadurch nicht beeinflußt. Die vier typischen Fälle sind:

a) Eingang einer Forderung
   Buchung: Flüssige Mittel an Forderungen (»Aktivtausch«)

b) Umwandlung einer Buchschuld in eine Wechselschuld
   Buchung: Verbindlichkeiten an Schuldwechsel (»Passivtausch«)

c) Wareneinkauf auf Ziel
   Buchung: Warenvorrat an Verbindlichkeiten (»Bilanzverlängerung«)

d) Rückzahlung eines Darlehens
   Buchung: Darlehen an Bank (»Bilanzverkürzung«)

Diese Vorgänge lassen sich auf T-Konten wie in Abbildung 6 darstellen.

Ein *erfolgswirksamer* Geschäftsfall kann zu einer Vergrößerung (Ertrag) oder einer Verkleinerung (Aufwand) des Eigenkapitals führen. Erfolgsneutrale Veränderungen des Eigenkapitals, nämlich Einlagen und Entnahmen, werden direkt auf dem

Kapitalkonto verbucht (abhängig von der Rechtsform des Unternehmens).

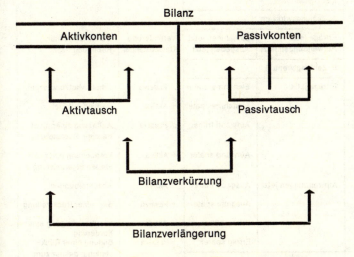

Abb. 6: Typologie der Geschäftsfälle zur Bilanzplanung

Die Aufwendungen und Erträge werden aus Gründen der Übersicht auf speziellen Aufwands- und Ertragskonten gebucht. Ein Aufwand wird als Verminderung des Eigenkapitals im Soll, ein Ertrag als Vermehrung des Eigenkapitals im Haben des jeweiligen Erfolgskontos gebucht. Die Erfolgskonten (Aufwands- und Ertragskonten) werden mit dem Gewinn- und Verlust-Konto abgeschlossen. Der Saldo des G+V-Kontos (Gewinn oder Verlust) wird auf das Eigenkapitalkonto übertragen.

Auf einem Konto sind demnach folgende Buchungen möglich, die auf Seite 56 nochmals im T-Konto-Modell abgebildet sind. Eine Buchung im Soll braucht Geld; eine solche im Haben bringt Geld. Dies ist die Finanzplanwirksamkeit der Buchhaltung (double entry book keeping).

Vorgänge		Bestands-auswirkung	Beispiele
I. Erfolgswirksam			
A. Zahlungswirksam			
Erträge jetzt Aufwendungen jetzt	Einnahmen jetzt Ausgaben jetzt	Veränderung Geldbestände	Barzahlung einer Rechnung
B. Zahlungsneutral			
Erträge jetzt	Einnahme früher	./. Passiva	Erhalt. Mietvorauszahl.
	Einnahme später	+ Aktiva	Verkauf auf Ziel
	Aufwand früher	./. Passiva	Auflösung einer nicht beanspr. Rückstellung
	Aufwand später	+ Aktiva	Verbuchung einer aktivierten Eigenleistung
Aufwendungen jetzt	Ausgabe früher	./. Aktiva	Abschreibungen
	Ausgabe später	+ Passiva	Bild. einer Rückstellung
	Ertrag früher	./. Aktiva	Wertberichtigung einer Forderung
	Ertrag später	+ Passiva	Bildung einer Rückstellung, die nur zum Teil oder gar nicht in Anspruch genommen wird
II. Erfolgsneutral			
A. Zahlungswirksam			
Einnahmen jetzt	Ausgabe früher	./. Aktiva	Einnahme einer Darlehensforderung
	Ausgabe später	+ Passiva	Aufn. eines Bankkredits
	Ertrag früher	./. Aktiva	Eingang einer Forderung
	Ertrag später	+ Passiva	Kundenanzahlung

Abb. 7: Systematik der Geschäftsfälle für die Bilanzplanung

Vorgänge		Bestands-auswirkung	Beispiele
Ausgaben jetzt	Einnahme früher	./. Passiva	Tilgung eines Bankkredits
	Einnahme später	+ Aktiva	Darlehen an Mitarbeiter
	Aufwand früher	./. Passiva	Auflösung einer Steuer-rückstellung wegen Steuerzahlung
	Aufwand später	+ Aktiva	Leistung einer Voraus-zahlung für Gebäude
B. Zahlungsneutral			
Mehrung Aktiva	Mehrung Passiva	+ Aktiva und Passiva	Kauf von Rohstoffen auf Ziel
	Minderung Aktiva	+/./. Aktiva	Umbuchung einer Vorauszahlung
Minderung Passiva	Mehrung Passiva	+/./. Passiva	Umschuldung
	Minderung Aktiva	./. Aktiva und Passiva	Gegengeschäft (Auf-rechnung von Forderun-gen u. Verbindlichkeiten)

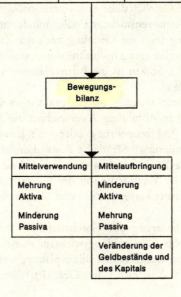

Bewegungsbilanz	
Mittelverwendung	Mittelaufbringung
Mehrung Aktiva	Minderung Aktiva
Minderung Passiva	Mehrung Passiva
	Veränderung der Geldbestände und des Kapitals

Soll	Konto	Haben

1. Aktivamehrung
2. Passivaminderung
3. Eigenkapitalminderung
  a) Aufwand
  b) Entnahme
		1. Passivamehrung
		2. Aktivaminderung
		3. Eigenkapitalmehrung
		  a) Ertrag
		  b) Einlage

Systematik der Geschäftsfälle für die Bilanzplanung

Abbildung 7 bringt eine Systematik sämtlicher Geschäftsfälle, die bei der Bilanzplanung vorkommen können. Grundsätzlich sind die Vorgänge erfolgswirksam oder erfolgsneutral sowie zahlungswirksam oder zahlungsneutral. Beide Kriterien müssen ergänzend berücksichtigt werden.

Das geschieht in der Gliederung der Abbildung 7. Sie ordnet sämtliche Geschäftsfälle erst einmal nach der Wirksamkeit im Erfolg (Vermögensmehrung oder -minderung). Innerhalb dieser Gliederung folgt die Ordnung nach der Zahlungswirksamkeit. Die Untergliederung nach Einnahmen und Ausgaben ergibt den Finanzplan. Soweit ist die Bilanzplanung zugleich auch die Finanzplanung.

Zu jedem Vorgang ist ein praktisches Beispiel angegeben. Ferner ist in Abbildung 7 verzeichnet die Auswirkung auf die Bestände (Aktivamehrung oder -minderung; Passivamehrung oder -minderung). Sämtliche Bestandsänderungen fließen dann ein in die Bewegungsbilanz. Sie gibt Auskunft über Art und Umfang der Veränderung in der Bilanzstruktur. Mittelverwendung bedeutet »investiert in« und Mittelaufbringung »finanziert durch«.

Die Gliederung der Geschäftsfälle – oder ihre Codierung nach erfolgs- und zahlungswirksam – eröffnet auch die Möglichkeit zur maschinellen Bilanzplanung sowie zum maschinellen Soll-Ist-Vergleich. Den Geschäftsfällen wäre jeweils dazu das Merkmal wie etwa »Erträge jetzt« und »Einnahme später« beizugeben; wie zum Beispiel sämtlichhe Verkäufe (Fakturierungen) auf Ziel.

Buchungsliste für die Systematik der Geschäftsfälle

Die Beispiele in der Abbildung 7 sind in der folgenden Liste in Form von Buchungssätzen dargestellt. Dabei ist auch angegeben, wie der frühere Buchungs-Satz zum jetzigen Beispiel gelautet hat – bzw. wie der spätere lauten wird.

VORGANG	BEISPIEL
	1. = *Sachverhalt*
	2. = Buchungssatz jetzt
	3. = Buchungssatz früher oder später

I. Erfolgswirksam
   a) Zahlungswirksam

Ertrag = Einnahme	1. *Barzahlung Kundenrechnung*
	2. Kasse an Erlöse
Aufwand = Ausgabe	1. *Barzahlung Lieferantenrechnung*
	2. Miete an Kasse

   b) Zahlungsneutral

<u>Erträge jetzt</u>	1. *Erhaltene Mietvorauszahlung*
Einnahmen früher	2. jetzt: passive Rechnungsabgrenzung an Mieterträge
	3. (früher): Flüssige Mittel an passive Rechnungsabgrenzung
Einnahme später	1. *Verkauf auf Ziel*
	2. jetzt: Forderungen an Erlöse
	3. (später): Flüssige Mittel an Forderungen

VORGANG	BEISPIEL
	1. = *Sachverhalt*
	2. = Buchungssatz jetzt
	3. = Buchungssatz früher oder später

Aufwand früher	1. *Auflösung einer Rückstellung*
	2. jetzt: Rückstellung an a. o. Erträge
	3. (früher): Sonstiger Aufwand an Rückstellung
Aufwand später	1. *Buchung einer aktivierten Eigenleistung*
	2. jetzt: Maschinen an aktivierte Eigenleistung
	3. (später): Abschreibungen an Maschinen
<u>Aufwendungen jetzt</u>	1. *Abschreibungen*
Ausgabe früher	2. jetzt: Abschreibungen an Gebäuden
	3. (früher): Gebäude an Flüssige Mittel
Ausgabe später	1. *Bildung einer Rückstellung*
	2. jetzt: Sonstiger Aufwand an Rückstellungen
	3. (später): Rückstellungen an flüssige Mittel
Ertrag früher	1. *Wertberichtigung einer Forderung*
	2. jetzt: Sonstiger Aufwand an Wertber. zu Forderungen
	3. (früher): Forderungen an Erlöse

VORGANG	BEISPIEL
	1. = Sachverhalt
	2. = Buchungssatz jetzt
	3. = Buchungssatz früher oder später

Ertrag später
1. *Bildung einer Rückstellung, die nur zum Teil oder gar nicht in Anspruch genommen wird*
2. jetzt: Sonstiger Aufwand an Rückstellungen
3. (später): Rückstellungen an a. o. Erträge

II. Erfolgsneutral
a) Zahlungswirksam

<u>Einnahmen jetzt</u>
Ausgabe früher
1. *Einnahme aus Darlehensforderung*
2. jetzt: Flüssige Mittel an Darlehen
3. (früher): Darlehen an Flüssige Mittel

Ausgabe später
1. *Aufnahme eines Bankkredits*
2. jetzt: Flüssige Mittel an Bankschulden
3. (später): Fuhrpark an Flüssige Mittel

Ertrag früher
1. *Eingang einer Forderung*
2. jetzt: Flüssige Mittel an Forderungen
3. (früher): Forderungen an Erlöse

VORGANG	BEISPIEL
	1. = *Sachverhalt*
	2. = Buchungssatz jetzt
	3. = Buchungssatz früher oder später

Ertrag später	1. *Kundenanzahlung*
	2. jetzt: Flüssige Mittel an erhaltene Anzahlungen
	3. (später): Erhaltene Anzahlungen an Erlöse
<u>Ausgaben jetzt</u>	1. *Tilgung eines Bankkredits*
Einnahme früher	2. jetzt: Bankschulden an Flüssige Mittel
	3. (früher): Flüssige Mittel an Bankschulden
Einnahme später	1. *Darlehen an Mitarbeiter*
	2. jetzt: Darlehen an Flüssige Mittel
	3. (später): Flüssige Mittel an Darlehen
Aufwand früher	1. *Auflösung einer Steuerrückstellung*
	2. jetzt: Rückstellung an Flüssige Mittel
	3. (früher): Sonstiger Aufwand an Rückstellung
Aufwand später	1. *Vorauszahlung*
	2. jetzt: Gebäude an Flüssige Mittel
	3. (später): Abschreibungen an Gebäude

VORGANG	BEISPIEL
	1. = *Sachverhalt*
	2. = Buchungssatz jetzt
	3. = Buchungssatz früher oder später

b) Zahlungsneutral
Mehrung Aktiva	1. *Kauf auf Ziel*
Mehrung Passiva	2. Vorräte an Verbindlichkeiten
Minderung Aktiva	1. *Umbuchung einer Vorauszahlung*
	2. Gebäude an Vorauszahlungen
Minderung Passiva	1. *Umschuldung*
Mehrung Passiva	2. Bankschulden an Langfristige Darlehen
Minderung Aktiva	1. *Gegengeschäft (Aufrechnung von Forderg. und Verbindl.*
	2. Verbindlichkeiten an Forderungen

Die Überleitung vom Betriebsergebnis zum Bilanzerfolg

Die Ergebnisse des internen Rechnungswesens und der Finanzbuchhaltung müssen in Plan und Ist aufeinander abgestimmt werden. Im System der Management-Erfolgsrechnung nach Deyhle (Abb. 8) wird der Management-Erfolg über eine Abstimmbrücke in den Bilanzerfolg/Jahresüberschuß übergeleitet.

Der erste Teil dieses Systems ist die *Verkaufserfolgsrechnung*, ausgestaltet als stufenweise Deckungsbeitragsrechnung für mehrere Produktgruppen. In der *Abweichungsanalyse* werden alle Abweichungen von Positionen registriert, die in der Verkaufserfolgsrechnung als Standards (z.B. Produktkosten/Grenzkosten) oder Budgets (z.B. Werbebudgets) eingesetzt sind. Die Abweichungen werden ressortbezogen (Verkauf, Betrieb, Einkauf usw.)

Management-Erfolgsrechnung

I. VERKAUFSERFOLGSRECHNUNG

	Produkt-gruppe 1	Produkt-gruppe 2	Summe
Verkaufte Einheiten	x	x	x
Erlöse zu Rechnungspreisen	x	x	x
./. Standard-Erlösschmälerungen	x	x	x
= Netto-Erlöse	x	x	x
./. Standard-Produktkosten des Umsatzes/nachkalk. Plan-Produktkosten des Umsatzes	x	x	x
= Deckungsbeiträge I	x	x	x
./. Artikel-(gruppen)direkte Strukturkosten für Promotion	x	x	x
= Deckungsbeiträge II	x	x	x
./. Sparten-/PC-direkte Strukturkosten (Einzelkosten)	x	x	x
= Deckungsbeiträge III	x	x	x
./. Sparten-/PC-direkte Strukturkosten (kalkulatorisch)	x	x	x
= Deckungsbeiträge IV	x	x	x
./. Allgemeine Strukturkosten			x
./. ROI-Ziel			x
Standard-Ergebnis			x

II. ABWEICHUNGSANALYSE

	Verkauf	Betrieb	Summe
+/− Abweichungen Ist/Standard Erlösschmälerung	x		x
+/− Verbrauchs-Abweichungen der Kosten der Kostenstellen	x	x	x
+/− Materialmengen-Abweichungen		x	x
+/− Materialpreis-Abweichungen		x	x
+/− Verfahrens-Abweichungen		x	x
Management-Erfolg (Betriebsergebnis)	x	x	x

Abb. 8: System der Management-Erfolgsrechnung (Betriebsergebnisrechnung)

III. ABSTIMMBRÜCKE   Summe

+/−	Strukturkosten in der Bestandsveränderung bei unfertigen und fertigen Erzeugnissen	x
+/−	Strukturkosten in aktivierten Eigenleistungen	x
+/−	Sonstige Bewertungsdifferenzen	x
+/−	Bilanzielle/kalkulatorische Abschreibungen	x
+/−	Ist-Sozialaufwand/Kalk. verrechnete Sozialkosten	x
+/−	Zeitliche Abgrenzungen der Finanzbuchhaltung	x
+/−	Bildung/Auflösung von Wertberichtigungen und Rückstellungen	x
+/−	Zahlungen an Dividenden, Zinsen und Steuern gegenüber ROI-Ziel	x
+/−	Außerordentliche Erträge/Aufwendungen	x
+/−	Verrechnungsabweichungen	x
	Bilanz-Erfolg/Jahresüberschuß	x

Abb. 8: System der Management-Erfolgsrechnung (Abstimmbrücke)

ausgewiesen und als Korrektur der Strukturkosten/Fixkosten behandelt. Derart wird die Abweichungsanalyse zu einem System von Signalen, das bei den jeweils zuständigen Managern die Planung von korrektiven Maßnahmen auslösen soll. Mit Abweichungen belastete »Kostenträger« können nichts unternehmen.

Die Deckungsbeitragsrechnung ist eine *Veranlassungsrechnung* zur Planung. Entscheidungen können aber nur auf Planzahlen aufgebaut werden, d.h. auf den in der Planperiode voraussichtlich gültigen Produktkosten und nicht auf Ist-Produktkosten der Vergangenheit, eventuell noch umgelegt auf Kostenträger samt sämtlicher Abweichungen.

Dieses Rechnungsschema kann sowohl für die Istdarstellung als auch für die Planung verwendet werden. Im Budget gibt es allerdings keine Abweichungen, so daß Standard-Ergebnis und Management-Erfolg identisch sind. (Das System ist ausführlich erläutert in Deyhle, Controller-Handbuch, unter dem Stichwort Management-Erfolgsrechnung)

Die Abstimmbrücke zur Bilanz

In der Abstimmbrücke wird der Management-Erfolg des internen Rechnungswesens des Controllers in den Bilanz-Erfolg des Treasurers übergeleitet. In der Verkaufserfolgsrechnung sind die Produktkosten des Umsatzes, die Strukturkosten aber als Block der Rechnungsperiode ausgewiesen. In der Gewinn- und Verlustrechnung ist der gesamte Aufwand der Periode nach Aufwandsarten erfaßt.

Im Fall einer *Bestandserhöhung* wird der dafür bereits verbuchte Aufwand durch Aktivierung für die Gewinn- und Verlustrechnung neutralisiert (unfertige und fertige Erzeugnisse an Bestandserhöhung). Die Bewertung erfolgt zu Herstellungskosten, die neben den Produktkosten auch anteilige Strukturkosten der Herstellung (aber keine Vertriebskosten) enthalten. Um diesen Strukturkostenanteil der Bestandserhöhung ist der Management-Erfolg, der ja nach Abzug aller Strukturkosten der Periode zustande kam, niedriger als der Bilanz-Erfolg. In der ersten Position der Abstimmbrüche erscheint daher eine Plus-Korrektur.

Im Fall einer *Bestandsminderung* war für die Erbringung der Verkaufsleistung der Periode ein Lagerabbau erforderlich. In der Verkaufserfolgsrechnung erscheinen zwar die dafür erzielten Erlöse und die Produktkosten, nicht aber der darin enthaltene Strukturkostenanteil. Eine Minus-Korrektur in Höhe des Strukturkostenanteils des abgebauten Bestandes bringt Management-Erfolg und Bilanz-Erfolg wieder ins Lot. Im Jahresabschluß wird dieser Lagerabbau durch die Einsatzbuchung Bestandsminderung an Fertige und unfertige Erzeugnisse erfaßt.

Die gleichen Überlegungen gelten für selbsterstellte Anlagen (Maschinen), die in der Bilanz ebenfalls zu Herstellungskosten zu bewerten sind. Sonstige Bewertungsdifferenzen können sich daraus ergeben, daß die Standards in der Verkaufserfolgsrechnung mit den in der Bestandsbewertung verwendeten nicht übereinstimmen.

Die Abstimmbrücke weist auch den Unterschied zwischen

kalkulatorischen und bilanziellen Abschreibungen sowie kalkulatorischen Sozialkosten und Ist-Sozialaufwand aus.

Weitere Abstimmungen ergeben sich aus der Abgrenzung periodenfremder Aufwendungen und Erträge in der Finanzbuchhaltung, der Bildung und Auflösung von Rückstellungen, der Vornahme von Wertberichtigungen beim Umlaufvermögen und der Differenz zwischen Gewinnbedarfsbudget (ROI-Ziel) und anfallenden Fremdkapitalzinsen und Ertragsteuern (Vorauszahlungen und Rückstellungen). Sind Zuführungen zu bzw. Auflösungen von Rücklagen im Bilanz-Erfolg schon berücksichtigt, ist ebenfalls eine entsprechende Abstimmung vorzunehmen. Die Kosten des neutralen Ergebnisses sind in der Regel in den allgemeinen Strukturkosten der Verkaufserfolgsrechnung enthalten, nicht jedoch die Erträge, z.B. aus Beteiligungen. Ein positives neutrales Ergebnis führt daher zu einer Plus-Korrektur in der Abstimmbrücke.

Die Fallstudie im 9. Kapitel zeigt im Zusammenhang die Planung im Rahmen der Management-Erfolgsrechnung und die Planung der Bilanz, Bewegungsbilanz und der Finanzen. Im Controllerhandbuch ist die Verknüpfung von Finanzbudget und Management-Erfolgsrechnung unter dem Stichwort Finanzbudgetierung dargestellt.

Wo kommen die Daten für die Bilanzplanung her?

Vor allem aus den verschiedenen operativen Teilplänen in Verkauf, Entwicklung, Produkt-Management, Produktion, Logistik. Diese Teilpläne werden in der Ergebnisplanung integriert und in der Form einer stufenweisen Deckungsbeitragsrechnung in der Management-Erfolgsrechnung in Zahlen gegossen. Diese geplanten Leistungen und Kosten sind in Aufwendungen und Erträge in die Plan-Gewinn- und Verlustrechnung überzuleiten.

Der Erfolgsplan ist Grundlage für die Finanz- und Bilanz- bzw. Bestandsplanung. In einem ersten Durchgang werden die geplanten Erträge und Aufwendungen um alle zeitlichen Er-

Aktivseite	Informationsquellen: Fachbereiche, Teilpläne
A. Anlagevermögen	
I. Immaterielle Vermögensgegenstände	
– Patente, Lizenzen	Entwicklung, Vertrieb; Rechtsabteilung, Steuerabteilung
– Firmenwert	Konzernprojekte; Acquisitionsplan, Erfolgsplan (Abschreibung)
II. Sachanlagen	
– Bestand	Voraussichtliche Schlußbilanz
– Zugänge und Abgänge	Investitionsplan, Erfolgsplan
– Abschreibungen, Zuschreibungen Umbuchungen	Anlagenbuchhaltung, Steuerabteilung
– Anzahlungen und Anlagen im Bau	Investitionsplan
III. Finanzanlagen	
– Beteiligungen, Wertpapiere	Konzernprojekte; Acquisitionsplan, Investitionsplan
– Ausleihungen	Vertrieb (Absatzfinanzierung), Personal (Darlehen an Mitarbeiter); Finanzplan
B. Umlaufvermögen	
I. Vorräte	Logistik, Einkauf; Absatz-, Produktions-, Lagerbestandsplan
– Geleistete Anzahlungen	Einkauf; Finanzplan
II. Forderungen	
– Forderungen aus Lieferungen und Leistungen	Vertrieb, Debitorenbuchhaltung; Umsatzplan, Finanzplan
– Forderungen an verbundene Unternehmen	Finanzplan
– Sonstige Vermögensgegenstände, z.B. Gehaltsvorschüsse, Schadenersatzansprüche, Ansprüche auf Steuererstattung	
III. Wertpapiere	Finanzplan
IV. Flüssige Mittel	Finanzplan
C. Rechnungsabgrenzungsposten	Erfolgsplan, Finanzplan

Passivseite	Informationsquellen: Fachbereiche, Teilpläne
A. Eigenkapital	Erfolgsplan mit Ertragsteuerplanung, Finanzplan
B. Rückstellungen	
– für Pensionen	Personalabteilung; Pensionszusagen
– für Steuern	Erfolgsplan mit Ertragsteuerplanung
– für sonstige, z.B.	
schwebende Geschäfte	Vertrieb
Prozeßkosten	Rechtsabteilung
unterlassene Instandhaltung	Produktion und andere; Instandhaltungsplan
Garantieverpflichtungen	Rechtsabteilung (gesetzl. und vertragl. Gewährleistung), Vertrieb (Kulanz)
Bürgschaften, Wechselobligo	Rechtsabteilung; Finanzplan
latente Steuern	Steuerabteilung; Finanzplan
C. Verbindlichkeiten	
– gegenüber Kreditinstituten	Finanzplan
– aus erhaltenen Anzahlungen auf Bestellungen	Vertrieb; Auftragsbestandsplan
– Lieferanten	Einkauf, Kreditorenbuchhaltung; Materialbeschaffungsplan, Finanzplan
– aus der Annahme gezogener und der Ausstellung eigener Wechsel	Einkauf; Finanzplan
– gegenüber verbundenen Unternehmen	Finanzplan
– aus Steuern	Steuerabteilung
– im Rahmen der sozialen Sicherheit	Personalabteilung, Rechtsabteilung
D. Rechnungsabgrenzungsposten	Erfolgsplan, Finanzplan

Abbildung 9: Informationsquellen zur Bilanzplanung

folgsabgrenzungen bereinigt und alle Einnahmen und Ausgaben hinzugefügt, die in der Planperiode nicht erfolgswirksam sind. In einem zweiten Durchgang werden alle Bestandsveränderungen geplant, die sich aus dem ersten Durchgang ergeben; alle sonstigen Bestandsveränderungen ohne Zahlungswirkung in der Planperiode hinzugefügt, z.B. Investitionen mit Kreditfinanzierung; die geplanten Endbestände durch Addition der Anfangsbestände ermittelt.

Auf diesen buchungstechnischen Zusammenhängen basiert die vom »Finanz-Controller« zu leistende gedankliche Planungsarbeit. Für die Bilanzplanung kann ihm die Check-List über die Informationsquellen in Abb. 9 helfen. Der Finanzplanung ist ein eigenes Kapitel in diesem Buch gewidmet.

Wie geht's weiter in diesem Buch?

Nachdem im ersten Kapitel unser Verständnis von Finanz-Controlling skizziert, im zweiten Kapitel unsere Auffassung über Aufgaben und Rollenverständnis eines »Finanz-Controllers« bzw. Treasurers im Vergleich mit dem Controller dargestellt ist, ist das dritte Kapitel der Grundausstattung des Werkzeugkastens für's Finanz-Controlling gewidmet: Finanzbuchhaltung, Bilanz und Bewegungsbilanz.

Im folgenden vierten Kapitel erläutert ein erfahrener Controller einem Gründer-Unternehmer anhand seiner eigenen Zahlen und Vorstellungen den Sinn und Zusammenhang der Instrumente Erfolgsplan (Aufwands- und Ertragsplanung), Planbilanz, Plan-Bewegungsbilanz, Finanzplan bis hin zum Soll-Ist-Vergleich.

Thema des fünften Kapitels ist eine Fallstudie über einen Planungszeitraum von drei Jahren. Ein großes Investitionsvorhaben ist in seinen Auswirkungen auf die Vermögens- und Finanzsituation des Unternehmens darzustellen. Dieses Zahlenwerk wird im sechsten Kapitel mit Hilfe von Kennzahlen analysiert und interpretiert und im siebten Kapitel in mehreren Varianten der Finanzplanung weiterverwendet.

Das achte Kapitel zeigt in einem Beispiel die Verknüpfung von Investitionsrechnung und Finanzplanung. Im neunten Kapitel wird in einem Systembeispiel der Weg von der Strategischen Planung über die Operative Ergebnisplanung bis zur Operativen Bilanz- und Finanzplanung beschrieben.

4. Kapitel

Finanz-Controlling-Fallbeispiel
– Zusammenhänge zwischen Erfolgs-, Bilanz- und Finanzplanung

Ein junger Textilkaufmann – im folgenden Unternehmer genannt – hat DM 20 000,–, die er als Startkapital für die Eröffnung eines *Teppichhandelsgeschäftes* einsetzen will. Er hat den Markt längere Zeit beobachtet und besitzt im übrigen gute Kenntnisse auf dem Sektor Heimtextilien. Eine betriebswirtschaftliche Ausbildung hat er nicht genossen. Er verläßt sich vor allem auf sein Gespür, doch ganz möchte er auf das Rechnen auch nicht verzichten. Sein Vater, der eine Kohlenhandlung betreibt, hat ihm empfohlen, zumindest eine Aufstellung über die voraussichtliche Entwicklung der Einnahmen und Ausgaben für das erste Jahr aufzustellen.

Die Einnahmen- und Ausgaben-Übersicht

Aufgrund der ihm bekannten Sachverhalte (Mietvertrag, Steuerzahlungstermine, etc.) und seiner Erwartungen über die Umsätze kommt unser Unternehmer zu einer Einnahmen-/Ausgabenübersicht, wie sie in Abbildung 10 illustriert ist.

Früher als Angestellter hatte er schon einige Jahre ein Gehaltskonto und ein Sparkonto, die ihm über seine finanzielle Lage Auskunft gaben. Da ihm die Handhabung vertraut ist, ergänzt er seinen Einnahmen-/Ausgabenplan durch eine Staffelrechnung über die voraussichtliche Entwicklung seines Bankkontos.

Die Rechnung stimmt also: Die voraussichtliche Unterdeckung in Höhe von DM 13 500 laut Abb. 10 bedeutet, daß

	1. Quartal DM	2. Quartal DM	3. Quartal DM	4. Quartal DM	Gesamt DM
EINNAHMEN					
Teppichverkäufe					
aus Bargeschäften	–	10.000	10.000	10.000	30.000
aus Forderungen	–	–	5.000	20.000	25.000
Summe Einnahmen	–	10.000	15.000	30.000	55.000
AUSGABEN:					
1. INVESTITIONEN					
Schaufenster	5.000	–	–	–	5.000
2. LAUFENDE AUSGABEN					
Teppiche	5.000	5.000	5.000	5.000	20.000
Büromiete	3.000	3.000	3.000	3.000	12.000
Reise	10.000	–	–	–	10.000
Werbung	2.000	1.000	1.000	1.000	5.000
Gewerbesteuer	–	–	–	500	500
Sonstige	250	250	250	250	1.000
	20.250	9.250	9.250	9.750	48.500
3. PRIVATENTNAHMEN					
Lebensunterhalt	3.000	3.000	3.000	3.000	12.000
Einkommensteuer	–	–	–	3.000	3.000
	3.000	3.000	3.000	6.000	15.000
Summe Ausgaben	28.250	12.250	12.250	15.750	68.500
Über-/Unterdeckung	./. 28.250	./. 2.250	+ 2.750	+ 14.250	./.13.500

Abb. 10. Einnahmen-/Ausgabenplan

sein Anfangskapital von DM 20 000 auf DM 6 500 zusammenschmilzt. Aber was nun?

Sollte er die Idee mit dem Teppichhandel fallen lassen? Oder vielleicht seine Umsatzerwartungen etwas optimistischer ansetzen? Oder sollte er auf fettere Jahre danach hoffen?

Unser Jungunternehmer war in seinem Berufs- und Privatleben bisher kein Zauderer; doch die Rechnung zeigt ja schwarz auf weiß, wohin die Sache führt.

Staffelrechnung über das Bankkonto

	DM
Stand 1.1	20 000
Unterdeckung 1. Quartal	./. 28 250
Stand 31.3.	./. 8 250
Unterdeckung 2. Quartal	./. 2 250
Stand 30.6.	./. 10 500
Überdeckung 3. Quartal	+ 2 750
Stand 30.9.	./. 7 750
Überdeckung 4. Quartal	+ 14 250
Stand 31.12.	6 500

Er erinnert sich schließlich an einen ehemaligen Schulkollegen, der Betriebswirtschaftslehre studiert hatte und jetzt in einem größeren Unternehmen im Finanzbereich als Controller tätig ist – erfolgreich, wie er gehört hat. Er nimmt sich vor, dessen Rat einzuholen. Schließlich sollen Controller so etwas sein wie Lotsen für die Unternehmer-Kapitäne. Unternehmer und Controller treffen sich also zu einem Arbeitsgespräch, um die Planung für das erste Teppichjahr gründlich durchzukneten.

Das Prinzip der integrierten Erfolgs-, Finanz- und Bilanzplanung

Der Controller und Budget-Koordinator versucht seinen Schulfreund davon zu überzeugen, daß seine finanzielle Planung umfassender sein sollte als das, was bisher vorliegt.

Um ihm das Prinzip einer integrierten Planung verständlich zu machen, verwendet er die Darstellung in Abbildung 11.

Das leuchtet ein. Der Saldo aus dem Erfolgsplan (Gewinn oder Verlust) wandert in die Planbilanz und gleicht dort Soll und Haben aus. Der Überschuß der Einnahmen über die Ausgaben im Finanzplan führt in der Planbilanz zur Position »Flüssige Mittel«. Sind im Finanzplan die Ausgaben höher als die Einnahmen, ist für eine entsprechende Kreditlinie vorzusorgen; in der

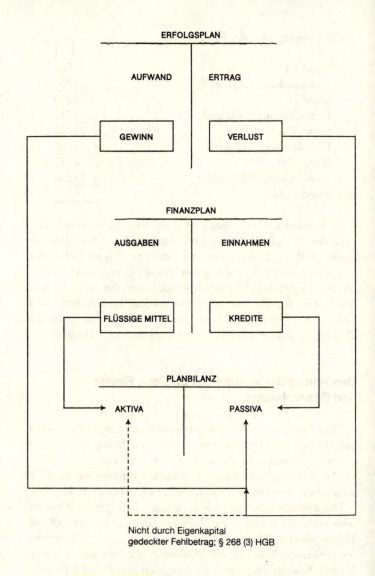

Abb. 11: Zusammenhang zwischen Erfolgs-, Finanz- und Bilanzplanung

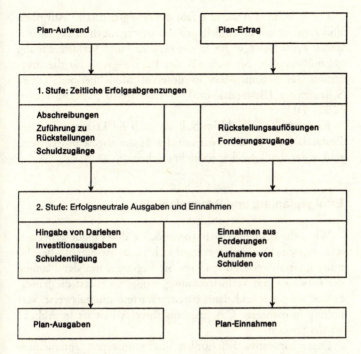

Abb. 12: Ableitung der Ausgaben und Einnahmen aus dem Erfolgsplan

Planbilanz erscheint die Position »Bankverbindlichkeiten«.

Jetzt ist die Frage zu klären, wie aus den leistungsbezogenen Erfolgskomponenten Aufwand und Ertrag die Zahlungsbewegungen abgeleitet werden können. Der Erläuterung dieses Zusammenhangs dient Abbildung 12.

Die 1. Stufe in der Abb. 12 bringt die zeitlichen Erfolgsabgrenzungen; aus den angeführten Beispielen wird deutlich, daß es sich um zahlungsneutrale Vorgänge handelt. So stehen z.B. den Abschreibungen auf die Geschäftsausstattung (Schaufenster im Modellbeispiel) einer Periode keine entsprechenden Zahlungsvorgänge gegenüber.

Die 2. Stufe in Abb. 12 erfaßt die erfolgsneutralen Ausgaben und Einnahmen; es handelt sich um Bewegungen in der Bilanz, denen keine Bewegungen in der Gewinn- und Verlustrechnung gegenüberstehen. So muß z.B. der Buchungssatz für die Investition des Schaufensters in unserem Modellbeispiel lauten: Schaufenster (Bestandskonto) an Bankkonto (Bestandskonto) 5000,- DM.

Es wird also sowohl im Soll als auch im Haben auf einem Bestandskonto gebucht, das mit der Bilanz abgeschlossen wird und in der Erfolgsrechnung nicht erscheint.

Erfolgsplanung und Bilanzplanung

Wie geht man praktisch vor, möchte der Jungunternehmer jetzt wissen. Die beiden einigen sich zunächst darauf, die Planung quartalsweise zu machen. Sie beginnen mit der Planung der Gewinn- und Verlustrechnung, wobei sie zuerst die Jahreszahlen ansetzen und dann deren erwartete quartalsweise Verteilung hinzufügen. Das Ergebnis ihrer Arbeit ist in Abb. 13 wiedergegeben.

Dieser operative Erfolgsplan macht unserem Unternehmer wieder Mut, da sich demnach ein Jahresgewinn von DM 26 450,- ergibt. Als wichtige ausgabewirksame Merkposten sind auf dem Erfolgsplan noch die ungefähre Einkommensteuerbelastung und die Investitionsausgabe für das Schaufenster angegeben.

Um einen Überblick über die Vermögensverhältnisse am Ende des 1. Planjahres zu gewinnen, muß eine Planbilanz erstellt werden. Ausgehend von der geplanten Gewinn- und Verlustrechnung werden zunächst die Bestandsänderungen auf dem Bankkonto sowie der übrigen Aktiva und Passiva erarbeitet.

Neben diesen erfolgswirksamen Vorgängen gibt es noch erfolgsneutrale Sachverhalte, die eine Veränderung der Bestände bewirken; zum Beispiel Vorratskäufe von Teppichen oder eben die Schaufenster-Investition.

Aus diesen Überlegungen entwickelt sich das Bild in Abb. 14.

	Gesamt DM	1. Quartal DM	2. Quartal DM	3. Quartal DM	4. Quartal DM
Umsätze aus Teppichverkäufen	80.000	–	20.000	30.000	30.000
./. Einsatz an Teppichen	20.000	–	5.000	7.500	7.500
Spanne	60.000	–	15.000	22.500	22.500
Büromiete	12.000	3.000	3.000	3.000	3.000
Reisekosten	10.000	10.000	–	–	–
Werbekosten	5.000	3.000	–	1.000	1.000
Sonstige Kosten	3.000	1.000	–	–	2.000
	30.000	17.000	3.000	4.000	6.000
Abschreibung auf Einbau des Schaufensters (20% von 5000 DM)	1.000	250	250	250	250
	31.000	17.250	3.250	4.250	6.250
Gewinn vor Abzug der Gewerbeertragssteuer	29.000	./. 17.250	+ 11.750	+ 18.250	+ 16.250
Gewerbeertragssteuer	2.550	–	–	1.000	1.550
Jahresgewinn	26.450	./. 17.250	+ 11.750	+ 17.250	+ 14.700
Einkommensteuer rd.	6.800				
Investitionen (Schaufenster)	5.000				

Abb. 13: Planung der Gewinn- und Verlustrechnung (operative Erfolgsplanung)

Die erste Spalte bringt nochmals die Erfolgsrechnung. Die dort stehenden Zahlen stimmen mit der Summe der Abbildung 13 überein.

Ergänzt ist die Erfolgsplanung dann einerseits nach rechts hin um die aus der Erarbeitung des Erfolgs resultierenden Bestandsveränderungen. Ferner folgt eine Ergänzung am Fuße durch solche Geschäftsvorfälle, die zwar Änderungen in den Beständen bewirken, aber in der Erfolgsrechnung nicht erscheinen.

Die zweite Spalte der Abbildung 14 mit der Überschrift Bankkonto endet mit derselben Unterdeckung von 13 500,– DM, wie sie schon in Abbildung 10, 5. Spalte, signalisiert worden ist.

	Plan-G + V DM	Bestandsänderungen		
		Bankkonto DM	Übrige Aktiva DM	Passiva DM
I. ERFOLGSWIRKSAME VORGÄNGE				
Umsätze aus Teppichverkäufen	80.000	+ 55.000	+ 25.000	
Einsatz an Teppichen	./. 20.000	./. 20.000		
Spanne	60.000			
Büromiete	./. 12.000	./. 12.000		
Reisekosten	./. 10.000	./. 10.000		
Werbekosten	./. 5.000	./. 5.000		
Sonstige Kosten	./. 3.000	./. 1.000		+ 2.000
	30.000			
Abschreibung	./. 1.000		./. 1.000	
	31.000			
Gewinn vor Abzug der				
Gewerbeertragssteuer	29.000			
Gewerbeertragssteuer	./. 2.550	./. 500		+ 2.050
Jahresgewinn	26.450			+ 26.450
Summe I		+ 6.500	+ 24.000	+ 30.500
II. ERFOLGSNEUTRALE VORGÄNGE				
Investitionen		./. 5.000	+ 5.000	
Teppichvorräte			+ 10.000	+ 10.000
Privatentnahmen für				
Lebensunterhalt		./. 12.000		./. 12.000
Einkommensteuer		./. 3.000		./. 3.000
Summe II		./. 20.000	+ 15.000	./. 5.000
Summe I und II		./. 13.500	+ 39.000	+ 25.500

Abb. 14: Planung der Bestandsänderungen; von der Erfolgsplanung zur Planbilanz

Erläuterungen zu den einzelnen Bestandsänderungen

Die Umsätze in Höhe von DM 80000,– setzen sich aus Ziel- und Barverkäufen zusammen. Barverkäufe und Eingänge aus Zielgeschäften werden in Höhe von DM 55000,– erwartet; diese führen nach Abbildung 14 auf dem Bankkonto zu einer ebenso großen Bestandserhöhung. Die Differenz zum Jahresumsatz ergibt einen Forderungsbestand von DM 25000,–. Grundlage für den Ansatz dieser Zahlen in der Vorbereitung der Planbilanz sind die Prognosen und Schätzungen des Unternehmers, die dieser ja schon für die Aufstellung der von ihm allein erstellten Einnahmen-/Ausgabenplanung benötigt hatte.

Die geschätzten Kosten für Büromiete, Reisen und Werbung wirken sich nur auf den Bestand des Bankkontos aus. Bei den Sonstigen Kosten werden DM 2000,– als Verbindlichkeit die Passivseite der Bilanz erhöhen. Die Jahresabschreibung in Höhe von DM 1000,– auf das Schaufenster vermindert die unter den erfolgsneutralen Vorgängen bestandserhöhend, eingetragene Investitionsausgabe. In der Planbilanz (Abbildung 15) wird diese Position des Anlagevermögens mit DM 4000,– ausgewiesen sein. Von der erwarteten Gewerbeertragsteuerschuld sind DM 500,– in der Planperiode zu zahlen; sie vermindern das Bankkonto. Die restlichen DM 2050,– werden als Rückstellung ausgewiesen und erhöhen somit den Bestand der Passiva. Der geplante Jahresgewinn erhöht das Eigenkapital.

Die Teppichvorräte in Höhe von DM 10000,– wurden auf Ziel eingekauft; ihnen stehen gleich hohe Verbindlichkeiten gegenüber. Eine solche gleichzeitige Erhöhung eines Aktiv- und eines Passivbestandes nennen die Bilanzfachleute eine *Bilanzverlängerung*. Den Fall einer *Bilanzverkürzung* haben wir ebenfalls in dem Beispiel: Die Privatentnahmen für den Lebensunterhalt und für die Bezahlung der Einkommensteuer vermindern sowohl das Bankkonto (Aktivbestand) als auch das Eigenkapital (Passivbestand). Den Vorgang der Verbuchung der Investition und deren Zahlung nennt man einen *Aktivtausch*.

Eine Umbuchung vom Konto Rückstellungen auf Verbindlichkeiten beispielsweise ist ein *Passivtausch* (kommt im Beispiel nicht vor). Zur Kontrolle kann die Summengleichheit von Aktiv- und Passivseite überprüft werden: 39000 (Summe Übrige Aktiva) abzüglich 13500 (Abbau Bankguthaben) = 25500.

	Anfangs-bilanz	Bestandsänderungen		Schluß-bilanz
		+ Aktiva ./. Passiva	./. Aktiva + Passiva	
	1. 1. DM	DM	DM	31. 12. DM
AKTIVA				
Schaufenster		4.000		4.000
Teppichvorräte		10.000		10.000
Kundenforderungen		25.000		25.000
Bankguthaben	20.000		13.500	6.500
	20.000			45.500
PASSIVA				
Eigenkapital	20.000		11.450	31.450
Lieferantenverbindlichkeiten			12.000	12.000
Rückstellung für Gewerbesteuer			2.050	2.050
	20.000	39.000	39.000	45.500

Abb. 15: Planbilanz mit saldierten Bestandsänderungen (Veränderungsbilanz)

Ableitung der Planbilanz

Aus der detaillierten Darstellung der Bestandsänderungen in Abbildung 14 kann nun – aufbauend auf der Anfangsbilanz – die Plan-Schlußbilanz für das zu budgetierende Geschäftsjahr abgeleitet werden. Abbildung 15 zeigt, wie vom Anfang aus über die geplanten Bewegungen sich die geplanten Schlußzahlen der Bilanz aufbauen.

Die Bestandsänderung auf dem Kapitalkonto errechnet sich wie folgt:

	DM
Geplanter Jahresgewinn	26 450,–
– Privatentnahmen	15 000,–
Zugang zum Kapitalkonto	11 450,–

Welche Vorteile für die Geschäftsführung ergeben sich aus den bisherigen Planungsarbeiten und Plänen im Vergleich zur einfachen Einnahmen-/Ausgabenplanung?

Die Bilanz gibt vor allem einmal einen Überblick über Vermögen und Schulden. Sie gibt auch Aufschluß darüber, in welchem Ausmaß das Vermögen durch Eigen- und Fremdkapital finanziert ist. Schließlich ist daraus – zumindest teilweise – zu ersehen, wozu die Gelder vom Bankkonto verwendet wurden, nämlich zur Finanzierung des Anlage- (Schaufenster) und Umlaufvermögens (Teppichvorräte und Kundenforderungen).

Plan-Gewinn- und Verlustrechnung und Planbilanz sind auch Grundlage für die Steuerplanung, deren Ergebnis eine wichtige Position in der Finanzplanung ist. Steuern müssen in bar bezahlt werden; leider kann man keine unverkäuflichen Bestände – von denen unser Teppichunternehmer wohl nicht ganz verschont bleiben wird – beim Finanzamt an Zahlung Statt vorfahren.

Die Planung der Bewegungsbilanzen

Besonderes Interesse zeigt der Teppich-Chef für die Zusammenhänge zwischen den Vermögenspositionen und deren Finanzierung. Sein Freund und Berater empfiehlt ihm zum Eindringen in diese Materie die Erstellung von Bewegungsbilanzen, die aus der Plan-Gewinn- und Verlustrechnung und aus der Planbilanz abgeleitet werden. Sinn dieser Rechnung sei es aufzuzeigen, aus welchen Quellen dem Unternehmen im Planjahr Finanzmittel zufließen und für welche Zwecke sie verwendet werden sollen.

Die beiden gehen nun so vor, daß sie die Entwicklung von der Anfangsbilanz bis zur Schlußbilanz quartalsweise darstellen. Die Differenzen der Bilanzpositionen sind die Finanzströme der Planperiode. Die Darstellung dazu findet sich in Abbildung 16. Die Gesamtspalte der Abbildung 16 bringt unsaldiert dieselben Werte, wie sie in den beiden Spalten »Bestandsänderungen« in Abbildung 15 enthalten sind. Zur Kontrolle braucht man in Abbildung 16 bei der Spalte »Gesamt« nur den Saldo bei den einzelnen Konten zu ziehen. Aber ergänzend schildert der Bewegungs-Strom in Abbildung 16 auch den Weg über die Quartale hinweg. Schließlich hilft es nicht viel, am Ende vom Jahr wieder bezahlen zu können, wenn Mitte des Jahres die Zahlungsunfähigkeit eintritt.

Buchhalterische Interpretation der Bewegungsbilanz

Aus Abbildung 16 wird dem Teppichunternehmer auch der praktische Nutzen der Logik der doppelten Buchhaltung klar, die eine systematische Doppelverbuchung jedes Geschäftsfalls sowohl im Soll eines Kontos als auch im Haben eines Gegenkontos verlangt (Prinzip der Doppik). Man sieht im Beispiel sehr deutlich, daß man Finanzmittel nur einsetzen kann (Sollbuchung), wenn man sie auch aufzubringen vermag (Habenbuchung). So können beispielsweise Löhne und Lieferantenschulden nur bezahlt werden, wenn ein ausreichender Kassenbestand oder ein entsprechendes Bankguthaben bzw. Kreditlimit vorhanden ist. Die Buchungssätze lauten:

Löhne an Kasse bzw.

Verbindlichkeiten an Bank.

Die Investition in das Schaufenster wird im ersten Planjahr teilweise durch Abschreibungen, teilweise durch das Bankguthaben finanziert. Für die Finanzierung der Teppichvorräte muß zu einem Teil das Bankkonto herhalten, zum anderen Teil steckt sie in den Verbindlichkeiten. Auch den Kundenforderungen stehen erst im 4. Quartal gleich hohe Einnahmen gegenüber, so daß in den vorausgehenden Quartalen Bankguthaben bzw. Kredite aufgebracht werden müssen.

Da es sich bei diesem Modellbeispiel um die Gründung eines Unternehmens handelt, kann nicht auf Erfahrungswerte vergangener Perioden zurückgegriffen werden. Wie gut die Planzahlen sind, ist auch eine Frage der Wirtschaftlichkeit der Planung. Unser Unternehmer kann es sich nicht leisten, teuere Gutachten

	1. Quartal		2. Quartal		3. Quartal		4. Quartal		Gesamt	
	+ DM	./. DM	+ DM	./. DM	+ DM	./. DM	+ DM	./. DM	+ DM	./. DM
AKTIVA										
Schaufenster										
Investitionen	5.000								5.000	
Abschreibungen		250		250		250		250		1.000
Teppichvorräte										
Einkäufe	30.000								30.000	
Einsatz				5.000		7.500		7.500		20.000
Kundenforderungen										
Umsätze			20.000		30.000		30.000		80.000	
Einnahmen				10.000		15.000		30.000		55.000
Bankguthaben										
Einnahmen			10.000		15.000		30.000		55.000	
Ausgaben		28.250		12.250		12.250		15.750		68.500
PASSIVA										
Eigen-Kapital	17.250								17.250	
Gewinne	3.000		3.000		3.000		6.000		15.000	
Verluste										
Entnahmen				11.750		17.250		14.700		43.700
Verbindlichkeiten										
Neuaufnahme			6.250		5.250		5.750		17.250	
Tilgung		26.750				1.000		3.550		31.300
	55.250	55.250	39.250	39.250	53.250	53.250	71.750	71.750	219.500	219.500

Abb. 16: Planung der Bewegungs-Bilanzen

und Prognosen einzukaufen. Dieser Planung liegen seine Überlegungen zugrunde, die er sich schon für die Erstellung des Einnahmen-/Ausgabenplanes gemacht hat, bevor ihm sein Freund mit differenzierten Planungstechniken zu Hilfe gekommen ist.

Die Entwicklung des Bankguthabens in Abbildung 16 entspricht den Summenzahlen der Einnahmen und Ausgaben in Abbildung 10. Die Zahlen der Quartalsgewinne bzw. -verluste stammen aus der Plan-Gewinn- und Verlustrechnung (Abbildung 13). Die Entnahmen für den Lebensunterhalt sollen DM 3000,- je Quartal betragen; dazu kommt im 4. Quartal eine weitere Entnahme in Höhe von DM 3000,- für eine Einkommensteuervorauszahlung. Dem Ansatz der Verbindlichkeiten – die Lieferantenverbindlichkeiten, sonstigen Verbindlichkeiten und die Rückstellung für Gewerbeertragsteuer werden aus formulartechnischen Gründen zusammengefaßt – liegt folgende Nebenrechnung zugrunde:

```
             DM
1. Quartal: 25 000  Lieferantenverbindlichkeiten
             1 000  Sonstige Verbindlichkeiten (Werbung)
               750  Sonstige Verbindlichkeiten (Sonstige Kosten)
            26 750
```

Der Einkauf von Teppichen in Höhe von DM 30 000,- soll im 1. Quartal mit DM 5000,- in bar bezahlt werden; den Restbetrag will der Teppich-Chef schuldig bleiben. Von den im 1. Quartal anfallenden Werbekosten (siehe Abbildung 13 will er DM 1000,- schuldig bleiben. An sonstigen Kosten fallen im 1. Quartal DM 1000,- an; davon will er DM 750,- erst später bezahlen.

Die Tilgung im 2. Quartal setzt sich wie folgt zusammen:

```
       DM
     5 000  Teppiche
     1 000  Werbung
       250  Sonstige Kosten
     6 250  (vgl. Abb. 16, 2. Quartal, Tilgung bei
            Verbindlichkeiten)
```

Im 3. Quartal sollen DM 5250,– getilgt werden; DM 5000,– für Teppiche, DM 250,– für sonstige Kosten. Dazu kommt eine Neuaufnahme von Verbindlichkeiten in Höhe von DM 1000,– für Gewerbeertragsteuer.

Im 4. Quartal sollen sich die Verbindlichkeiten folgendermaßen entwickeln:

Tilgung:	5 000	Teppiche
	500	Gewerbeertragsteuer
	250	Sonstige Kosten
	5 750	

Neuaufnahme:	1 550	Gewerbeertragsteuer
	2 000	Sonstige Kosten
	3 550	

Zusammenstellung der Bewegungsbilanz zum Tableau für Mittelverwendung und Mittelaufbringung

In der Darstellung 16 mit den Bewegungs-Zahlen wurden als Spaltenüberschriften noch »Plus« und »Minus« gewählt. Diese Vorzeichen entsprechen der einfachen Logik von »Kommt hinzu« und »Fällt weg«. Genauso gut hätte statt Plus aber auch das buchhalterische »Soll« und statt Minus das »Haben« der Buchhaltung angegeben werden können. Dann lassen sich alle Sollbuchungen als Mittelverwendung und alle Habenbuchungen als Mittelaufbringung »firmieren«. Aus dem Prinzip der Doppik folgt ferner, daß man Geld nicht einsetzen kann, wenn es nicht irgendwoher aufgetrieben werden kann. Dem entspricht die buchhalterische Logik, daß Soll und Haben stimmen muß. Beide Seiten des Kontos müssen sich entsprechen.

Dem ist in der Abbildung 17 Rechnung getragen. Es handelt sich um die gleiche Bewegungsbilanz wie in Abbildung 16. Nur die Darstellungsform hat sich geändert. Alle Plusposten der Abbildung 16 sind jetzt als Soll-Buchung und folglich als Mittelverwendung im oberen Teil der Liste 17 ausgewiesen. Alle Minusposten der Abbildung 16 erscheinen im unteren Teil der Abbildung 17 als Mittelaufbringung (oder als Habenposten im Sinne der Buchhaltung). Daß Soll und Haben stimmen, zeigt die Summengleichheit auch in Abbildung 17; nur daß die beiden Werte nicht mehr – wie in Abbildung 16 nebeneinander, sondern untereinander stehen.

Die Spalte »Konsolidierung« in Abbildung 17 saldiert einzelne Posten der quartalsweisen Mittelverwendungs- und -aufbringungs-Übersicht. Das betrifft zum Beispiel die Teppichvorräte. Der Erhöhung in der Spalte »Gesamt« der 4 Quartale steht unten eine Minderung (Einsatz) in Höhe von DM 20 000,– gegenüber. Die Konsolidierung weist nur die saldierte Bestandserhöhung aus. Aus dieser zusammengefaßten Spalte ergibt sich aber jetzt ein klares Finanzierungsbild für das Teppichgeschäft mit Antworten auf die Fragen »wo sollen planmäßig Mittel hinfließen und woher sollen sie planmäßig finanziert werden?«

Daß die geplante Geschäftstätigkeit nicht allein aus Eigenmitteln finanziert werden kann, war schon aus der Bilanz in Abbildung 15 zu erkennen. Jetzt ergibt sich aber gemäß Konsolidierungs-Spalte in Abbildung 17 ein deutliches Bild über den geplanten Kapitalfluß. So setzt sich die Eigenfinanzierung in der Mittelherkunft zusammen aus:

	DM
Abschreibungen	1 000
Gewinn	26 450
Minderung Bankguthaben	13 500
	40 950 (Eigenfinanzierung).

Die Fremdfinanzierung aus Lieferantenschulden, sonstigen Verbindlichkeiten und Rückstellungen beläuft sich auf 14 050,–. Zusammen ergibt das die Mittelherkunft von 55 000,–.

	1. Quartal DM	2. Quartal DM	3. Quartal DM	4. Quartal DM	Gesamt DM	Konsolidierung DM
MITTELVERWENDUNG						
Investitionen	5.000	–	–	–	5.000	5.000
Teppichvorräte	30.000	–	–	–	30.000	10.000
Erhöhung der Kundenforderungen	–	10.000	15.000	–	25.000	25.000
Erhöhung des Bankguthabens	–	–	–	6.500	6.500	–
Privatentnahme	3.000	3.000	3.000	6.000	15.000	15.000
Verlust	17.250	–	–	–	17.250	–
Schuldentilgung:						
Bankkredit	–	–	2.750	7.750	10.500	–
Sonstige	–	6.250	5.250	5.750	17.250	–
	55.250	19.250	26.000	26.000	126.500	55.000
MITTELAUFBRINGUNG						
Abschreibungen	250	250	250	250	1.000	1.000
Gewinn	–	11.750	17.250	14.700	43.700	26.450
Minderung der Vorräte	–	5.000	7.500	7.500	20.000	13.500
Minderung des Bankguthabens	20.000	–	–	–	20.000	–
Schuldaufnahme:						
Bankkredit	8.250	2.250	–	–	10.500	–
Sonstige	26.750	–	1.000	3.550	31.300	14.050
	55.250	19.250	26.000	26.000	126.500	55.000

Abb. 17: Übersicht über Mittelverwendung und Mittelaufbringung gemäß der Bewegungsbilanzen

Damit finanziert werden die Investition, die Erhöhung des Warenlagers, die Aufstockung der Kundenforderungen sowie die Privatentnahmen.

Es fehlt aber noch ein Plan, der zumindest nicht ausdrücklich aufgestellt worden ist; nämlich der Finanzplan. Zwar ist gemäß Abbildung 17 die Jahresfinanzierung gesichert gemäß der Mittelverwendungs- und -aufbringungs-Übersicht. Aber hier handelt es sich um eine für das Budget-Jahr aufgestellte *Finanzbedarfsrechnung*. Innerhalb des Jahres ergeben sich Bedürfnisse für Kreditaufnahmen – zum Beispiel im 1. Quartal. Dort zeigt die Abbildung 16 und früher schon die Abbildung 10 eine Unterdeckung auf dem Bankkonto in Höhe von 8250,–. Den geplanten Ausgaben von 28 250,– steht nur ein Bankguthaben von 20 000,– gegenüber. Also bedarf es der Planung einer Kreditaufnahme, in späteren Quartalen der Planung der Kredittilgung.

Der Finanzplan

Die Analyse der geplanten Investitionen im weitesten Sinne – diese eher theoretisch klingende Formulierung leuchtet dem Unternehmer ein, nachdem er erkannt hat, was er z.B. in das Lager und in die Debitoren (Kundenforderungen) »hineinstecken« muß – und deren Finanzierung hat das Bedürfnis nach einem weiteren Plan geweckt. Eine systematisch gegliederte Darstellung der Einnahmen und Ausgaben in der Planperiode, verbunden mit einer Fortschreibung der Geldbestände und Kredite, müßte das bis jetzt gewonnene Bild abrunden. Gegenüber der ursprünglichen Einnahmen-/Ausgabenplanung in Abbildung 10, bei der die Geldvorgänge »isoliert« geplant wurden, kann ein solcher Finanzplan aus den bisherigen Planungen abgeleitet werden. Die Planung der Finanzen ist in die Planung der Gewinn- und Verlustrechnung, der Bilanz und der Bilanzbewegungen integriert (Abbildung 18).

Der Anfangsbestand an flüssigen Mitteln im 1. Quartal ist DM 20 000,–; das Startkapital. Der Endbestand an flüssigen

	1. Quartal DM	2. Quartal DM	3. Quartal DM	4. Quartal DM	Gesamt DM
Anfangsbestand an flüssigen Mitteln	+ 20.000	./. 8.250	./. 10.500	./. 7.750	+ 20.000
EINNAHMEN					
Verkaufserlöse	–	10.000	10.000	10.000	30.000
Eingang von Forderungen	–	–	5.000	20.000	25.000
–	–	10.000	15.000	30.000	55.000
AUSGABEN					
Investitionen	5.000	–	–	–	5.000
Lagereinkäufe (Anzahlungen)	5.000	–	–	–	5.000
Ausgabewirksame Kosten	15.250	3.000	4.000	4.000	26.250
Schuldentilgung	–	6.250	5.250	5.750	17.250
Privatentnahmen	3.000	3.000	3.000	6.000	15.000
	28.250	12.250	12.250	15.750	68.500
Endbestand an flüssigen Mitteln	./. 8.250	./. 10.500	./. 7.750	+ 6.500	+ 6.500
Mehrausgaben	8.250	2.250	–	–	./.10.500
Mehreinnahmen	–	–	2.750	14.250	+ 10.500
Kreditaufnahme	8.250	2.250	–	–	+ 10.500
Kreditrückzahlung	–	–	2.750	7.750	./. 10.500

Abb. 18: Finanzplan

Mitteln eines Quartals ist gleichzeitig der Anfangsbestand des folgenden Quartals. Grundlage für die Planung der Einnahmen sind die Erwartungen des Teppichunternehmers über die Zusammensetzung des Umsatzes aus Bar- und Zielgeschäften sowie den eigenen Zahlungsbedingungen; diese Angaben lagen ja schon der Planung der Bilanz und der Bewegungen zugrunde. Plandaten für die Fälligkeit der Ausgaben sind die Zahlungskonditionen der Lieferanten, Steuertermine, der Mietvertrag und eigene Vorstellungen, z.B. über die Reisetätigkeit und die Entnahmen für private Zwecke. Die letzten zwei Zeilen zeigen sehr übersichtlich, daß die Mehrausgaben im 1. und 2. Quartal durch Kreditaufnahme gedeckt werden. Die Rückzahlung des

Kredites erfolgt im 3. und 4. Quartal. Die Differenz zwischen Mehreinnahmen und Kreditrückzahlung ist der Endbestand an flüssigen Mitteln in Höhe von DM 6500,–, der auch in der Planbilanz als Position auf der Aktivseite erscheint.

Der Soll-Ist-Vergleich

Zum Controlling gehören Soll (Budget) und Ist. Aus beidem zusammen ergibt sich erst das Controlling. Bisher befaßten sich Teppich-Unternehmer und Controller mit der Budgetierung des 1. Teppichjahres. Nachdem alles durchgeprüft worden war, gab der Unternehmer den Startschuß.

In Verbindung mit dem, was sich täglich ereignet, entstehen Belege. Sie werden in der Buchhaltung erfaßt auf den einzelnen Konten. Jetzt erweist es sich als nützlich, daß auch die Planung im buchhalterischen Sinne aufgebaut worden ist. *Dem System der Istzahlen in ihrer buchhalterischen Doppik steht jetzt ein Geflecht von Planzahlen in demselben Rahmen gegenüber. Dadurch ergibt sich das eigentliche Finanz-Controlling.*

Die Istzahlen der Finanzbuchhaltung (Abbildung 19) sind die Quelle für alle folgenden Ableitungen. Sie zeigen dem Unternehmer zunächst einmal, daß er im abgelaufenen Jahr gute Arbeit geleistet hat. Das Bilanzergebnis in Höhe von 30 377 liegt über dem geplanten Jahresgewinn von 26 450 (Abb. 13). Die Zahlen sind nach Kontonummern gegliedert und quartalsweise dargestellt, um den Einstieg in den Soll-Ist-Vergleich und die Analyse der Abweichungen zu erleichtern. Aus dem Zahlenwerk der Buchhaltung sind als erstes die tatsächlichen Geldbewegungen abgeleitet, und zwar sortiert nach Sachkonten (Abb. 20) und nach Kontokorrentgesichtspunkten (Abb. 21). In den beiden Übersichten werden die Quartalsbestände des Bankkontos nach Ein- und Auszahlungsursachen aufgegliedert. Die Differenz zwischen Soll (69 795) und Haben (86 000) in der Spalte Gesamt (Abb. 20 und 21) erscheint in der Finanzplankontrolle (Abb. 22) als Mehrausgaben in Höhe von 16 205. Die Entwicklung der

Konto Nr.	Kontobezeichnung	Anfangsbilanz 1.1. S DM	Anfangsbilanz 1.1. H DM	Umsätze 1. Quartal S DM	Umsätze 1. Quartal H DM	Saldenbilanz 31.3 S DM	Saldenbilanz 31.3 H DM	Umsätze 2. Quartal S DM	Umsätze 2. Quartal H DM	Saldenbilanz 30.6 S DM	Saldenbilanz 30.6 H DM	Umsätze 3. Quartal S DM	Umsätze 3. Quartal H DM	Saldenbilanz 30.9 S DM	Saldenbilanz 30.9 H DM	Umsätze 4. Quartal S DM	Umsätze 4. Quartal H DM	Schlußbilanz 31.12 S DM	Schlußbilanz 31.12 H DM
046	Schaufenster			6.400	320	6.080			320	5.760			320	5.440			320	5.120	
160	Bank	20.000		5.350	23.400	1.950		12.425	20.350		5.975	13.900	29.050		21.125	38.120	13.200	3.795	
220	Teppiche			31.400	1.860	29.540		11.400	5.430	24.110		24.310	7.920	16.190			7.290	8.900	
240	Kundenforderungen			2.100		2.100		2.100	11.325	11.400	19.895		6.500	29.210	37.115	15.445	24.450	20.205	
300	Kapital		20.000	11.430			8.570	11.400				17.220					13.262		50.377
301	Privatentnahmen			3.000		3.000		3.000		6.000		3.000		9.000		6.500		15.500	
430	Lieferantenverb.			5.000	39.100		34.100	12.700			21.400	21.400							900
480	Sonstige Verb.												1.600		1.600		643		2.243
500	Umsatzerlöse				7.450		7.450		21.725		29.175		31.710		60.885	7.290	29.115		90.000
600	Wareneinsatz			1.860		1.860		5.430		7.290		7.290		15.210		7.290		22.500	
660	Abschreibungen			320		320		320		640		320		960		320		1.280	
710	Gewerbesteuer											1.600		1.600		1.643		3.243	
780	Miete			3.150		3.150		3.150		6.300		3.150		9.450		3.200		12.650	
781	Reisekosten			9.750		9.750		–		9.750		–		9.750		–		9.750	
782	Werbekosten			3.-00		3.300		1.000		4.300		1.000		5.300		2.000		7.300	
783	Sonstige Kosten			500		500		500		1.000		500		1.500		1.400		2.900	
870	Bilanzergebnis				11.430		11.430	11.325			105	17.220		17.115		13.262		30.377	
		20.000	20.000	83.560	83.560	61.550	61.550	61.250	61.250	76.550	76.550	94.320	94.320	120.725	120.725	89.180	89.180	143.520	143.520

Abb. 19: Istzahlen aus der Finanzbuchhaltung

Konto-Nr.		1. Quartal		2. Quartal		3. Quartal		4. Quartal		Gesamt	
		S DM	H DM	S DM	H DM	S DM	H DM	S DM	H DM	S DM	H DM
046	Schaufenster	–	–	–	6.400	–	–	–	–	–	6.400
220	Teppiche	–	5.000	–	5.000	–	21.400	–	–	–	31.400
301	Privatentnahmen	–	3.000	–	3.000	–	3.000	–	6.500	–	15.500
500	Umsatzerlöse	5.350	–	12.425	–	13.900	–	38.120	–	69.795	–
710	Gewerbesteuer	–	–	–	–	–	–	–	1.000	–	1.000
780	Miete	–	3.150	–	3.150	–	3.150	–	3.200	–	12.650
781	Reisekosten	–	9.750	–	–	–	–	–	–	–	9.750
782	Werbekosten	–	2.000	–	2.300	–	1.000	–	2.000	–	7.300
783	Sonstige Kosten	–	500	–	500	–	500	–	500	–	2.000
	Summe	5.350	23.400	12.425	20.350	13.900	29.050	38.120	13.200	69.795	86.000

Abb. 20: Tatsächliche Geldbewegungen (Sachkonten)

Konto-Nr.		1. Quartal		2. Quartal		3. Quartal		4. Quartal		Gesamt	
		S DM	H DM	S DM	H DM	S DM	H DM	S DM	H DM	S DM	H DM
Kundenforderungen	240	–	–	2.100	–	6.500	–	24.450	–	33.050	–
Privatentnahmen	301	–	3.000	–	3.000	–	3.000	–	6.500	–	15.500
Lieferantenverbindlichkeiten	430	–	5.000	–	12.700	–	21.400	–	–	–	39.100
Umsatzerlöse	500	5.350	–	10.325	–	7.400	–	13.670	–	36.745	–
Gewerbesteuer	710	–	–	–	–	–	–	–	1.000	–	1.000
Miete	780	–	3.150	–	3.150	–	3.150	–	3.200	–	12.650
Reisekosten	781	–	9.750	–	–	–	–	–	–	–	9.750
Werbekosten	782	–	2.000	–	1.000	–	1.000	–	2.000	–	6.000
Sonstige Kosten	783	–	500	–	500	–	500	–	500	–	2.000
Summe		5.350	23.400	12.425	20.350	13.900	29.050	38.120	13.200	69.795	86.000

Abb. 21: Tatsächliche Geldbewegungen (Kunden, Lieferanten, Sonstige)

	1. Quartal			2. Quartal			3. Quartal			4. Quartal			Gesamt		
	Plan DM	Ist DM	Abw. DM	Plan DM	Ist DM	Abw. DM	Plan DM	Ist DM	Abw. DM	Plan DM	Ist DM	Abw. DM	Plan DM	Ist DM	Abw. DM
EINNAHMEN															
Verkaufserlöse	–	5.350	+ 5.350	10.000	10.325	+ 325	10.000	7.400	./. 2.600	10.000	13.670	+ 3.670	30.000	36.745	+ 6.745
Eingang von Forderungen	–	–	–	–	2.100	+ 2.100	5.000	6.500	+ 1.500	20.000	24.450	+ 4.450	25.000	33.050	+ 8.050
	–	5.350	+ 5.350	10.000	12.425	+ 2.425	15.000	13.900	./. 1.100	30.000	38.120	+ 8.120	55.000	69.795	+ 14.795
AUSGABEN															
Investitionen	5.000	–	./. 5.000	–	6.400	+ 6.400	–	–	–	–	–	–	5.000	6.400	+ 1.400
Lagereinkäufe	5.000	5.000	–	5.000	5.000	–	5.000	21.400	+ 16.400	5.000	–	./. 5.000	20.000	31.400	+ 11.400
Ausgabewirksame Kosten	15.250	15.400	+ 150	4.250	5.950	+ 1.700	4.250	4.650	+ 400	4.750	6.700	+ 1.950	28.500	32.700	+ 4.200
Privatentnahmen	3.000	3.000	–	3.000	3.000	–	3.000	3.000	–	6.000	6.500	+ 500	15.000	15.500	+ 500
	28.250	23.400	./. 4.850	12.250	20.350	+ 8.100	12.250	29.050	+ 16.800	15.750	13.200	./. 2.550	68.500	86.000	+ 17.500
Mehrausgaben	28.250	18.050	./. 10.200	2.250	7.925	+ 5.675	–	15.150	+ 17.900	–	–	–	13.500	16.205	+ 2.705
Mehreinnahmen	–	–	–	–	–	–	–	–	–	–	24.920	+ 10.670	–	–	–
Anfangsbestand	+ 20.000	+ 20.000	–	./. 8.250	+ 1.950	+ 10.200	./. 2.750	./. 5.975	./. 4.525	14.250 ./. 7.750	21.125 ./. 3.795	+ 13.375	20.000	20.000	–
Endbestand	./. 8.250	+ 1.950	+ 10.200	./. 10.500	./. 5.975	./. 4.525	./. 10.500 ./. 7.750	./. 21.125	+ 13.375	./. 7.750 + 6.500	+ 3.795	./. 2.705	+ 6.500	+ 3.795	./. 2.705
Kreditaufnahme	8.250	–	./. 8.250	2.250	5.975	+ 3.725	–	15.150	+ 15.150	–	–	–			
Kreditrückzahlung	–	–	–	–	–	–	2.750	–	./. 2.750	7.750	21.125	+ 13.375			

Abb. 22: Soll-Ist-Vergleich der Einnahmen und Ausgaben – Finanzkontrolle

	1. Quartal			2. Quartal			3. Quartal			4. Quartal			Gesamt		
	Plan	Ist	Abw.	Plan	Ist	Abw.	Plan	Ist	Abw.	Plan	Ist	Abw.	Plan	Ist	Abw.
MITTELVERWENDUNG															
Investitionen	5.000	6.400	+ 1.400	–	–	–	–	–	–	–	–	–	5.000	6.400	+ 1.400
Teppichvorräte	30.000	29.540	./. 460	–	–	–	–	–	–	–	–	–	10.000	8.900	./. 1.100
Erhöhung der Kundenforderungen	–	2.100	+ 2.100	10.000	9.300	./. 700	15.000	17.810	+ 2.810	–	–	–	25.000	20.205	./. 4.795
Erhöhung des Bankguthabens	–	–	–	–	–	–	–	–	–	–	3.795	./. 2.705	–	–	–
Privatentnahmen	3.000	3.000	–	3.000	3.000	–	3.000	3.000	–	6.500	6.500	+ 500	15.000	15.500	+ 500
Verlust	17.250	11.430	./. 5.820	–	–	–	–	–	–	–	–	–	–	–	–
Schuldentilgung															
Bankkredit	–	–	–	–	–	–	2.750	–	./. 2.750	7.750	21.125	+ 13.375	–	–	–
Sonstige	–	–	–	6.250	12.700	+ 6.450	5.250	21.400	+ 16.150	5.750	–	./. 5.750	–	–	–
	55.250	52.470	./. 2.780	19.250	25.000	+ 5.750	26.000	42.210	+ 16.210	26.000	31.420	+ 5.420	55.000	51.005	./. 3.995
MITTELAUFBRINGUNG															
Abschreibungen	250	320	+ 70	250	320	+ 70	250	320	+ 70	250	320	+ 70	1.000	1.280	+ 280
Gewinn	–	–	–	11.750	11.325	./. 425	17.250	17.220	./. 30	14.700	13.262	./. 1.438	26.450	30.377	+ 3.927
Minderung der Kundenforderungen	–	–	–	–	–	–	–	–	–	–	–	–	–	–	–
Minderung der Vorräte	–	–	–	5.000	5.430	+ 430	7.500	7.920	+ 420	7.500	9.005	+ 9.005	–	–	–
	–	–	–	–	1.950	+ 1.950	–	–	–	–	7.290	./. 210	–	–	–
Minderung des Bankguthabens	20.000	18.050	./. 1.950	–	–	–	–	–	–	–	–	–	13.500	16.205	+ 2.705
Schuldaufnahme:															
Bankkredit	8.250	–	./. 8.250	2.250	5.975	+ 3.725	–	15.150	+ 15.150	–	–	–	–	–	–
Sonstige	26.750	34.100	+ 7.350	–	–	–	1.000	1.600	+ 600	3.550	1.543	./. 2.007	14.050	3.143	./. 10.907
	55.250	52.470	./. 2.780	19.250	25.000	+ 5.750	26.000	42.210	+ 16.210	26.000	31.420	+ 5.420	55.000	51.005	./. 3.995

Abb. 23: Soll-Ist-Vergleich der Bewegungsbilanzen

Mehrausgaben und Mehreinnahmen zeigt in den ersten drei Quartalen eine starke finanzielle Anspannung. Der Istbestand auf dem Bankkonto beläuft sich auf 3 795 und weicht um 2 705 vom geplanten Endbestand ab. Die Zahlen der Bewegungsbilanz (Abb. 23), aber auch die der Bilanz (Abb. 24) zeigen, daß die hohe Schuldentilgung und die Mehrausgaben für Investitionen nicht voll aus dem Abbau der Vorräte und Forderungen und aus dem verbesserten Ergebnis finanziert werden konnten. Daher schmolz das Bankkonto weiter als geplant zusammen. Insgesamt zeigt sich das »Abschmelzen« der Bestände in einer Bilanzverkürzung von geplant 45 500 auf 38 020 (Abb. 24).

	Konto-Nr.	Schlußbilanz 31. 12.		
		Plan DM	Ist DM	Abw. DM
AKTIVA				
Schaufenster	046	4.000	5.120	+ 1.120
Teppichvorräte	220	10.000	8.900	./. 1.100
Kundenforderungen	240	25.000	20.205	./. 4.795
Bankguthaben	160	6.500	3.795	./. 2.705
		45.500	38.020	./. 7.480
PASSIVA				
Eigenkapital	300	46.450	50.377	+ 3.927
./. Privatentnahmen	301	./. 15.000	./. 15.500	./. 500
		31.450	34.877	+ 3.427
Lieferantenverbindlichkeiten	430	12.000	900	./. 11.100
Sonstige Verbindlichkeiten	480	2.050	2.243	+ 193
		45.500	38.020	./. 7.480

Abb. 24: Soll-Ist-Vergleich bei der Bilanz

Die Gegenüberstellung von Plan- und Istzahlen und der Ausweis der Abweichungen sind der formale Teil des Soll-Ist-Vergleichs. Von diesen Zahlen aus erfolgt der Einstieg in die dispositive Planung neuer Maßnahmen mit Hilfe der Analyse der

Abweichungen bei Umsätzen und Kosten sowie Einnahmen und Ausgaben. Sehr global kann man sagen, daß es um die Verbesserung der Leistungsfähigkeit der »Personal- und Sachkapazität« des Unternehmens geht. Dazu gehört auch die Verbesserung des Planungs- und Berichtswesens. Es hat den Anschein, daß sich unser Teppich-Unternehmer bei der Steuerung in erster Linie auf das Bankkonto konzentriert. Das mag in diesem Fall auch ausreichen. Realistisch ist es bestimmt, da nicht selten auch größere Unternehmen finanziell über die Bankauszüge gesteuert werden.

So wie aber die Planung integriert entwickelt wurde, ist auch der Soll-Ist-Vergleich und die Steuerung differenziert zu verfolgen. Wenn es sich erst auf dem Bankkonto zeigt, ist es oftmals bereits zu spät, an der Peripherie der Leistungserstellung in Verkauf und Einkauf die Hebel schnell und richtig anzusetzen.

5. Kapitel

Fallstudie zur Mehrjahres-Finanzplanung

Das Controlling-Fallbeispiel vom Teppich-Händler im 4. Kapitel war auf eine Jahresplanung ausgelegt. Außerdem zeigten die Abbildungen 19 bis 24, wie Budget und Istrechnung über die Quartale des Jahres sich zum Controlling-System vereinigen. Typisch für das Controlling ist die konsequente Gegenüberstellung von Plan und Ist. Daraus ergibt sich im engeren Sinne der Controlling- oder Steuerungs-Vorgang; wobei sich die Darstellungen in diesem Buch grundsätzlich auf die für das Finanz-Controlling erforderlichen *Instrumente* konzentrieren; weniger auf die zu treffenden materiellen Maßnahmen der Finanzsteuerung. Aber solche materiellen Maßnahmen erhalten nur dann einen zielsicheren Anstoß aus dem Controlling-Informationssystem, wenn Plan und Ist streng parallel geschaltet sind. Das Budget und sein Rahmen wirken gleichzeitig als Kontierungsanleitung.

Die folgende Fallstudie bringt *ein Beispiel zur mittelfristigen Drei-Jahres-Planung.* Ein großes Investitionsvorhaben und seine Auswirkungen auf die Ergebnisentwicklung und die Veränderungen in der Vermögens- und Finanzierungsstruktur werden dargestellt. Die Liste der Planbuchungen, die Planbilanzen und der daraus abgeleitete Finanzplan sind die Grundlage für die Analyse. Diese Analyse wird im sechsten Kapitel »Finanz-Controlling mit Kennzahlen« vertieft.

Plandaten zum Bodenerwerb und zur Erstellung des Gebäudes

Die Geschäftsleitung der MAFAK GmbH, einer Maschinenfabrik mit Sitz und Betriebsstätte im Landkreis Garmisch-Partenkirchen, erwägt zur Rationalisierung der Produktion in den nächsten Jahren ein neues Betriebsgebäude zu errichten. Die Abteilung Unternehmensplanung wurde gebeten, die für die endgültige Entscheidung erforderlichen Daten für die nächsten 3 Jahre bereitzustellen.

Mit dem Bau des Gebäudes soll im ersten Jahr begonnen werden. Bei planmäßiger Abwicklung ist die Fertigstellung und der Bezug für das Ende des 2. Jahres zu erwarten. Die voraussichtlichen Aufwendungen setzen sich zusammen aus:

	Mio DM
Bodenerwerb im 1. Jahr	10,0
Gebäudeaufwendungen	25,0
	35,0

Aufgrund der bisherigen Verhandlungen ist damit zu rechnen, daß auf den Kaufpreis für den Boden mit 3,0 Mio DM vom Verkäufer übernommene Grundschulddarlehen angerechnet werden, die bis zum 4. Jahr tilgungsfrei wären. Der Restkaufpreis soll je zur Hälfte im 1. und 2. Jahr fällig sein.

Die Anzahlungen für das Gebäude werden nach den Voranschlägen im ersten Jahr 15,0 Mio DM betragen; die restlichen Aufwendungen von 10,0 Mio DM fallen im 2. Jahr an. Davon müßten 7,0 Mio DM erst im 3. Jahr an die Lieferanten bezahlt werden.

Über die Finanzierung des Vorhabens hat die Unternehmensplanung folgenden Vorschlag ausgearbeitet: Ein Grundstück mit einem Buchwert von 0,1 Mio DM soll im 2. Jahr zum Preis von 4,0 Mio DM verkauft werden; kaufwillige Interessenten sind vorhanden. Der Veräußerungsgewinn kann nach den geltenden steuerlichen Bestimmungen erfolgsneutral auf das zu erwerbende Grundstück übertragen werden. Außerdem verfügt das Unternehmen über ein Areal noch nicht belasteter Grundstücke; diese sollen zur Aufnahme eines langfristigen Darlehens mit Grundschulden belastet werden. Die Aufnahme des Darlehens in Höhe von 20,0 Mio DM ist für das 1. Jahr vorgesehen. Bei einer Auszahlung von 100% soll es bis zum 4. Jahr tilgungsfrei bleiben. Der noch ungedeckte Rest für die Finanzierung des Vorhabens soll aus selbsterwirtschafteten Mitteln aufgebracht werden. Also genügt nicht die Projektplanung, sondern die Mifri-Finanzplanung ist ganzheitlich zu gestalten

Weitere Daten zur Investitions- und Abschreibungsplanung

Die Sachanlageinvestitionen und Abschreibungen (inklusive Abschreibungen auf den Bestand) sind wie folgt geplant:

	Investitionen Mio DM	Abschreibungen Mio DM
a) Maschinen		
1. Jahr	15,0	10,0
2. Jahr	18,0	12,0
3. Jahr	20,0	14,0
b) Übrige Sachanlagen		
1. Jahr	10,0	5,0
2. Jahr	8,0	3,0
3. Jahr	5,0	2,0

In dieser Übersicht sind die Abschreibungen für das neue Gebäude noch nicht enthalten. Sie betragen im Jahr der Fertigstellung und in den folgenden 3 Jahren jeweils 10% der Herstellungskosten. Die Lieferantenrechnungen für Investitionen sind nach den heutigen Erwartungen durchschnittlich zur Hälfte im Anschaffungsjahr, zur Hälfte im darauffolgenden Jahr fällig.

Bei den Beständen an Roh-, Hilfs- und Betriebsstoffen und bei den Forderungen wird trotz der Geschäftsausweitung keine Veränderung erwartet. Ein neues Dispositionssystem und eine verbesserte Debitorenüberwachung werden als ausreichende Maßnahme dafür angesehen.

Daten aus der Ergebnisplanung

Aus der Plan-Ergebnisrechnung und der Planung der Gewinn- und Verlustrechnung sind neben den bilanziellen Abschreibungen und dem Veräußerungsgewinn aus dem Verkauf des Grundstücks noch folgende Zahlen zu berücksichtigen:

	1. Jahr Mio DM	2. Jahr Mio DM	3. Jahr Mio DM
Betriebsergebnis	16,5	23,1	25,3
In diesem Betriebsergebnis sind enthalten:			
geplante Bestandserhöhungen	3,0	5,0	6,0
kalkulatorische Abschreibungen	10,0	10,0	12,0
kalkulatorische Zinsen	3,5	4,0	4,0
Weiters sind geplant:			
Fremdkapitalzinsen	4,0	5,1	5,1
Beteiligungserträge	4,0	0,5	0,3
Ertragsteuern (Körperschaftsteuer und Gewerbeertragsteuer)	7,5	7,5	9,0
Dividende	1,0	1,5	1,5

Die Bilanz als Ausgangspunkt des Falles

Auf der Basis dieser von der Unternehmensplanung zusammengestellten Daten und einer voraussichtlichen Schlußbilanz des laufenden Jahres sollen im Treasurer-Bereich Planungsunterlagen über die finanzielle und Vermögens-Entwicklung des Unternehmens in den nächsten 3 Jahren erstellt werden. Die Schlußbilanz des laufenden Jahres ist gleichzeitig die Eröffnungsbilanz des 1. Planjahres und damit der Einstieg in die Fallstudie. Praktisch muß man sich das so vorstellen, daß die Schlußbilanz des derzeitigen Jahres hochgerechnet worden ist aus dem effektiven Ist bis zum Planungszeitpunkt (vielleicht Oktober/November des laufenden Jahres).

Voraussichtliche Jahresschlußbilanz der MAFAK GmbH

I. Aktiva	Mio DM	Mio DM	%
Anlagevermögen			
Grund und Boden	2,0		
Gebäude	8,0		
Maschinen	10,0		
Übrige Sachanlagen	10,0		
Beteiligungen	10,0	40,0	18
Umlaufvermögen			
Roh-, Hilfs- und Betriebsstoffe	50,0		
Fertige und unfertige Erzeugnisse	55,0		
Forderungen	66,0		
Flüssige Mittel	10,0	181,0	82
		221,0	100

II. Passiva			
Eigenkapital			
Gezeichnetes Kapital	25,0		
Gewinnrücklagen	5,0		
Bilanzgewinn	3,0	33,0	15
Fremdkapital			
Langfristige Schulden	30,0		
Kurzfristige Schulden	158,0[1)]	188,0	85
		221,0	100

[1)] einschl. 1,0 Mio DM vorgeschlagene Dividende für das Abschlußjahr

Die Umsetzung der für die nächsten 3 Jahre geplanten Sachverhalte in Buchungs-Sätze

Für so weitreichende und wichtige Entscheidungen wollte man es ganz genau machen und besonders systematisch bei der Planung vorgehen. Die in der Situationsbeschreibung angeführ-

Plan-Buchungen zur Fallstudie MAFAK GmbH (in Mio.)

		1. Planjahr		2. Planjahr		3. Planjahr	
		Soll	Haben	Soll	Haben	Soll	Haben
1)	**Bodenerwerb**						
	Grund und Boden	10,0					
	Langfristige Schulden		3,0				
	Flüssige Mittel		3,5				
	Kurzfristige Schulden		3,5				
2)	**Zahlungsausgleich zu 1)**						
	Kurzfristige Schulden			3,5			
	Flüssige Mittel				3,5		
3)	**Baubeginn Gebäude**						
	Anlagen in Bau	15,0					
	Flüssige Mittel		15,0				
4)	**Fertigstellung Gebäude**						
	Anlagen in Bau			10,0			
	Flüssige Mittel				3,0		
	Kurzfristige Schulden				7,0		
5)	**Umbuchung von 3) und 4)**						
	Gebäude			25,0			
	Anlagen in Bau				25,0		
6)	**Zahlungsausgleich zu 4)**						
	Kurzfristige Schulden					7,0	
	Flüssige Mittel						7,0
7)	**Verkauf des Grundstücks**						
	Flüssige Mittel			4,0			
	Grund und Boden				0,1		
	G u V				3,9		
8)	**Übertragung der offen gelegten stillen Reserven aus Grundstücksverkauf**						
	G u V			3,9			
	Grund und Boden				3,9		
9)	**Darlehensaufnahme**						
	Flüssige Mittel	20,0					
	Langfristige Schulden		20,0				

Abb. 25: Planbuchungssätze auf 3 Jahre

		1. Planjahr		2. Planjahr		3. Planjahr	
		Soll	Haben	Soll	Haben	Soll	Haben
10)	Investitionen für Maschinen und übrige Sachanlagen						
	Maschinen	15,0		18,0		20,0	
	Übrige Sachanlagen	10,0		8,0		5,0	
	Flüssige Mittel		12,5		13,0		12,5
	Kurzfristige Schulden		12,5		13,0		12,5
11)	Zahlungsausgleich zu 10)						
	Kurzfristige Schulden			12,5		13,0	
	Flüssige Mittel				12,5		13,0
12)	Abschreibungen vom AV						
	G u V	15,0		17,5		18,5	
	Gebäude				2,5		2,5
	Maschinen		10,0		12,0		14,0
	Übrige Sachanlagen		5,0		3,0		2,0
13)	Berichtigtes Betriebsergebnis (ohne Bestandveränderung an unfertigen u. fertigen Erzeugnissen)						
	Flüssige Mittel	27,0		32,1		35,3	
	G u V		27,0		32,1		35,3
14)	Bestandserhöhung an fertigen Erzeugnissen						
	Fertige u. unf. Erzeugnisse	3,0		5,0		6,0	
	G u V		3,0		5,0		6,0
15)	Fremdkapitalzinsen						
	G u V	4,0		5,1		5,1	
	Flüssige Mittel		4,0		5,1		5,1
16)	Beteiligungserträge						
	Flüssige Mittel	4,0		0,5		0,3	
	G u V		4,0		0,5		0,3
17)	Ertragsteuern						
	G u V	7,5		7,5		9,0	
	Flüssige Mittel		7,5		7,5		9,0
18)	Plan-Dividende						
	G u V	1,0		1,5		1,5	
	Kurzfristige Schulden		1,0		1,5		1,5
19)	Geplante Dividendenzahlung						
	Kurzfristige Schulden	1,0		1,0		1,5	
	Flüssige Mittel		1,0		1,0		1,5

ten Sachverhalte wurden in Buchungssätzen festgehalten und im folgenden in einer Buchungsliste zusammengestellt. Das entspricht wieder dem Prinzip, *für die Planung die gleiche Verfahrenstechnik anzuwenden wie nachher für die Ist-Abrechnung.* Da eine Finanzbuchhaltung im Ist sicherlich exakt durchgeführt wird, ist es nur naheliegend, auch die Planung in diesem Rahmen aufzustellen. Zumal, wie erläutert, die Doppik der Buchhaltung auch den Rhythmus der Finanzplanung und des Finanz-Controlling widerspiegelt: Sollbuchung als Mittelverwendung; Habenbuchung als Mittelaufbringung.

Dazu kommt, daß das System der Buchungssätze zur Vollständigkeit zwingt. Es kann nichts verloren gehen. Der »Geldbeutel«-Rhythmus von Soll und Haben sorgt für die Geschlossenheit der Finanzplanung. Ferner ist die buchhalterische Logik von Soll und Haben in Budget und Ist für die EDV zugänglich.

Kommentar zur Buchungsliste

Um den Zusammenhang zwischen der Liste der Planbuchungen und der Planbilanz leichter nachvollziehen zu können, wurde für die erfolgswirksamen Buchungen einheitlich die Kontobezeichnung G+V verwendet. Die Bezifferung der einzelnen Buchungssätze erleichtert ebenfalls das Nachvollziehen und die Fehlersuche.

Zu 7 und 8: Hier geht es um die Möglichkeit der Übertragung von stillen Reserven, die durch die Veräußerung von Teilen des Anlagevermögens realisiert werden. Bei der Verbuchung dieses Sachverhalts ist das Bruttoprinzip (keine Saldierung) zu beachten.

Zu 13: Das berichtigte Betriebsergebnis wurde aus den von der Unternehmensplanung zur Verfügung gestellten Planzahlen nach folgendem Schema errechnet. Das Betriebsergebnis ist folglich buchhaltungsnahe nach dem Gesamtkostenverfahren ermittelt worden. Bestandserhöhungen an Fertigerzeugnissen haben ergebniserhöhend gewirkt. Da diese separat gebucht sind (Buchung 14), müssen sie jetzt abgezogen werden.

Betriebsergebnis
+ Kalkulatorische Abschreibungen
+ Kalkulatorische Zinsen

Zwischensumme
− Bestandserhöhung Fertige Erzeugnisse

Berichtigtes Betriebsergebnis

Die Buchung des berichtigten Betriebsergebnisses auf Flüssige Mittel erfolgt aus der Annahme, daß sich die Bestände aus Roh-, Hilfs- und Betriebsstoffen und der Forderungsbestand in den Planjahren nicht verändert (vgl. Daten zur Investitions- und Abschreibungsplanung).

Die Darstellung der erfolgswirksamen Buchungen ist in diesem Beispiel stark verkürzt. (Vergleiche zur Ergänzung die Liste der Buchungssätze in der System-Fallstudie im 9. Kapitel). Das durch die Herausnahme der kalkulatorischen Positionen berichtigte und dadurch »bilanzfähige« Betriebsergebnis ist nicht schon der Bilanzgewinn. Dieser ergibt sich erst aus der Saldierung aller erfolgswirksamen Buchungen.

Zu 18 und 19: Die Dividende wurde aus G+V rausgebucht gemäß Verwaltungsvorschlag. Die Plandividende und die geplanten Dividendenzahlungen wurden zum Zweck der Bilanzanalyse und der finanziellen Gesamtbeurteilung der MAFAK GmbH über kurzfristige Schulden bzw. flüssige Mittel gebucht. Der ausgewiesene Gewinn folglich ist voll finanzwirksam.

Die Planbilanzen für die 3 Planjahre

Auf der Grundlage der Liste der Planbuchungen und der voraussichtlichen Schlußbilanz des laufenden Jahres, die gleichzeitig Anfangsbilanz des 1. Planjahres ist, wurde für die MAFAK GmbH eine Übersicht über die finanzielle und Vermögens-Entwicklung des Unternehmens in den nächsten 3 Jahren erarbeitet. Die Bewegungen innerhalb eines Planjahres sind als Mittelver-

MAFAK GmbH : 3-Jahresplanung von Bilanzen und Bewegungen; in Mio. DM							
			1. Planjahr			
	Anfangs-bilanz	Bs-Nr.	Mittel-verwendung	Bs.-Nr.	Mittel-herkunft	Schluß-bilanz
I. AKTIVA						
Anlagevermögen						
Grund und Boden	2,0	1)	10,0			12,0
Gebäude	8,0					8,0
Maschinen	10,0	10)	15,0	12)	10,0	15,0
Übrige Sachanlagen	10,0	10)	10,0	12)	5,0	15,0
Anlagen in Bau	0,0	3)	15,0			15,0
Beteiligungen	10,0					10,0
Summe AV	**40,0**					**75,0**
Umlaufvermögen						
Roh-, Hilfs- u. Betriebsstoffe	50,0					50,0
Fertige und unfertige Erzeugn.	55,0	14)	3,0			58,0
Forderungen	66,0					66,0
Flüssige Mittel	10,0	9)	20,0	1)	3,5	17,5
		13)	27,0	3)	15,0	
		16)	4,0	10)	12,5	
				15)	4,0	
				17)	7,5	
				19)	1,0	
Summe UV	**181,0**					**191,5**
Summe AKTIVA	**221,0**					**266,5**
II. PASSIVA						
Eigenkapital						
Gezeichnetes Kapital	25,0					25,0
Gewinnrücklagen	5,0					5,0
GuV	3,0	12)	15,0	13)	27,0	9,5
		15)	4,0	14)	3,0	
		17)	7,5	16)	4,0	
		18)	1,0			
Summe EK	**33,0**					**39,5**
Fremdkapital						
Langfristige Schulden	30,0			1)	3,0	53,0
				9)	20,0	
Kurzfristige Schulden	158,0	19)	1,0	1)	3,5	174,0
				10)	12,5	
				18)	1,0	
Summe FK	**188,0**					**227,0**
Summe PASSIVA	**221,0**					**266,5**
NB.: Zur Reduzierung der Buchungssätze ohne Vor- und Umsatzsteuer							

								(Arbeitsunterlage)
2. Planjahr					3. Planjahr			
Bs.-Nr.	Mittel-verwendung	Bs.-Nr.	Mittel-herkunft	Schluß-bilanz	Bs.-Nr.	Mittel-verwendung	Bs.-Nr.	Mittel-herkunft	Schluß-bilanz
		7)	0,1	8,0					8,0
		8)	3,9						
5)	25,0	12)	2,5	30,5			12)	2,5	28,0
10)	18,0	12)	12,0	21,0	10)	20,0	12)	14,0	27,0
10)	8,0	12)	3,0	20,0	10)	5,0	12)	2,0	23,0
4)	10,0	5)	25,0	0,0					0,0
				10,0					10,0
				89,5					96,0
				50,0					50,0
14)	5,0			63,0	14)	6,0			69,0
				66,0					66,0
7)	4,0	2)	3,5	8,5	13)	35,3	6)	7,0	-4,0
13)	32,1	4)	3,0		16)	0,3	10)	12,5	
16)	0,5	10)	13,0				11)	13,0	
		11)	12,5				15)	5,1	
		15)	5,1				17)	9,0	
		17)	7,5				19)	1,5	
		19)	1,0						
				187,5					181,0
				277,0					277,0
				25,0					25,0
				5,0					5,0
8)	3,9	7)	3,9	15,5	12)	18,5	13)	35,3	23,0
12)	17,5	13)	32,1		15)	5,1	14)	6,0	
15)	5,1	14)	5,0		17)	9,0	16)	0,3	
17)	7,5	16)	0,5		18)	1,5			
18)	1,5								
				45,5					53,0
				53,0					53,0
2)	3,5	4)	7,0	178,5	6)	7,0	10)	12,5	171,0
11)	12,5	10)	13,0		11)	13,0	18)	1,5	
19)	1,0	18)	1,5		19)	1,5			
				231,5					224,0
				277,0					277,0

*Abb. 26a: MAFAK GmbH: 3-Jahresplanung v. Bilanzen u. Bewegungen
Siehe Erläuterung zu Buchungssatz 12) auf Seite 116*

wendung bzw. Mittelherkunft gebucht und entsprechen den Buchungssätzen. Über diese Bewegungen kommt man von der Anfangsbilanz zur Schlußbilanz eines Planjahres; die Schlußbilanz des vorangegangenen Planjahres ist gleichzeitig die Anfangsbilanz des folgenden Planjahres.

Die wichtigste Erkenntnis aus dieser Planungsunterlage ist die Finanzlücke in Höhe von 4,0 Mio. DM im 3. Planjahr. Diese Darstellungsweise entspricht nicht ordnungsmäßiger Buchführung. Formal richtig wäre der Ausgleich des Fehlbetrages durch eine Erhöhung der kurzfristigen Schulden. In einer solchen Entscheidungsunterlage sollte man aber auf die Signalwirkung des Minus auf dem Konto Flüssige Mittel nicht verzichten. Das ist der Ansatzpunkt für eine weitere Planungsrunde. Hat sich die MAFAK zuviel vorgenommen? Die Entwicklung des Betriebsergebnisses im Planungszeitraum und die vorgelegte Investitionsrechnung (in die Fallstudie nicht einbezogen) für die Errichtung des neuen Betriebsgebäudes hatten doch ein sehr positives Bild vermittelt.

Im Fall der MAFAK GmbH geht es um die operative Mehrjahresplanung. Zielkennzahlen für die finanzielle Entwicklung des Unternehmens sind nicht vorgegeben oder erarbeitet worden. Sicher ist jedoch, daß man die Gefahr der Illiquidität im 3. Planjahr nicht einfach auf sich zukommen lassen darf, weil man es dann schon »irgendwie schaffen wird«.

Die schnellste und bequemste Maßnahme wäre eine Vereinbarung mit der Bank über die vorsorgliche Erhöhung der Kreditlinie. Läßt die Kapitalstruktur eine zusätzliche Verschuldung des Unternehmens zu?

Eine »Durchleuchtung« des gesamten Investitionsprogramms hinsichtlich der Möglichkeiten von »Abmagerungen« bringt wahrscheinlich nur wenige Tropfen auf den heißen Stein der Finanzlücke. Alternativen zur Investition wären das Leasing eines Betriebsgebäudes oder der Zukauf (»verlängerte Werkbank«). Solche Überlegungen müßten für die Geschäftsleitung Anlaß sein, nochmals in die strategische Planung einzusteigen.

Der Sinn eines Planungs-Panoramas

Jedes Unternehmen muß seinen WEG (Wachstum, Entwicklung, Gewinn) suchen und finden. Um sich ein Bild darüber zu machen, wohin die Reise gehen soll und welche Fahrtroute zielführend zu sein verspricht, kann ein Bild, ein Szenario, ein Planungs-Panorama helfen. Wenn man für einen schwierigen WEG einen Kreditgeber als Begleiter braucht, kann ein solches Bild auch als Präsentation bei der Bank verwendet werden. Die Abbildung 27 ist nicht MAFAK-spezifisch. Sie gibt in strukturierter Form wider, was in einem Workshop mit der Geschäftsleitung eines produzierenden Unternehmens (etwa 250 Millionen DM Umsatz) in einem kreativen Prozeß entstanden ist. Moderationskarten und -scheiben, Klebepunkte, Verknüpfungspfeile ließen ein äußerlich chaotisch wirkendes Gebilde auf einer Pinwand entstehen, das am Ende für alle Beteiligten Klarheit brachte. Diese Arbeit war die Grundlage für die erfolgreiche Präsentation der Kreditwürdigkeit bei einer Bank.

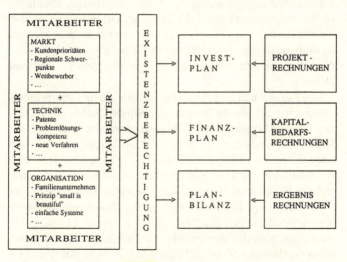

Abb. 27: Struktur eines Planungs-Panoramas

Das Wort Panorama steht für großer Überblick, Einsicht in den größeren Zusammenhang. Was man selber klar sieht, kann man auch anderen erklären. Die volle Kraft entfalten Bilder im Laufe der Entstehung; das ist in einem Buch nicht nachvollziehbar. Im konkreten Fall begannen wir mit dem Aufschreiben von Kundenpotentialen, Kernfähigkeiten, Leistungsschwerpunkten und Rahmenbedingungen (z.B. Familienunternehmen). Die Ordnungskriterien waren schließlich Markt, Technik und Organisation. Die dort angeführten Punkte sind als Gliederungsmerkmale zu verstehen, unter denen dann ganz konkrete Stärken und Schwächen stehen. Die Pluszeichen zwischen Markt, Technik und Organisation bedeuten, daß die Potentiale und Fähigkeiten eines Unternehmens in den Köpfen und Händen der Mitarbeiter »gespeichert« sind. Auch in Expertensystemen gespeichertes Wissen wird erst durch Mitarbeiter mit dem nötigen Fachverständnis nutzbar.

Was tut das Unternehmen für die Mitarbeiter? Kongresse, Symposien, Fachliteratur, Weiterbildung, aber auch Dinge wie Erfolgs- und Kapitalbeteiligung, flexible Arbeitszeit, erschienen als Ist- und Sollpunkte auf der Pinwand. Der richtige Schwung für den Einsatz von Hirn und Händen kommt aus dem Herzen. Es läuft nicht gut, wenn Motivation zum Mythos verkommt. Auch *I work better under pressure* ist kein Arbeitsmotto auf Dauer.

Das Können und Engagement der Menschen im Unternehmen, ausgerichtet auf die Bedürfnisse der Kunden, ist die Grundlage der Existenzberechtigung. Wie stellt man sich vor, daß der Markt, die Kundschaft dies honoriert? Die Umsetzung in Zahlen zeigt die rechte Hälfte der Abbildung 27. Man kann sich auch vorstellen, daß die linke Seite des Planungs-Panoramas die strategische Position und Entwicklung, die rechte Seite die operative Umsetzung zeigt. Das Zahlenbild für eine Planungsperiode kann Schwächen aufzeigen. Auf dem WEG zu guten Deckungsbeitragschancen sind Durststrecken zu überstehen. Damit einem dabei die flüssigen Mittel nicht ausgehen, braucht man Partner – Eigentümer oder Kreditgeber – die das Risiko mittragen. Für diese potentiellen Partner müssen die Chancen am Ende der Durststrecke überzeugend dargestellt werden.

Der Finanzplan

Der Fehlbetrag von 4,0 Mio. bei den flüssigen Mitteln im dritten Planjahr ist ein deutliches Signal für die Notwendigkeit einer tiefergehenden Analyse. Dazu sollen die Planbewegungen übersichtlich dargestellt und ein Finanzplan in der Art einer Kapitalflußrechnung erarbeitet werden. (Abb. 28)

ZL	Mittelherkunft und Mittelverwendung	Laufendes Jahr		1. Planjahr		2. Planjahr		3. Planjahr	
		Plan	V'Ist	Plan	Veränderung	Plan	Veränderung	Plan	Veränderung
1	Jahresgewinn/-verlust			7,5		7,5		9,0	
2	+ Abschreibungen			15,0		21,4		18,5	
3	+/- Rücklagenveränderung								
4	+/- Rückstellungsveränderung								
5	= CASH-FLOW			22,5		28,9		27,5	
	Desinvestitionen								
6	+ im Anlagevermögen					0,1			
7	+ im Umlaufvermögen (Vorräte, Forderungen)								
8	= INNENFINANZIERUNG (5+6+7)			22,5		29,0		27,5	
	Investitionen								
9	+ in das Anlagevermögen			50,0		36,0		25,0	
10	+ in das Umlaufvermögen (Vorräte u. Forderg.)			3,0		5,0		6,0	
11	+ Rückzahlung Fremdkapital, kurzfristig					16,0		20,0	
12	+ Rückzahlung Fremdkapital, langfristig								
13	+ Ausschüttung der Vorjahresdividende			1,0		1,0		1,5	
14	= FINANZBEDARF (9+10+11+12+13)			54,0		58,0		52,5	
15	= ÜBER-/UNTER-DECKUNG (8-14)			-31,5		-29,0		-25,0	
16	+ Fremdfinanzierung, kurzfristig			16,0		20,0		12,5	
17	+ Fremdfinanzierung, langfristig			23,0					
18	+ Erhöhung des Stammkapitals								
19	= AUSSENFINANZIERUNG (16+17+18)			39,0		20,0		12,5	
20	+ Anfangsbestand "Flüssige Mittel"			10,0		17,5		8,5	
21	= Zwischensumme (19+20)			49,0		37,5		21,0	
22	ENDBESTAND "FLÜSSIGE MITTEL" (15+21)			17,5		8,5		-4,0	

Abb. 28: Finanzplan in Form einer Kapitalflußrechnung

Im Finanzplan wird zuerst die Innenfinanzierung dargestellt (Zeile 1 bis 8), ausgehend vom Bilanzgewinn, in dem die geplante Dividende enthalten ist. Die kurzfristigen Schulden sind daher ebenfalls entsprechend zu kürzen (Buchungssatz 18 aus der Liste der Planbuchungen). Aus der Gegenüberstellung der Innenfinanzierung und der Mittelverwendung für Investitionen (Zeile 9 und 10) und zur Schuldentilgung (Zeile 11 bis 13) ergibt sich die Unterdeckung. Die erforderliche Deckung durch Außenfinanzierung (Fremdfinanzierung und Erhöhung des Stammkapitals) und durch eigene flüssige Mittel schließt den Kreis der indirekten – d.h. aus den Planbewegungen abgeleiteten – Finanzplanung (Zeile 16 bis 22).

Drei-Jahres-Bewegungsbilanz

Daß das Problem der Mafak GmbH operativ-finanzplantechnischer Natur ist, zeigt auch die Zusammenstellung der großen Abbildung 26a zu einer 3-Jahres-Bewegungsbilanz in Abb. 26b. Darin ergibt sich, daß die Investitionssumme (netto ohne das Bodengeschäft) 107 Mio beträgt (netto Zugang im Anlagevermögen 56 Mio plus die Abschreibung der Buchungssätze 12 in Summe von 51 Mio). Also sind die Investitionen in Höhe von 66% aus Abschreibungen finanziert. Ein guter Anlagendeckungsgrad ist 70%.

Nimmt man die langfristige Verschuldung dazu, so ist die langfristig über die 3 Jahre hinweg vorgesehene Mittelverwendung zu 88% langfristig finanziert.

Die Expansion des Umlaufvermögens geht mit 14 Mio Hand in Hand mit einer Expansion der kurzfristigen Schulden. Praktisch stellt dies auf 3 Jahre durchlaufende Posten dar in einer atmenden Bilanz.

Bleibt die Fehlmenge von 4 Mio in der Kasse, die durch passende Maßnahmen zu schließen ist. Darin zeigt sich auch die Produktivität der Planung. Es ist doch gut, einen solchen Sachverhalt schon drei Jahre im voraus zu merken. Dann besteht ausreichend Zeit für anzupassende Maßnahmen.

In Abbildung 26 b ist auch eine Working Capital Analyse integriert. Die Veränderung beträgt 13 Mio abnehmend. Das ist der Unterschied zwischen der langfristigen Mittelverwendung in Höhe von 107 Mio und der langfristigen Finanzierung von 94 Mio. (Erhöhung der langfristigen Schulden und Cash Flow; selbsterwirtschaftet).

Drei-Jahres-Bewegungsbilanz

Mittelverwendung (Mio)		Mittelherkunft (Mio)		
INVESTITION ANLAGEV.	107	CASH FLOW		
EXPANSION Umlaufverm.		Jahresüberschuß	20	
Fertigerzeugnisse	14	Abschreibungen	51	71
		Erhöhung LANGFR. Schulden		23
		Erhöhung KURZFR. Schulden		13
		Abnahme FLÜ-MI		14
Summe	121	Summe		121

Working Capital Analyse

	Eröffnungsbilanz 1. Jahr	Schlußbilanz 3. Jahr
Umlaufvermögen	181	181
minus kurzfristiges Fremdkapital	158	171
= Working Capital	23	10

Plan – Abnahme 13 Mio

Abb. 26 b: 3-Jahres-Bewegungsbilanz und Working-Capitalanalyse für die Bilanzplanung erstes bis drittes Jahr in Abbildung 26 a

Erläuterung zum Buchungssatz 12) auf Seite 105 bzw. in der 3-Jahresplanung auf den Seiten 108 und 109:

Die Abschreibung in Höhe von 10% der Anschaffungs- bzw. Herstellungskosten in den ersten 3 Jahren der Nutzung, danach 5% bzw. 2,5% galt bis Ende 1993 bei Gebäuden.

Statt dieser degressiven Abschreibung gilt seit 1994 die lineare Abschreibung in Höhe von 4% (Einkommensteuergesetz §7, Abs. 4).

6. Kapitel

Finanz-Controlling mit Kennzahlen

Kennzahlen spielen in der Unternehmensführung eine sehr bedeutende Rolle. Sie können Zielvorgaben für die Planung, Maßstab für die Leistung des Managements (Standards of Performance) oder einfach Signale sein, die bei einer Abweichung zur Analyse und zu Maßnahmen auffordern.

Die wichtigsten Zielkennzahlen eines Unternehmens beziehen sich auf *Marktwachstum, Marktanteil, Rentabilität* und *finanzielle Stabilität*. Aus den Zahlen der Fallstudie der MAFAK GmbH sollen Kennzahlen für die Rentabilität und finanzielle Stabilität erarbeitet und ihr Aussagewert diskutiert werden. Der Schwerpunkt liegt auf der finanzwirtschaftlichen Analyse.

Kennzahlen für die Rentabilität

Eines der bekanntesten Kennzahlensysteme ist die sogenannte »Du Pont-Formel« oder der Kapitalertrags-Stammbaum. Sie ist »hierarchisch« aufgebaut und wird vom Return on Investment angeführt. Vom ROI fächert sich die Formel auf in ihre Erfolgs- und Bestandskomponenten (vgl. Abbildung 30):

$$\text{ROI} = \frac{\text{Gewinn} \times 100}{\text{Umsatz}} \times \frac{\text{Umsatz}}{\text{Investiertes Kapital}}$$

$$= \text{Umsatzrendite} \times \text{Kapitalumschlag}.$$

Der Einfluß von Umsatzrendite und Kapitalumschlag auf den ROI wird in der graphischen Darstellung anschaulich (Abb. 29). Die »Iso-Kurve« aus Umsatzrendite und Kapitalumschlag sagt

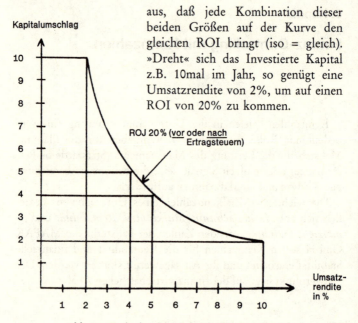

aus, daß jede Kombination dieser beiden Größen auf der Kurve den gleichen ROI bringt (iso = gleich). »Dreht« sich das Investierte Kapital z.B. 10mal im Jahr, so genügt eine Umsatzrendite von 2%, um auf einen ROI von 20% zu kommen.

Abb. 29: Wechselwirkung zwischen Umsatzrendite und Kapitalumschlag

Die ROI-Kurve eignet sich auch sehr gut als Schrittmacher in der Knetphase der Planung, d.h. wenn es darum geht, eine bestimmte ROI-Zielvorgabe durch zusätzliche Maßnahmen zur Beeinflussung der Erfolgskomponenten und der Bestände doch noch zu erreichen. Ob ein ROI vor oder nach Steuern sinnvoller ist, hängt vom Zweck der Kennzahl ab. Als Zielvorgabe für die operative Planung dürfte ein ROI vor Steuern geeigneter sein, da für die Manager in Vertrieb, Produktion, Materialwirtschaft etc. die Steuern keine beeinflußbare Größe sind.

Kürzt man aus der ROI-Formel den Umsatz weg, verbleibt als Kennzahl für die Rentabilität das Verhältnis von Gewinn zu investiertem Kapital. Die Aussagefähigkeit dieser Kennzahl hängt in starkem Maße davon ab, wie Zähler und Nenner definiert sind.

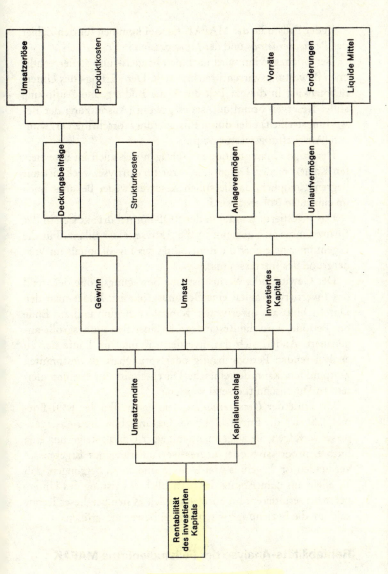

Abb. 30: Kapitalertrags-Stammbaum

In der Fallstudie der MAFAK GmbH kommen für den Zähler das *Betriebsergebnis* und der *Jahresgewinn* in Frage.

Der Bilanzgewinn wird nach den handels- und steuerrechtlichen Bewertungsvorschriften ermittelt. Der »Erfolg« des Unternehmens ist in diesem Fall durch die Bildung und Auflösung stiller Reserven beeinflußt, sei es gewollt (Ausnutzung der Bewertungsfreiheit) oder durch Bilanzierungsvorschriften erzwungen (Anschaffungswertprinzip).

Derartige »Manipulationen« schlagen sich auch im investierten Kapital nieder. Deren Korrektur für Analysezwecke ist nur begrenzt möglich, da die stillen Reserven weder bekannt noch im einzelnen isolierbar sind.

Das investierte Kapital in der ROI-Formel drückt sich in der Bilanzsumme aus; gemeint ist die Aktivseite der Bilanz. Für die Eigentümer mag eher die Rentabilität des Eigenkapitals im Vordergrund des Interesses sein.

Der Gewinn oder Verlust ist eine Bewegungsgröße, während das Investierte Kapital eine Bestandsgröße ist. Bildet man den Durchschnitt aus investiertem Kapital zu Beginn und am Ende der Periode, wird die Bestandsgröße einer Bewegungsgröße angenähert. Ändert sich das investierte Kapital im Laufe der zu analysierenden Periode häufig oder sprunghaft zu bestimmten Zeitpunkten, kann der einfache Durchschnitt durch einen gleitenden Durchschnitt ersetzt werden.

Mit Hilfe der *Umsatzrendite,* dem ersten Teil der ROI-Formel, läßt sich die Entwicklung des Gewinns bzw. Betriebsergebnisses verfolgen. Sie zeigt an, ob mit einer Umsatzsteigerung eine lineare, progressive oder degressive Änderung des Ergebnisses verbunden ist. Ergebnis und Umsatz sind so zu bereinigen, daß sie allein aus dem Absatz der betrieblichen Leistung des Unternehmens resultieren. Im übrigen handelt es sich bei dieser Kennzahl um die Beziehung zwischen zwei Bewegungsgrößen.

Rentabilitäts-Analyse der Fallstudienfirma MAFAK

Der Zahlenspiegel zur Rentabilität der MAFAK GmbH zeigt

eine konstante Aufwärtsentwicklung bis zum dritten Planjahr (vgl. Abb. 31). Da die Information über die Planumsätze nicht zu Verfügung steht, können die Umsatzrentabilität und der Kapitalumschlag als Komponenten des ROI nicht dargestellt werden. Auffallend ist die sinkende Rentabilität der Beteiligungen; diese Entwicklung ist in Abb. 31 gesondert ausgewiesen. Zur weiteren Beurteilung dieses Sachverhalts müßte man z.B. wissen, ob diese Beteiligung für die MAFAK eine verlängerte Werkbank, zusätzliche Entwicklungskapazität (etwa ein freies Ingenieur-Büro) oder Vertriebskapazität bedeutet. Bei der Ermittlung der Rentabilitätskennzahl I. 1. wurden die Beteiligungen im investierten Kapital nicht mitgerechnet, also eine reine Finanzanlage angenommen, die mit dem Betriebszweck der MAFAK nichts zu tun hat. Im übrigen steht die Frage an, ob die Beteiligung nicht abgewertet werden müßte. Jedenfalls muß die Geschäftsleitung der MAFAK einen guten Einblick in das Beteiligungs-Unternehmen haben (z.B. als Großaktionär), sonst könnte sie eine derart differenzierte Angabe über die Ertragsentwicklung nicht machen.

Die Ertragskraft der MAFAK wird am besten durch die Kennzahl I. 1. ausgedrückt. Im dritten Planjahr wird das investierte Kapital (ohne Beteiligungen) eine Rendite von 10,8% vor kalkulatorischen Zinsen und Ertragsteuern bringen. Diese *interne* Ertragskraft sagt aus, was die Menschen im Unternehmen mit dem betriebsnotwendigen Kapital *vermögen* oder zustandebringen. In den Kennzahlen I. 2. und I. 3. steht im Nenner das investierte Kapital inklusive Beteiligungen, also die Summe der Aktivseite der Planbilanzen. Im Zähler werden zum Jahresgewinn (inklusive Beteiligungserträge) in I. 3. die Fremdkapitalzinsen addiert, nicht aber die geplanten Ertragsteuern. Diese Kennzahl drückt die Ertragskraft nach Vornahme bilanzpolitischer, ertragsteuerwirksamer Maßnahmen aus. Im Vergleich dieser drei Kennzahlen zur Rentabilität des investierten Kapitals könnte man I. 2. als »Netto-Rendite« bezeichnen. Die in den Planbilanzen gewinnmindernd verbuchten Dividenden (Buchungssatz 18 der Abb. 25) sind für die Ermittlung der Rentabilitätskennzahlen dem Jahresgewinn hinzuzurechnen.

Die Rentabilität des investierten Kapitals wird auch als Unternehmens-Rentabilität bezeichnet. Für die Ermittlung der Rentabilität des Eigenkapitals oder Unternehmer-Rentabilität wurde das Eigenkapital wie folgt errechnet:

	Anfangs-bilanz	1. Jahr	2. Jahr	3. Jahr
Stammkapital	25,0	25,0	25,0	25,0
+ FreieRücklage	5,0	5,0	5,0	5,0
+ einbehaltene Gewinne kumuliert	–	3,0	9,5	15,5
Eigenkapital	30,0	33,0	39,5	45,5

Der pro Jahr einbehaltene Gewinn ergibt sich aus folgender Rechnung:

	Anfangs-bilanz	1. Jahr	2. Jahr	3. Jahr
Jahresgewinn	4,0	7,5	7,5	9,0
./. Dividende	1,0	1,0	1,5	1,5
einbehaltener Gewinn	3,0	6,5	6,0	7,5

Aus der Fußnote zur voraussichtlichen Jahresschlußbilanz der MAFAK GmbH ist zu schließen, daß die vorgeschlagene Dividende gewinnmindernd verbucht wurde (Buchungssatz: Bilanzgewinn an kurzfristige Schulden); der korrigierte Jahresgewinn beträgt daher 4,0 Mio. DM. In der 3-Jahresplanung werden die einbehaltenen Gewinne auf dem »Konto Bilanzgewinn« kumuliert. Dieses Verfahren, ebenso wie der Ausweis der vorgeschlagenen bzw. geplanten Dividende als kurzfristige Schulden (Buchungssatz 18), ist in einer Planungsrechnung zulässig. Ob als Jahresgewinn kumuliert oder als Erhöhung der Rücklage deklariert, die in einer Periode einbehaltenen Gewinne erhöhen

MAFAK GmbH	1. Planjahr	2. Planjahr	3. Planjahr
I. Rentabilität des Investierten Kapitals			
1. $\dfrac{\text{Betriebsergebnis + kalk. Zinsen}}{\text{Investiertes Kapital (ohne Beteiligung)}}$	$\dfrac{16{,}5 + 3{,}5}{256{,}5} = 7{,}8\%$	$\dfrac{23{,}1 + 4{,}0}{267{,}0} = 10{,}2\%$	$\dfrac{25{,}3 + 4{,}0}{271{,}0} = 10{,}8\%$
2. $\dfrac{\text{Jahresgewinn}}{\text{Investiertes Kapital}}$	$\dfrac{7{,}5}{266{,}5} = 2{,}8\%$	$\dfrac{7{,}5}{277{,}0} = 2{,}7$	$\dfrac{9{,}0}{281{,}0} = 3{,}2\%$
3. $\dfrac{\text{Jahresgewinn + Fremdkapitalzinsen}}{\text{Investiertes Kapital}}$	$\dfrac{7{,}5 + 4{,}0}{266{,}5} = 4{,}3\%$	$\dfrac{7{,}5 + 5{,}1}{277{,}0} = 4{,}5\%$	$\dfrac{9{,}0 + 5{,}1}{281{,}0} = 5{,}0\%$
II. Rentabilität des Eigenkapitals			
$\dfrac{\text{Jahresgewinn}}{\text{Eigenkapital}}$	$\dfrac{7{,}5}{33{,}0} = 22{,}7\%$	$\dfrac{7{,}5}{39{,}5} = 20{,}0\%$	$\dfrac{9{,}0}{45{,}5} = 19{,}8\%$
III. Rentabilität der Beteiligungen			
$\dfrac{\text{Beteiligungserträge}}{\text{Beteiligungen}}$	$\dfrac{4{,}0}{10{,}0} = 40\%$	$\dfrac{0{,}5}{10{,}0} = 5\%$	$\dfrac{0{,}3}{10{,}0} = 3\%$

Abb. 31: Rentabilitäts-Kennzahlen der MAFAK

in der nächsten Periode das zur Verfügung stehende Eigenkapital. Zum Beispiel: der geplante Gewinnvortrag aus dem laufenden Jahr in Höhe von 3,0 Mio. und der Plangewinn von 6,5 Mio. (nach Dividende) im 1. Planjahr erhöhen das Eigenkapital für das 2. Planjahr um 9,5 Mio.

Der Leverage-Effekt

Die Unternehmensrentabilität oder Rentabilität des Investierten Kapitals (auch: Rentabilität des Gesamtkapitals) ist wesentlich niedriger als die Rentabilität des Eigenkapitals. Das liegt am Verhältnis vom Eigenkapital zum Gesamtkapital (bzw. zur Bilanzsumme). Abb. 32 zeigt die Entwicklung der Planbilanzen und wichtigen Bilanzrelationen. Der Anteil des Eigenkapitals am Gesamtkapital bewegt sich im Planungszeitraum zwischen 14 und 18%. Liegt nun die Rentabilität des Investierten Kapitals (Gesamtkapitals) höher als der Zins für das Fremdkapital, entsteht für das Eigenkapital ein zusätzlicher Gewinn. Bei gegebener Rendite des Gesamtkapitals ist die Rentabilität des Eigenkapitals um so höher, je kleiner das Eigenkapital ist. Das niedriger verzinsliche Fremdkapital wirkt wie ein »Hebel« (= leverage) zugunsten der Rentabilität des Eigenkapitals.

Finanzielle Stabilität

Jedes Unternehmen muß dafür sorgen, daß es jederzeit seinen Zahlungsverpflichtungen nachkommen kann. In der Fallstudie der MAFAK GmbH geht es weniger um die jederzeitige Zahlungsfähigkeit, sondern um die Finanzierbarkeit des geplanten Investitionsprogramms. Durch die im 3. Planjahr signalisierte Finanzlücke (Abb. 28) scheint die finanzielle Stabilität des Unternehmens gefährdet, und zwar trotz steigender Rentabilität.

	Anfangs-bilanz 1. Planjahr		Schluß-bilanz 1. Planjahr		Schluß-bilanz 2. Planjahr		Schluß-bilanz 3. Planjahr	
	Mio. DM	%	Mio. DM	%	Mio. DM	%	Mio. DM	%
I. AKTIVA								
Anlagevermögen								
Grund und Boden	2,0		12,0		8,0		8,0	
Gebäude	8,0		8,0		30,5		28,0	
Maschinen	10,0		15,0		21,0		27,0	
Übrige Sachanlagen	10,0		15,0		20,0		23,0	
Anlagen in Bau	0,0		15,0		0,0		0,0	
	30,0		65,0		79,5		86,0	
Beteiligungen	10,0		10,0		10,0		10,0	
	40,0	18	75,0	28	89,5	32	96,0	34
Umlaufvermögen								
Vorräte	105,0		108,0		113,0		119,0	
Forderungen	66,0		66,0		66,0		66,0	
Flüssige Mittel	10,0		17,5		8,5		—	
	181,0	82	191,5	72	187,5	68	185,0	66
Summe Aktiva	221,0	100	266,5	100	277,0	100	281,0	100
II. PASSIVA								
Eigenkapital								
Gezeichnetes Kapital	25,0		25,0		25,0		25,0	
Gewinnrücklagen	5,0		5,0		5,0		5,0	
Gewinn bzw. G+V	3,0		9,5		15,5		23,0	
	33,0	15	39,5	15	45,5	16	53,0	19
Fremdkapital								
Langfristige Schulden	30,0		53,0		53,0		53,0	
Kurzfristige Schulden	158,0		174,0		178,5		175,0	
	188,0	85	227,0	85	231,5	84	228,0	81
Summe Passiva	221,0	100	266,5	100	277,0	100	281,0	100

Abb. 32: Planbilanzen der MAFAK

Die »goldene« Bilanzregel bei der MAFAK-Fallstudie

Grundlage für die Erarbeitung der Kennzahlen und die Analyse sind die *Planbilanzen der MAFAK in Abbildung 32*. Im Gegensatz zur Abb. 28, in der die Finanzlücke im 3. Planjahr als Minus (4,0) auf dem Konto Flüssige Mittel dargestellt wurde (Signalwirkung), ist sie aus bilanzanalytischen Gründen in Abb. 32 durch eine entsprechende Erhöhung der kurzfristigen Schulden »geschlossen«. Daher Umlaufvermögen jetzt 185 statt 181.

Besonders auffallend ist dort das starke Anwachsen des Sach-Anlagevermögens (bedingt durch das Investitionsprogramm) von 30,0 Mio. DM in der Anfangsbilanz auf 90,5 Mio. DM im 3. Planjahr. Nach der sogenannten »goldenen Bilanzregel« sollte langfristig gebundenes Vermögen durch langfristig zur Verfügung stehendes Kapital finanziert sein. Solche Beziehungen zwischen Positionen der Aktivseite und der Passivseite der Bilanz werden als *Deckungsverhältnisse* bezeichnet. Zum Beispiel:

$$\frac{\text{Langfristig gebundenes Vermögen}}{\text{Langfristig zur Verfügung stehendes Kapital}};$$

$$\frac{\text{Kurzfristig gebundenes Vermögen}}{\text{Kurzfristig zur Verfügung stehendes Kapital}}.$$

Um der goldenen Bilanzregel zu entsprechen, müßten die beiden Kennzahlen den Wert 1 haben. Nach dieser Regel müßte bei der oberen Kennzahl ein Quotient über 1, bei der unteren Kennzahl ein Quotient unter 1 ein Alarmzeichen sein. Für die MAFAK lauten diese Kennzahlen:

	Anfangs-bilanz	1. Pj.	2. Pj.	3. Pj.
$\dfrac{\text{Anlagevermögen}}{\text{EK + langfr. FK}}$	$\dfrac{40,0}{63,0} = 0,63$	$\dfrac{75,0}{92,5} = 0,81$	$\dfrac{89,5}{98,5} = 0,91$	$\dfrac{96,0}{106,0} = 0,91$
$\dfrac{\text{Umlaufvermögen}}{\text{Kurzfr. FK}}$	$\dfrac{181,0}{158,0} = 1,14$	$\dfrac{191,5}{174,0} = 1,10$	$\dfrac{187,5}{178,5} = 1,05$	$\dfrac{185,0}{175,0} = 1,06$

Beide Kennzahlen über die Deckungsverhältnisse in der 3-Jahresplanung zeigen eine ungünstige Entwicklung. Dieser Zeitvergleich kann durch einen Betriebsvergleich ergänzt werden, der aber sorgfältig interpretiert werden muß.

Die Gültigkeit der goldenen Bilanzregel ist freilich zu relativieren. Teile des Anlagevermögens können durchaus kurzfristig liquidierbar sein. Bei der MAFAK könnte das für die Beteiligungen oder auch für einige Grundstücke zutreffen. In der Beschreibung des Falles im 5. Kapitel heißt es ja, daß das Unternehmen noch über ein Areal nicht belasteter Grundstücke verfügt. Andererseits sind Teile des Umlaufvermögens als langfristig gebunden anzusehen, z.B. ein Mindestbestand an Fertigungsmaterial, wenn das Unternehmen im bisherigen Umfang weitergeführt werden soll.

Mit der goldenen Bilanzregel verwandt ist die »goldene Finanzierungsregel«, auch goldene Bankregel genannt. Sie verlangt Fristenkongruenz, d.h. die Fristen der Kapitalverwendung (Investitionen) sollen den Fristen der Kapitalbeschaffung (Finanzierung) entsprechen (entspricht in der 3-Jahresbewegungsbilanz – Abb. 26b – zu 88%).

Working Capital-Analyse

Nach der goldenen Bilanzregel muß das Umlaufvermögen die kurzfristigen Schulden decken können. Darüber hinaus sollte es Mittel bereitstellen, um den betrieblichen Umsatzprozeß bei Schwankungen im Geschäftsablauf sicherzustellen (Mindestbestände). Aus dem amerikanischen Berichtswesen kommend wird dafür die *Kennzahl Working Capital* verwendet:

W.C. = Umlaufvermögen ÷ Kurzfristiges Fremdkapital.

Die Verwendung des Working Capital als Finanzierungsregel ist in Abbildung 33 bildlich dargestellt. Das Working Capital ist demnach jener Teil des Umlaufvermögens, der durch Eigenkapital oder langfristiges Fremdkapital finanziert wird. Aus Liquiditätssicht drückt das Working Capital (Netto-Umlaufvermögen) aus, welcher Teil des Umlaufvermögens nicht zur Bezahlung kurzfristiger Verbindlichkeiten benötigt wird.

Abb. 33: Das Working Capital als Kennzahl für die Finanzierung

Die Entwicklung des Working Capital der MAFAK ist in Abbildung 34 dargestellt. Die in der Fallstudie zur Vereinfachung getroffenen Annahmen beschränken die Analyse. Auch eine Aufgliederung der Position Kurzfristige Schulden müßte einer Analyse vorangehen. Deutlich erkennbar ist jedenfalls die Verringerung des Working Capital, vor allem hervorgerufen durch den vollständigen Abbau der flüssigen Mittel und die Erhöhung der kurzfristigen Schulden.

Ähnlich der goldenen Bilanzregel hat sich in der amerikanischen Praxis eine »*2:1-Regel*« (Umlaufvermögen doppelt so groß wie das kurzfristige Fremdkapital) als Maßstab für gute Finanzierung herausgebildet. Die Willkür dieser »*Banker's Rule*« als Voraussetzung für die Vergabe kurzfristiger Kredite ist natürlich erkannt, da es nicht nur auf das Verhältnis des Umlaufver-

| | Anfangsbilanz | Schlußbilanz ||| Veränderungen des W.C. Anfangsbilanz bis 3. Planjahr ||
		1. Planjahr	2. Planjahr	3. Planjahr	Zunahme	Abnahme
Umlaufvermögen						
Flüssige Mittel	10,0	17,5	8,5	–	–	10
Forderungen	66,0	66,0	66,0	66,0	–	–
Vorräte	105,0	108,0	113,0	119,0	14,0	–
Summe	181,0	191,5	187,5	185,0		
Kurzfristige Schulden						
Bankschulden, Lieferantenschulden und sonstige Schulden	158,0	174,0	178,5	175,0	17,0	
Working Capital						
Absolut	23,0	17,5	9,0	10,0		13,0
Zunahme/Abnahme gegenüber der Vorperiode	–	– 5,5	– 8,5	+ 1,0		
Kennzahl: Umlaufvermögen *) / Kurzfr. Schulden	1,15	1,10	1,05	1,06		

*) current ratio oder Liquidität 3. Grades

Abb. 34: Entwicklung des Working Capital der MAFAK – vgl. auch Abb. 26b: Veränderung von +23 Mio. auf +10 Mio.

mögens zu den kurzfristigen Schulden ankommt, sondern auch auf die Zusammensetzung dieser Positionen. Will man beispielsweise mit Vorräten kurzfristige Schulden bezahlen, muß man sie erst verkaufen. Das braucht Zeit; und noch mehr Zeit braucht es, bis aus Rohstoffen fertige Erzeugnisse werden, die verkauft und zu Geld gemacht werden können. Es ist auch zu beachten, daß die Schlußbilanzen Momentaufnahmen zu einem bestimmten Stichtag sind. Sind unter den kurzfristigen Schulden z.B. Rückstellungen für Steuern enthalten, die kurz nach dem Bilanzstichtag fällig sind, wird der Fiskus nicht darauf warten, bis Teile des Umlaufvermögens »versilbert« werden können. Als Ergänzung zum Working Capital *(»current ratio«)* wird in amerikanischen Analysen daher sehr häufig eine *»quick ratio«* ermittelt: das Verhältnis von Flüssigen Mitteln und Forderungen zum Kurzfristigen Fremdkapital (Liquidität 3. und 2. Grades).

In Unternehmen mit beträchtlichen saisonalen Schwankungen in Produktion und Verkauf wird auch das Working Capital im Laufe des Jahres stärker schwanken. Nach der Hochsaison im Verkauf und vor Beginn der Produktionssaison werden die Vorräte wahrscheinlich niedrig, die Forderungen größtenteils realisiert, die Lieferanten- und Bankschulden auf ein Minimum reduziert sein. Die Kennzahl Working Capital dürfte in dieser Zeit über dem Jahresdurchschnitt liegen. Die umgekehrten Verhältnisse sind dann in der Zeit nach dem Produktionsschwerpunkt und vor Beginn der Hauptsaison im Verkauf anzutreffen. Für solche Unternehmen empfiehlt sich oftmals ein Geschäftsjahr, das nach Abschluß der Hochsaison im Verkauf endet, und zwar nicht nur wegen der günstigeren Situation für das Working Capital, sondern auch wegen der weniger aufwendigen Bestandsaufnahme.

Vermögens- und Kapitalaufbau

Die goldene Bilanzregel und das Working Capital sind Kennzahlen, die eine Beziehung zwischen Vermögen und Kapital ausdrücken. In Bilanzanalysen finden sich häufig auch Kennzahlen über den Aufbau des Vermögens und des Kapitals eines Unternehmens. In Abbildung 32 sind nur die Relationen zwischen Anlage- und Umlaufvermögen sowie Eigen- und Fremdkapital zur Bilanzsumme ausgewiesen. Eine vollständige »Prozentbilanz« wird nur bedingt zusätzliche Informationen über die finanzielle Lage bzw. Entwicklung eines Unternehmens liefern.

Eine häufig ermittelte Kennzahl auf der Aktivseite ist der *Anlagenintensitätsgrad* (Anteil des Anlagevermögens am Gesamtvermögen). Dieser ist einmal eine Kennzahl für den Grad der Technisierung, zum anderen ein Merkmal für die Zugehörigkeit eines Unternehmens zu einer bestimmten Branche. Für die Passivseite sind die *Eigenkapitalausstattung* (Eigenkapital: Gesamtkapital) und der *Verschuldungsgrad* (Fremdkapital :Gesamtkapital) wichtige Kennzahlen. Aus der Zusammensetzung des Kapitals könnten Schlüsse über die finanzielle Beweglichkeit eines Unternehmens gezogen werden. Kennzahlen der Vermögens- und Kapitalstruktur, z.B. ein bestimmter Verschuldungsgrad, könnten als Prämissen in der strategischen Unternehmensplanung eine Rolle spielen.

Eine klare Kennzahl ist das »Working Capital« als jener Teil des Kapitals, der zur Aufrechterhaltung des Betriebsprozesses ständig in Gebrauch ist (vgl. Abb. 33).

Cash Flow-Analyse

Ein sehr häufiges aber durchaus nicht unbestrittenes Berechnungsschema für den Cash Flow wurde innerhalb der Abbildung 28 bei der Erstellung des Finanzplans der MAFAK angewendet. Der Streit um die richtige Ermittlung und um die Aussagekraft des Cash Flow – das Ringen um einen deutschen Ausdruck ist wohl aufgegeben worden – ist sowohl in Amerika als auch bei uns in vollem Gange. Das American Institute of Certified Public Accountants hat folgende Formel »autorisiert«:

Gewinn
+ Nicht-Ausgaben, die in den Aufwendungen enthalten sind
− Nicht-Einnahmen, die in den Erträgen enthalten sind

= Netto-Geldzufluß (»net cash flow from operations«)

Die einfachste Cash Flow-Definition heißt Gewinn plus Abschreibungen. Häufig präzisiert man und sagt »verdiente« Abschreibungen, d.h. über die Preise hereingebrachte Abschreibungen.

Der Begriffsteil *cash* (flüssige Mittel) deutet darauf hin, daß es sich um eine finanzwirtschaftliche Größe handelt. Der Cash Flow sind die finanziellen Mittel, die aus eigener Kraft, d.h. aus der betrieblichen Tätigkeit erwirtschaftet werden. In der Fallstudie der MAFAK wurde der Cash Flow erweitert um die Einnahmen aus Anlagenverkauf und diese Größe als Innenfinanzierung bezeichnet. Jedenfalls ist der Cash Flow die *finanzielle Manövriermasse*, die für Investitionen, Schuldentilgung und Dividendenzahlung zur Verfügung steht. Er ist damit Ausdruck für finanzielle Stabilität und auch Kriterium für die Beurteilung der Kreditwürdigkeit, was im Fall der MAFAK sehr wichtig ist.

Cash Flow und Break-even-Analyse

Der Cash Flow ist auch ein Ausdruck für die Wachstumskraft eines Unternehmens: Welche Mittel stehen zur Verfügung für die Erschließung neuer Märkte, für neue Produkte, für Forschungs- und Entwicklungsprojekte? Im Break-even-Diagramm, verstanden als »graphische Verpackung« eines operativen Jahresbudgets, läßt sich diese Aussage illustrieren (vgl. Abbildung 35).

In dieser Darstellung ist das Cash-Flow-Ziel der Abstand zwischen dem Break-even-Punkt der Wachstumssicherung (BE 3) und den baren Gesamtkosten. Es ist ein Brutto-Cash-Flow vor Fremdkapitalzinsen, Dividenden und Ertragsteuern. Der Winkel

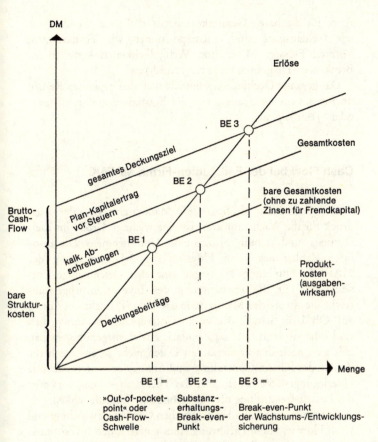

Abb. 35: Der Cash Flow im Break-even-Diagramm

rechts von BE 1 ist die Cash Flow-Zone. Nach Deckung der kalkulatorischen Abschreibung in BE 2 (»Gewinnschwelle«) beginnt die Gewinnzone.

Die Bezeichnung von BE 1 als »Finanz-Break-even-Punkt« ist ungenau, da die Erlöslinie nicht identisch ist mit dem Geldeingang; BE 1 ist also noch nicht das finanzielle Gleichgewicht.

Auch für die baren Gesamtkosten gilt, daß sie nicht identisch mit Geldausgang sind. Bilanzpositionen wie Forderungen, Vorräte, Flüssige Mittel und Verbindlichkeiten kommen im Break-even-Diagramm nicht zum Ausdruck.

Das gesamte Deckungsziel enthält auch den geplanten Return on Investment unabhängig von der Finanzierung durch Eigen- oder Fremdkapital.

Cash Flow bei der Fallstudien-Firma MAFAK

Der Cash Flow als finanzielle Manövriermasse oder Ausdruck für die Wachstumskraft ist eine wichtige Größe im Zielsetzungs- und Planungsprozeß eines Unternehmens. Die absoluten Zahlen des Cash Flow in der 3-Jahresplanung der MAFAK (Abbildung 28) zeigen eine eher gleichmäßige Entwicklung. Für die Finanzierung des Investitionsprogramms reicht die finanzielle Manövriermasse im 3. Planjahr aber nicht aus. Ob dafür Schwachstellen im Unternehmen verantwortlich sind oder ob man sich ganz einfach zuviel vorgenommen hat, läßt sich nach den vorliegenden Daten nicht sagen. Auch die Zahlen des Finanz-Controlling sind *Einstieg in* weiterreichende Überlegungen. Sie hebeln aber das Thema an – »Singen es an«; das Finanz-Controlling oft mit besonderer Eindringlichkeit.

Auf einen Zusammenhang zwischen Gewinnentwicklung und Cash Flow nach Durchführung eines umfassenden Investitionsprogramms ist noch hinzuweisen, der bei der MAFAK nicht sichtbar wird. In diesem Fall haben bei zunehmenden Abschreibungen der Gewinn eine rückläufige und der Cash Flow eine steigende Tendenz, da die Abschreibungen sofort wirksam werden, die Auswirkungen der Investition auf die Erträge aber erst mit einer zeitlichen Verzögerung eintritt.

Daß die MAFAK keinen *Free Cash Flow* hat, zeigt schon der Finanzplan im 5. Kapitel (Abb. 28). Die Zahlen aus der 3-Jahresplanung geben folgendes Bild:

	Planjahre		
	1	2	3
Jahresgewinn (nach Zinsen und Steuern)	7,5	7,5	9,0
+ Abschreibungen und langfristige Rückstellungen	15,0	17,5	18,5
	22,5	25,0	27,5
− Erhöhung der Vorräte	− 3,0	− 5,0	− 6,0
− Investitionen ins Anlagevermögen	− 50,0	− 36,0	− 25,0
Free Cash Flow	− 26,5	− 16,0	− 3,5

Die MAFAK nimmt sich vielleicht doch zuviel vor. Wenn die Ergebnisse nicht so kommen wie geplant oder die Investitionen mehr kosten, was dann? Auch die Einschätzung, daß trotz der Geschäftsausweitung keine Erhöhung der Forderungen und der Bestände an Rohstoffen zu erwarten ist, ist eher optimistisch. Außerdem hätte die MAFAK kein Geld, wenn sich in den nächsten Jahren eine gute Chance z.B. für eine Acquisition ergäbe.

Wie steht es um die Schuldentilgungskraft der MAFAK, gemessen am Cash Flow? Das Verhältnis der Gesamtschulden zum Cash Flow, der Verschuldungsfaktor, ist dafür ein Indikator.

Die Gesamtverschuldung wird folgendermaßen berechnet:

Verbindlichkeiten, kurz- und langfristig
+ kurzfristige Rückstellungen
− Flüssige Mittel
− kurzfristige Forderungen

Gesamtverschuldung (Effektivverschuldung)

Für die MAFAK ergeben sich folgende Zahlen:

	Planjahre		
	1	2	3
Verbindlichkeiten (kurz- und langfristig)	227,0	231,5	228,0
Flüssige Mittel	− 17,5	− 8,5	−
Forderungen (Annahme: alle Forderungen kurzfr.)	− 66,0	− 66,0	− 66,0
Gesamtschulden	143,5	157,0	162,0
CashFlow (ausAbb. 28)	22,5	28,9	27,5
Verschuldungsfaktor	6,4	5,4	5,9

Der *Verschuldungsfaktor gibt an, wievielmal der letzte Jahres-Cash-Flow erarbeitet werden muß, bis sämtliche Schulden getilgt sind.*

Einen Vergleichsmaßstab für die Schuldentilgungskraft der MAFAK bietet die entsprechende Relation innerhalb der sogenannten Negativklausel. Diese Negativklausel, die bei der Kreditvergabe an »erste Adressen« angewandt wird, beinhaltet die Verpflichtung
- das Anlagevermögen nicht zu belasten,
- keinem Gläubiger bessere Rechte und Sicherheiten einzuräumen,
- bestimmte Bilanzrelationen einzuhalten.

Diese Relationen sind folgendermaßen definiert:
1. Die in der Bilanz ausgewiesene Gesamtverschuldung darf das 3,5fache des Durchschnitts des Cash Flow der letzten drei Geschäftsjahre nicht überschreiten (Verschuldungsfaktor).
2. Das Eigenkapital (Gezeichnetes Kapital und Gewinnrücklagen) muß mindestens zu 70% das Anlagevermögen decken. An zwei aufeinanderfolgenden Bilanzstichtagen darf die Deckung auf 60% absinken.
3. Das Anlagevermögen und die länger als vier Jahre laufenden Forderungen müssen durch Eigenkapital und die länger als vier Jahre laufenden Rückstellungen und Verbindlichkeiten gedeckt sein. Jeweils an einem Bilanzstichtag darf die Deckung unterschritten werden.

Unternehmen, die in der Finanzierung mit der Negativklausel arbeiten, verpflichten sich zur Einhaltung der Bilanzrelationen. Das geht nicht ohne Planung und laufende Überwachung. Der Verschuldungsfaktor der MAFAK liegt fast doppelt so hoch wie der in der Negativklausel zulässige Faktor von 3,5. Die finanzielle Anspannung aus der Working-Capital-Analyse wird durch die Cash-Flow-Analyse bestätigt.

Zum Vergleich hier die Ermittlung der *Gesamtverschuldung* (Effektiv-Verschuldung) und des *Cash Flow* innerhalb der *Negativklausel:*

Fremdkapital (lt. Bilanzgliederung)
./. Gewinnausschüttung
./. Sozialverbindlichkeiten
  (= Pensionsrückstellungen + Verbindl. gegenüber
  Versorgungseinrichtungen)
./. Erhaltene Anzahlungen
./. Kurzfristig realisierb. Umlaufvermögen
  (abzgl. Wertberichtigung)

= Effektiv-Verschuldung

Jahresüberschuß nach Steuern
+ Nettoerhöhung der Pensionsrückstellungen
+ Zuweisung zur Unterstützungskasse
+ Nettoerhöhung anderer langfristiger Rückstellungen
+ negativer Saldo aus a.o. Ergebnis
./. positiver Saldo aus a.o. Erg.
+ Abschreibungen und Wertberichtigungen auf das
  Sachanlagevermögen (ohne Sonderabschreibungen)

= Cash Flow

Zeitvergleich und Betriebsvergleich

Kennzahlen sollten eine Signalwirkung haben, die den Einstieg in die Analyse der dahinter stehenden Sachverhalte auslöst. In einer Kennzahl können sich mehrere Ursachen und Wirkungen überdecken oder verstärken; ad hoc-Maßnahmen könnten also Fehlentscheidungen sein.

Zeitvergleich und Betriebsvergleich haben zunächst nur informatorische Bedeutung: Wie entwickelt sich das Unternehmen im Zeitablauf und wie steht es im Vergleich zu gleichartigen Unternehmen? Ungünstige Entwicklungstendenzen sind ein Signal, das im Extremfall eine Analyse des gesamten Prozesses der Leistungserstellung (z.B. Produktivität) und Leistungsverwertung (z.B. Deckungsbeiträge nach Produktgruppen, Vertriebswegen und Kundengruppen) auslöst. Beim Betriebsvergleich ist zu beachten, daß selbst bei eindeutig definierten Kennzahlen Abweichungen vom Durchschnitt der Branche, z.B. in der Marktstellung, im Standort (die MAFAK GmbH hat ihren Sitz in Garmisch-Partenkirchen) oder in der besonderen Erzeugnisstruktur begründet sein können.

Jeweils in der November-Nummer des Monatsberichts der Deutschen Bundesbank werden die Ertrags- und Finanzierungsverhältnisse im produzierenden Gewerbe, im Handel und im Verkehrsbereich ausführlich dargestellt und interpretiert.

Gliederung der Bilanzpositionen zur Bilanz- und Finanzanalyse

Eine Bilanzanalyse soll Auskunft geben über Finanz- und Vermögensstrukturen. Meist versteht man unter der Bilanzanalyse eine externe Analyse – etwa in Verbindung mit der Frage, bei welchem Unternehmen ein Aktienkauf ratsam sein könnte. Dabei sind dann manche Sachverhalte auch indirekt herauszulesen. Solche Probleme hat die interne Bilanzanalyse nicht. Sie hängt zusammen mit der Bilanz- und Finanzberichterstattung.

Zur Bilanzanalyse empfiehlt sich eine bestimmte Gliederung der Bilanzpositionen. Gerade bei der internen Analyse wird diese Gliederung sicherlich vom spezifischen Fall abhängen. Die im folgenden vorgeschlagene Gliederungs-Liste soll deshalb als eine Art »Stammsatz« dienen, mit dem die eigenen Lösungen verglichen und verbessert werden können.

Die Gliederung der Aktivposten ist in der folgenden Liste *nach der Liquidität* geordnet. Maßgeblich für die Reihenfolge ist das Kriterium, wie schnell ein Vermögenswert »zu Geld gemacht werden kann«. Die Passivseite ordnet sich nach dem Prinzip, wie dringlich die Rückzahlungsverpflichtung von Schulden ist. Daraus ergibt sich der finanzielle Spielraum. Wie schnell kann Geld aus Vermögenswerten geholt werden; wie schnell können Gläubiger ihr Geld zurückverlangen. Besteht das Unternehmen dann mit einem Liquiditätsüberschuß – oder gibt es eine Unterdeckung in dieser *Ordnung der Fristigkeiten?*

Schnelligkeitsgliederung der Aktivseite bei der »Versilberung« von Vermögenswerten

Liquide Mittel erster Ordnung
  Kassenbestand
  Bundesbank- und Postscheckguthaben
  Guthaben bei Kreditinstituten
  Schecks
  Besitzwechsel
  Börsengängige Wertpapiere
  Forderungen mit einer Restlaufzeit bis zu einem Jahr
  Bereits eingeforderte Einlagen auf das Gezeichnete Kapital

Liquide Mittel zweiter Ordnung
  Roh-, Hilfs- und Betriebsstoffe
  Unfertige Erzeugnisse
  Fertige Erzeugnisse
  Geleistete Anzahlungen
  Forderungen mit einer Restlaufzeit von mehr als einem Jahr
  Rechnungsabgrenzungsposten

Anlagevermögen
  Unbewegliche Sachen
    Grundstücke und grundstücksgleiche Rechte
    Bauten auf fremden Grundstücken
    Zugehörige Anlagen im Bau und Anzahlungen auf Anlagen
  Bewegliche Sachen
    Maschinen
    Betriebs- und Geschäftsausstattung
    Zugehörige Anlagen im Bau und Anzahlungen auf Anlagen
  Rechte
    Schutzrechte

Beteiligungen
Wertpapiere des Anlagevermögens
Forderungen mit einer Gesamtlaufzeit von mindestens vier Jahren

Dringlichkeitsgliederung der Passivseite der Bilanz bei der Schuldenrückzahlung

Fremdkapital
  Kurzfristig (innerhalb eines Jahres) fällige Schulden
    Verbindlichkeiten aus Lieferungen und Leistungen
    Schuldwechsel
    Verbindlichkeiten gegenüber Kreditinstituten
    Rückstellungen
    Sonstige Verbindlichkeiten
    Rechnungsabgrenzung
  Mittelfristig (nach Ablauf eines Jahres) fällige Schulden
    Pensionsrückstellungen
  Langfristig fällige Schulden (mit mindestens vier Jahren Gesamtlaufzeit)
    Anleihen
    Bankschulden
    Sonstige

Eigenkapital
  bei Kapitalgesellschaften
    Gezeichnetes Kapital
    Kapitalrücklagen
    Gewinnrücklagen (gesetzliche, satzungsmäßige, freiwillige)
    Gewinnvortrag und Bilanzgewinn
    abzüglich
    noch nicht eingefordertes Kapital
    Verlustvortrag und Bilanzverlust
    Disagio
  bei Personengesellschaften

Kapitalkonten (gegebenenfalls nach Gesellschaftern)
Privatkonten (je nach wirtschaftlicher Zugehörigkeit, wie
z.B. Sonderkonten, Rücklagenkonten)

Bei den »Sonderposten mit Rücklageanteil« (»Mischposten«) ist nur der Rücklagenanteil (Eigenkapital) zu erfassen, die künftig eintretende Steuerverpflichtung (Fremdkapital) unter langfristig fällige Verbindlichkeiten. Der bei Kapitalgesellschaften noch nicht zur Ausschüttung beschlossene Gewinn ist unter kurzfristig fälligen Verbindlichkeiten einzusetzen, falls mit dem Beschluß zu rechnen ist.

Kennzahlen-»Inventar« zu Bilanzanalyse

Die folgenden Seiten bringen eine Gliederung von Kennzahlen, die besonders häufig zur Bilanz- und Finanzanalyse – damit also zur Analyse und Planung der finanziellen Stabilität – verwendet werden. Teilweise folgen diese Kennzahlen oder Relationen der Gliederung der Bilanzpositionen nach Schnelligkeit in der »Versilberung« bzw. Dringlichkeit der Schuldentilgung.

Die Auswahl der Kennzahlen ist auf die Funktion des Treasurers abgestimmt. Geht man vom Kapitalertrags-Stammbaum aus (vgl. Abbildung 30), so ist der Treasurer eher für den Kapitalumschlag und alles, was daran hängt, zuständig. Diese Zuständigkeit ist vor allem ein »Dahinter-her-sein«, daß in den Beständen nicht zuviel Kapital gebunden ist. Einen »direkten Zugriff« hat er auf den Bestand an flüssigen Mitteln und auf den Forderungsbestand. Soweit es um die Bindung von Kapital im Anlage- und Vorratsvermögen geht, muß der Treasurer dafür sorgen, daß die jeweils zuständigen Manager etwas tun. Dazu brauchen sie unter anderem Kennzahlen; dazu gehört aber auch das richtige Verhalten des Treasurer. »Telling why«, also die Erklärung des Zusammenhangs zwischen Investierung (Kapitalverwendung) und Finanzierung (Kapitalaufbringung) und die Interpretation der weitergegebenen Kennzahlen, statt Berufung auf das Diktat der Zahlen.

Der Treasurer kümmert sich schließlich auch darum, daß die Relationen auf der Aktiv- und Passivseite und die Beziehungen zwischen Vermögen und Kapital »stimmen«. Ob sie stimmen, kann im Zeitvergleich, Betriebsvergleich oder an den aus der Erfahrung gewonnenen Sollwerten im Soll-Ist-Vergleich gemessen werden.

Kennzahlen zur Vermögensstruktur

$$\frac{\text{Anlagevermögen}}{\text{Gesamtvermögen}} = \text{Anlagenintensität}$$

Für die Ermittlung des Gesamtvermögens sind auf der Passivseite ausgewiesene Wertberichtigungen und ausstehende Einlagen auf das Gezeichnete Kapital von der Bilanzsumme abzuziehen.

$$\frac{\text{Maschinen und maschinelle Anlagen}}{\text{Gesamtvermögen}} = \text{Maschinendominante}$$

$$\frac{\text{Maschinen und maschinelle Anlagen}}{\text{Anlagevermögen}} = \text{Maschinenintensität}$$

Anlagenintensität, Maschinendominante und Maschinenintensität können für ein Produktionsunternehmen wie die MAFAK aufschlußreich sein und vor allem Fragen auslösen wie: wie flexibel sind wir bei Auslastungsschwankungen? Können wir finanziell mithalten, wenn technische Neuerungen hohen Investitionsbedarf auslösen? Welche Chancen und Gefahren liegen in einer hohen Fertigungstiefe?

Die Aufgliederung des Vermögens ließe sich soweit fortführen, bis schließlich das Verhältnis jeder Position der Aktivseite zum Gesamtvermögen bzw. zur Bilanzsumme hergestellt ist. Man könnte zu jeder absoluten Zahl in der Bilanz die entsprechende Verhältniszahl zur Bilanzsumme setzen und käme so zu einer »*Prozentbilanz*«. Solche »Spielereien« sind nicht zu empfehlen.

Kennzahlen zur Kapitalstruktur

$$\frac{\text{Eigenkapital}}{\text{Gesamtkapital}} = \text{Eigenkapitalausstattung}$$

$$\frac{\text{Fremdkapital}}{\text{Gesamtkapital}} = \text{Verschuldungsgrad (statisch)}$$

$$\frac{\text{Gesamtverschuldung}}{\text{Cash flow}} = \text{Verschuldungsfaktor (dynamisch)}$$

Für die Ermittlung des Gesamtkapitals sind auf der Passivseite ausgewiesene Wertberichtigungen und ausstehende Einlagen auf das Gezeichnete Kapital von der Bilanzsumme abzuziehen.

Das Eigenkapital ist die Summe aus Gezeichnetem Kapital, Kapital- und Gewinnrücklagen, Sonderposten mit Rücklagenanteil (die geschätzte Steuer für unversteuerte Rücklagen ist abzuziehen), Bilanzgewinn abzüglich ausstehende Einlagen auf das Gezeichnete Kapital und Bilanzverlust. Das effektive Eigenkapital ist höher als der so ermittelte Wert, wenn in Bilanzpositionen stille Reserven enthalten sind. Dies spielt bei einem Zeitvergleich dann keine Rolle, wenn eine Kontinuität in den Bewertungsprinzipien vorhanden ist. Ein Betriebsvergleich wird an dieser Stelle in der Regel hinken. Weitere Beziehungen könnten zwischen dem Gesamtkapital und den Kapitalanteilen mit unterschiedlicher Fristigkeit hergestellt werden. Auch der Zusammenhang bei den Schulden ließe sich noch im Detail darstellen, indem man einzelne Schuldenpositionen (z.B. nach ihrer Fristigkeit) zu den Gesamtschulden in Beziehung setzt. Was für die Vermögensseite zur Prozentbilanz gesagt wurde, gilt auch für die Kapitalseite.

Kennzahlen über Beziehungen zwischen Vermögen und Kapital

1. Anlagendeckung

$$\frac{\text{Eigenkapital}}{\text{Anlagevermögen}} = \text{Grad der Anlagendeckung I}$$

$$\frac{\text{Eigenkapital} + \text{langfr. Fremdkapital}}{\text{Anlagevermögen}} = \text{Grad der Anlagendeckung II}$$

2. Schuldendeckung

Bei der Ermittlung der Schuldendeckung werden die nach ihrer Realisierbarkeit gegliederten Vermögenswerte den nach ihrer Fristigkeit gegliederten Schulden gegenübergestellt.

$$\frac{\text{sofort verfügbares Vermögen}}{\text{sofort fällige Schulden}}$$

$$\frac{\text{kurzfristig verwertbares Vermögen}}{\text{kurzfristig fällige Schulden}}$$

$$\frac{\text{kurz- und langfristig verwertbares Vermögen}}{\text{kurz- und langfristig fällige Schulden}}$$

In diesen Kennzahlen für den Grad der Schuldendeckung sind die Vermögens- und Schuldenpositionen stufenweise kumuliert.

3. Liquidität

Bei der Ermittlung der Liquiditätsgrade (im Vergleich zur Schuldendeckung könnte man hier vom Deckungsgrad des Vermögens sprechen) werden die Vermögenswerte gegliedert nach ihrer Realisierbarkeit dem kurzfristigen Fremdkapital gegenübergestellt.

$$\frac{\text{Flüssige Mittel}}{\text{kurzfristiges Fremdkapital}} = \text{Bar-Liquidität od. Liquiditätsgrad I}$$

$$\frac{\text{Flüssige Mittel} + \text{kurzfristig verfügbare Mittel}}{\text{kurzfristiges Fremdkapital}} = \text{Liquidität auf kurze Sicht od. Liquiditätsgrad II}$$

Flüssige Mittel sind Kassenbestand, Schecks, Guthaben bei Kreditinstituten, Postscheckguthaben und bundesbankfähige Wechsel. Kurzfristig verfügbare Mittel sind Forderungen aus Lieferungen und Leistungen, Wertpapiere des Umlaufvermögens,

Wechsel (außer den bundesbankfähigen), und sonstige kurzfristig liquidierbare Teile des Umlaufvermögens. Diese Summe ist um die Pauschal-Wertberichtigung zu den Forderungen und um Wertberichtigungen zu den Wertpapieren zu kürzen.

4. Working Capital

Umlaufvermögen
– kurzfristiges Fremdkapital
= Working Capital

Als Zielkennzahl für den Treasurer ist das Working Capital in einem Prozentsatz vom Umlaufvermögen auszudrücken, z.B W. C. = 0,2 UV. Das Ziel ist erreicht, wenn 20% des Umlaufvermögens langfristig finanziert sind. Festzulegen ist dann noch, ob diese Finanzierung zu bestimmten Stichtagen oder jederzeit sichergestellt werden soll.

$$\frac{\text{Umlaufvermögen}}{\text{Kurzfristiges Fremdkapital}} = \text{Liquiditätsgrad III}$$

In der amerikanischen Bilanzanalyse wird der Liquiditätsgrad III als current ratio, der Liquiditätsgrad II als quick ratio (das ist der acid test, ein scharfer Liquiditätstest) bezeichnet.

Die Liquiditätsgrade geben in konzentrierter Form Auskunft über die zu einem bestimmten Zeitpunkt vorhandene Liquidität eines Unternehmens. Sie sagen aber nichts über die Ursachen für die Veränderungen zwischen zwei verschiedenen Zeitpunkten. Die möglichen Ursachen für die Veränderung des Geldbestandes sind in Abb. 36 dargestellt. Am Beispiel des Finanzplanes der MAFAK in Abb. 28 kann dieser Zusammenhang nachvollzogen werden.

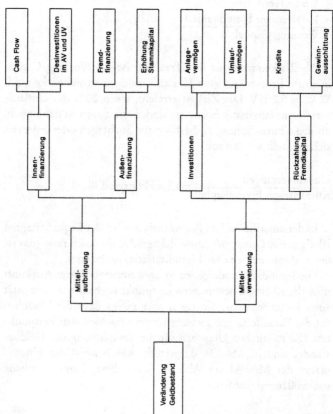

Abb. 36: Ursachen für die Veränderung des Geldbestandes

Kennzahlen für die Kapitalbindung

Zur Messung der Kapitalbindung sind die Umschlagshäufigkeit von Beständen und die Durchlaufzeit der Produkte wichtige Kennzahlen. Die Umschlagshäufigkeit gibt an, wie oft ein Bestand in einer Rechnungsperiode umgeschlagen wird; die Durchlaufzeit, wie lange eine Bestandsgröße zum Umschlag (daher auch Umschlagsdauer genannt) in einer Periode braucht. Zwischen Umschlagshäufigkeit und Durchlaufzeit besteht ein Zusammenhang: eine Verkürzung der Durchlaufzeit, z.B. durch eine verbesserte und schnellere (EDV-unterstützte) Fertigungssteuerung, führt auch zu einer Erhöhung der Umschlagshäufigkeit der in der Fertigung befindlichen Bestände und der Rohstofflager. Die Bestandsgrößen in den folgenden Kennzahlen können je nach Bedarf als einfache oder gleitende Durchschnitte angesetzt werden.

$$\frac{\text{Umsatz}}{\text{Investiertes Kapital}} = \text{Kapitalumschlag}$$

(Komponente der ROI-Formel)

$$\frac{\text{Abschreibungen auf AV} + \text{Desinvestitionen}}{\text{Anlagevermögen}} = \text{Abschreibungsquote}$$

Das Anlagevermögen wird in der Regel um die Finanzanlagen und die nicht abnutzbaren Teile des Anlagevermögens gekürzt.

$$\frac{\text{Umsatz}}{\text{Vorräte}} = \text{Umschlagshäufigkeit der Vorräte}$$

$$\frac{\text{Lagerbestand} \times 360}{\text{Materialaufwand}} = \text{Lagerdauer der Roh-, Hilfs- und Betriebsstoffe in Kalendertagen}$$

$$\frac{\text{Lagerbestand Fertige Erzeugnisse} \times 360}{\text{Umsatz}} = \text{Lagerdauer der Fertigen Erzeugnisse in Kalendertagen}$$

Diese Kennzahlen zeigen den Einfluß der Lagerhaltung auf die Rentabilität und Liquidität eines Unternehmens. Eine Erhöhung der Umschlagshäufigkeit des Lagers bedeutet z.B., daß ein bestimmtes Produktionsvolumen mit einem geringeren Kapitaleinsatz im Lager hergestellt werden kann und die Lagerzinsen demnach sinken. Hintergründe für hohe Bestände – die dann bemängelt werden – liegen oft in »Grundsatzentscheidungen«. Jederzeitige Lieferfähigkeit und Sicherstellung der Materialversorgung für die Produktion führen oft zu hohen Sicherheitsbeständen im Fertigerzeugnis- und Materiallager, »koste es, was es wolle«.

$$\frac{\text{Forderungsbestand} \times 360}{\text{Umsatz}} = \frac{\text{Kundenkreditdauer in Kalendertagen}}{\text{(DSO days sales outstanding)}}$$

$$\frac{\text{Verbindlichkeiten aus Lieferungen von Roh-, Hilfs- und Betriebsstoffen} \times 360}{\text{Wert der Zugänge}} = \frac{\text{Lieferantenkreditdauer}}{\text{in Kalendertagen}}$$

Für die Ermittlung von Kennzahlen zur detaillierten Analyse des Bestandes an Forderungen und Verbindlichkeiten ist eine Gliederung nach ihrer Art, Höhe, Fristigkeit und nach Kunden bzw. Lieferanten sinnvoll.

Bestände sind die Wurzel allen Übels, weil sie Probleme verdecken, sagen engagierte Logistiker. Divergierende Kräfte in Vertrieb (kurzfristige Erfüllung der Kundenwünsche), Produktion (kontinuierliche Fertigung) und Beschaffung (günstige Konditionen) sind zu koordinieren. Schlechte Erfahrungen mit der Lieferfähigkeit führen im Vertrieb zu einem »warm anziehen« bei der Festlegung der Planzahlen. Das Übel des Nicht-Liefern-Könnens kann so eingegrenzt werden, aber um den »Preis« von Lagerhaltung und Kapitalbindung.

Eine gemeinsame Festlegung von Zielkennzahlen fördert das gegenseitige Verstehen und die Ausrichtung aller Anstrengungen auf den Wertschöpfungsprozeß. So könnte man einem Spruch aus der Unternehmenspraxis beikommen, der sagt: *Die Unvernunft* (gemeint ist: daß man nicht miteinander redet) *trifft sich im Lager.*

Verhältniszahlen zur Vermögens- und Kapitalstruktur der Unternehmen [*)]

Position	1992	1993	1994	1995
	in % der Bilanzsumme [1)]			
Sachanlagen [2) 3)]	27,5	26,9	26,0	25
Vorräte	21,2	20,1	19,8	20
Kurzfristige Forderungen [2)]	32,0	32,6	33,0	33
Langfristig verfügbares Kapital [4) 5)]	42,7	42,8	42,8	42,5
darunter Eigenmittel [5)]	18,2	17,6	17,9	18
Kurzfristige Verbindlichkeiten	44,9	44,6	44,7	44,5
	in % der Sachanlage [2) 3)]			
Eigenmittel [5)]	66,0	65,5	68,7	71,5
Langfristig verfügbares Kapital [4) 5)]	155,0	159,2	164,6	169,5
	in % des Anlagevermögens [6)]			
Langfristig verfügbares Kapital [4) 5)]	107,9	107,5	108,7	107,5
	in % der kurzfristigen Verbindlichkeiten			
Liquide Mittel [7)] und kurzfristige Forderungen [2)]	86,4	88,9	90,5	89,5
	in % der Fremdmittel [8)]			
Eigenerwirtschaftete Mittel [9)]	14,5	11,7	12,3	12,5

Abb. 36a: Aus dem Monatsbericht November 1996 der Deutschen Bundesbank. Erläuterungen auf S. 150.

* Hochgerechnete Ergebnisse. 1995: Geschätzte Angaben, auf halbe und ganze Prozentpunkte gerundet.
1 Abzüglich Berichtigungsposten zum Eigenkapital und Wertberichtigungen.
2 Abzüglich Wertberichtigungen.
3 Einschl. immaterieller Vermögensgegenstände.
4 Eigenmittel, Pensionsrückstellungen, langfristige Verbindlichkeiten und Sonderposten mit Rücklageanteil.
5 Abzüglich Berichtigungsposten zum Eigenkapital.
6 Sachanlagen einschl. immaterieller Vermögensgegenstände, Beteiligungen, langfristige Forderungen und Wertpapiere des Anlagevermögens.
7 Kassenmittel und Wertpapiere des Umlaufvermögens.
8 Verbindlichkeiten, Rückstellungen und anteiliger Sonderposten mit Rücklageanteil, vermindert um die Kassenmittel.
9 Jahresüberschuß, Abschreibungen, Veränderung der Rückstellungen, des Sonderpostens mit Rücklageanteil und der Rechnungsabgrenzungsposten, abzüglich Zuschreibungen.

7. Kapitel

Finanzplanung und Finanzbericht

Das erfolgsorientierte Denken und Handeln muß durch die Finanzorientierung ergänzt werden. Einnahmen und Ausgaben fallen zu anderen Zeitpunkten an als die entsprechenden Erträge und Aufwendungen, die nicht an Geldbewegungen, sondern an Leistungszeitpunkte anknüpfen. Die Kunst der finanziellen Unternehmensführung besteht im Ausgleich des Spannungsfeldes zwischen erfolgs- und finanzorientiertem Denken und Handeln, zwischen Rentabilität und Liquidität bzw. finanzieller Stabilität.

Ein gekonntes Finanz-Controlling ist auf rechtzeitige Information über Abweichungen in anderen Bereichen angewiesen. Leuchten die Signale erst im Finanzbereich auf, bleiben als korrektive Maßnahmen oft nurmehr das Schieben von Lieferantenrechnungen und die kurzfristige Verschuldung innerhalb der Kreditlinien.

Im engeren Sinne besteht der Finanzplan aus dem Budget der Einnahmen und Ausgaben. Im Falle einer Unterdeckung ist eine Geldaufnahme durch Erhöhung des Eigenkapitals oder als zusätzliche Verschuldung nötig. Eine Überdeckung kann zur Tilgung von Schulden oder für weitere Investitionen verwendet werden.

Direkte und indirekte Methode bei der Finanzplanung

Die Vorgehensweise bei der finanziellen Planung in der Fallstudie der MAFAK GmbH wird in Literatur und Praxis oft als *indirekte Methode* bezeichnet. Aus der Ergebnisplanung und dem Investitionsprogramm wurden Planbilanz, Plan-Bewegungsbilanz und Finanzplan erarbeitet. Zur Darstellung der finanziellen Entwicklung in der Form der Abbildung 28 im 5. Kapitel gibt es interessante Varianten, die jeweils unterschiedliche Gesichtspunkte und Informationen besonders herausstellen. Um den Vergleich der Varianten zu erleichtern, werden die Zahlen der MAFAK weiter verwendet.

Im ersten Beispiel (Abbildung 37) werden die Finanzströme der Planperioden als Differenz der Bilanzpositionen dargestellt. Die Ausschüttung der Vorjahresdividende steht unter den sonstigen Verbindlichkeiten. Auch dieses Beispiel illustriert *die indirekte, mit Ergebnisplanung und Planbilanz verknüpfte Methode, die – fast als Nebenprodukt – auch den Finanzplan liefert* als die Zusammenfassung sämtlicher Bewegungsbuchungen, soweit sie das Konto Flüssige Mittel betreffen.

Die Finanzbewegungsrechnung in Abb. 38 ist ähnlich aufgebaut wie der Finanzplan für die MAFAK im 5. Kapitel. Das Schema stammt aus dem Buch »Die Finanzbewegungsrechnung« von Heinrich H. Jonas (Freiburg 1984), der damals Finanzchef bei BASF war. Während im Finanzplan der Abbildung 28 in der letzten Zeile, die in jedem Bericht ein Blickfang ist, die Integration des Finanzplans mit der Planbilanz über die Position Flüssige Mittel gezeigt wird, erscheint in dieser Finanzbewegungsrechnung die Veränderung von Geld und Geldbeständen, also der Liquiditätsgesichtspunkt, an »prominenter« Stelle.

In Abbildung 39 ist ein Finanzplan in komprimierter Form mit den Zahlen der MAFAK angeboten. Die Methode ist wieder indirekt, also von einer Saldogröße ausgehend; hier ist es der Cash Flow. Die letzte Zeile zeigt, wie im vorigen Beispiel, die Veränderung des Geldbestandes in seiner Entwicklung über die nächsten drei Jahre.

Die Abbildungen 40 und 41 gehören zusammen. Die Einnahmen und Ausgaben für einen bestimmten Zeitraum werden gegenübergestellt. Damit verbunden ist eine Fortschreibung künftiger Geldbestände und Kredite. *Für einen solchen Finanzplan müssen die Zahlen statistisch aus der Erfolgsplanung geholt werden.* Man spricht deshalb von der *direkten Methode* der Finanzplanung. (Die Nummern in der Spalte »Position« stimmen nicht

Finanzbedarf und Finanzherkunft	1. Planjahr	2. Planjahr	3. Planjahr
A. Finanzbedarf			
Investitionen in – Sachanlagen – Finanzanlagen	50,0	36,0	25,0
Erhöhung der Bestände an – Roh-, Hilfs- und Betriebsstoffen – unfertigen Erzeugnissen – fertigen Erzeugnissen	3,0	5,0	6,0
Erhöhung der Forderungen			
Verminderungen von – Lieferverbindlichkeiten – sonstigen Verbindlichkeiten	1,0	16,0 1,0	20,0 1,5
Kreditrückzahlung			
Summe des Finanzbedarfs	54,0	58,0	52,5
B. Finanzherkunft			
Jahresüberschuß	7,5	7,5	9,0
Abschreibungen	15,0	21,4	18,5
Erhöhung Rückstellungen			
Wertberichtigung auf Forderungen Anlagenabgänge Abbau von Beständen an – Roh-, Hilfs- und Betriebsstoffen – unfertigen Erzeugnissen – fertigen Erzeugnissen		0,1	
Verminderung der Forderungen Erhöhung von – Lieferverbindlichkeiten – sonstigen Verbindlichkeiten	16,0	20,0	12,5
Kreditaufnahme	23,0		
Kapitalerhöhung			
Summe der Finanzherkunft	61,5	49,0	40,0
Über-/Unterdeckung	+ 7,5	– 9,0	– 12,5
Flüssige Mittel Anfangsbestand	10,0	17,5	8,5
Flüssige Mittel Endbestand	17,5	8,5	– 4,0

Abb. 37: Die Finanzströme der Planperioden als Differenz der Bilanzpositionen

	Planjahre 1	2	3
Jahresüberschuß/-fehlbetrag	7,5	7,5	9,0
+ Abschreibungen auf Anlagevermögen	15,0	21,4	18,5
+ Abgänge von Sachanlagen (Regelfall)			
± Veränderung von Sonderposten mit Rücklageanteil			
± Veränderung langfristiger Rückstellungen			
= MITTELHERKUNFT	22,5	28,9	27,5
- Gewinnausschüttung	1,0	1,0	1,5
= INNENFINANZIERUNG	21,5	27,9	26,0
Zugänge zum immateriellen Anlagevermögen			
+ Zugänge zu Finanzanlagen			
+ Investitionen in Sachanlagen	50,0	36,0	25,0
- Abgänge vom immateriellen Anlagevermögen			
- Abgänge von Finanzanlagen			
- Abgänge von Sachanlagen (Ausnahmefall)		0,1	
± Veränderung der Vorräte	3,0	5,0	6,0
± Veränderung der Forderungen			
• Lieferungen und Leistungen			
• Verbundene Unternehmen			
• Sonstige Forderungen			
= MITTELVERWENDUNG	53,0	40,9	31,0
SALDO AUS DER INNENFINANZIERUNG	- 31,5	- 13,0	- 5,0
Kapitalerhöhung			
- Kapitalherabsetzung			
+ Erhöhung langfristiger Kapitalmarktverbindlichkeiten *	23,0		
- Verminderung langfristiger Kapitalmarktverbindlichkeiten *			
± Langfristige Verbindlichk. gegenüber verbundenen Untern.			
± Veränderung des sonstigen langfristigen Fremdkapitals			
± Veränderung der kurzfristigen Bankverbindlichkeiten	16,0	4,0	- 7,5
± Veränderung der Liefer- und Leistungsverbindlichkeiten			
± Veränderung des sonstigen kurzfristigen Fremdkapitals			
= SALDO AUS DER AUSSENFINANZIERUNG	39,0	4,0	- 7,5
VERÄNDERUNG VON GELD UND GELDANLAGEN	+ 7,5	- 9,0	- 12,5

* Einschließlich Verbindlichkeiten gegenüber finanziellen Institutionen

Abb. 38: Finanzbewegungsrechnung mit Ausweis der Veränderung von Geld und Geldanlagen (Gliederungsschema aus Jonas, Heinrich H.: Die Finanzbewegungsrechnung, Freiburg 1984

mit der Neufassung des Industriekontenrahmens nach dem Bilanzrichtliniengesetz überein; das stört aber nicht den Sinn als Muster für einen Finanzplan nach der direkten Methode.)

	1.Planjahr	2.Planjahr	3.Planjahr
Cash Flow (brutto)	22,5	28,9	27,5
- Gewinnausschüttung	1,0	1,0	1,5
Cash Flow (netto)	21,5	27,9	26,0
+ Desinvestitionen		0,1	
+ zugesicherte Kredite	39,0	20,0	12,5
+ geplante Kapitalerhöhungen	-	-	-
- Investitionen	53,0	41,0	31,0
- Rückzahlungsverpflichtungen		16,0	20,0
Veränderung des Geldbestandes	7,5	-9,0	-12,5

Abb. 39: Finanzplan komprimiert

Kurz- und langfristige Finanzplanung

Bei der MAFAK ging es um die finanzielle Absicherung einer längerfristigen Entwicklung. Zu klären waren die Fragen: Mit welchem Finanzbedarf für die Investitionen ins Anlage- und Umlaufvermögen ist zu rechnen? In welchem Umfang und wann muß zusätzliches Eigen- und/oder Fremdkapital zugeführt werden? Mit welcher Selbstfinanzierungsquote kann gerechnet werden?

Maßnahmen zur Ergebnisverbesserung (»Drehen« an Preisen, Kosten und Mengen) erhöhen die Selbstfinanzierung. Das »Kneten« des Investitionsprogramms kann zu einer Verringerung des Finanzbedarfs führen. Die Wahl der richtigen Finanzierungsquellen und des richtigen Zeitpunkts helfen, die Finanzierungskosten zu optimieren.

Die kurzfristige Finanzplanung dient der *Überwachung und Steuerung der Liquidität* von Monat zu Monat oder von Woche zu Woche. Es bietet sich an, in einer »Haussprache« von Liqui-

Position	Grundplan	Plan TDM	Ist TDM	Abw. TDM
	Ordentliche Einnahmen			
5000	Erlöse Inland			
5001	Erlöse Ausland			
5009	Sonstige Erlöse			
	Zwischensumme			
	Ordentliche Ausgaben:			
6000	Fertigungsmaterial			
6001	Hilfs- und Betriebsstoffe			
6002	Wareneinsatz			
6200	Löhne und Gehälter			
6300	Sozialkosten			
7500	Instandhaltung			
7700	Werbung			
7800	Transport			
7900	Versicherungen			
7100	Ertragsteuern			
7200	Sonstige Steuern			
7909	Sonstige ord. Ausgaben			
	Zwischensumme			
	Über-/Unterdeckung I			
	Außerordentliche Einnahmen:			
5300	Beteiligungseinnahmen			
5400	Zinseinnahmen			
5500	Einnahmen aus Anlagenverkäufen			
5900	Sonstige a. o. Einnahmen			
	Zwischensumme			
	Außerordentliche Ausgaben:			
7000	Zinsen			
7901	Tantiemen			
7902	Sonstige a. o. Ausgaben			
	Investitionsausgaben			
0100	(nach Anlagenkonten gegliedert)			
	Zwischensumme			
	Über-/Unterdeckung II			
	Gesamt Über-/Unterdeckung Grundplan			

*Abb. 40: Muster eines Finanzplans –
Das Budget der Einnahmen und Ausgaben*

Position	Kreditplan	Plan TDM	Ist TDM	Abw. TDM
	Kreditaufnahmen			
4000	Anleihen			
4100	Langfristige Bankdarlehen			
4500	Kontokorrentkredite			
	Zwischensumme I			
	Kredittilgungen			
4100	Langfristige Darlehen			
4500	Kontokorrentkredite			
	Zwischensumme II			
	Über-/Unterdeckung Kreditplan			
	Anfangsbestand Kredite			
	Endbestand Kredite			
	Zahlungsmittelplan			
	Anfangsbestand			
	± Über-/Unterdeckung Grundplan			
	± Über-/Unterdeckung Kreditplan			
	Endbestand			

	Eingeräumte Kreditlinien			
	./. Endbestand Kredite			
	Noch nicht beanspruchte Kredite			
	+ Endbestand Zahlungsmittel			
	Verfügbare Zahlungsmittel			

*Abb. 41: Muster eines Finanzplans –
Das Budget der Kredite und Zahlungsmittel*

ditätsplanung (kurzfristig, unterjährig) und Finanzplanung (langfristig, mehrjährig) zu sprechen. Das Formularbeispiel in Abb. 42 ist eine Variante zum Budget der Einnahmen und Ausgaben in der Abbildung 40. Sie zeigt das Prinzip der rollierenden Dreimonatsplanung. Auf der Basis des Soll-Ist-Vergleichs für den abgelaufenen Monat wird die Einnahmen- und Ausgabenplanung für das nächste Quartal überarbeitet. Die häufige Revi-

	Februar	März	April		Januar			Erläuterungen
					Plan	Ist	Abw.	
	TDM	TDM	TDM		TDM	TDM	TDM	
Einnahmen aus								
Kundenrechnungen								
Anzahlungen								
Neue Kredite								
Sonstige								
Summe Einnahmen								
Ausgaben für								
Lieferanten								
Akzepte								
Löhne und Gehälter								
Sozialkosten								
Mieten								
Zinsen								
Versicherungen								
Steuern								
Kreditrückzahlungen								
Sonstige								
Summe Ausgaben								
Überschuß Einnahmen								
Überschuß Ausgaben								

Abb. 42: Formularbeispiel für eine kurzfristige, rollierende Einnahmen- und Ausgabenplanung mit monatlichem Soll-Ist-Vergleich

dierung von Plänen hat aber den Nachteil, daß sie entweder zu schlampiger Planungsarbeit verleitet (»Wir sehen ja bald wieder, wie's wirklich war«) oder zur Selbsttäuschung über die eigenen Planungsqualitäten führt (»Wir haben's doch ganz gut geschätzt«).

Finanzerwartungsrechnung

Sicher soll auf die Verarbeitung der neuesten Informationen nicht verzichtet werden. Sie können, ergänzt durch die Ergebnisse der Abweichungsanalyse, in eine Finanzerwartungsrechnung eingehen, in der der ursprüngliche Plan als Maßstab weiterhin erscheint.

Das *Listenbild für den Finanz-Soll-Ist-Vergleich* hätte demnach gemäß moderner Controlling Prinzipien folgendes Aussehen (Abb. 43). Der »Fahrplan« für das Jahr ist erarbeitet und abgestimmt. Er dient als festliegende Vergleichsgröße. Die schnelle Steuerung protokolliert die Erwartungsrechnung.

Text	Plan-Einnahmen Jahr	Geplante Einnahmen 31.3.	Ist-Einnahmen 31.3.	Abweichg.	Erwartungsrechnung	
					Restjahr 1.4.– 31.12.	Voraussichtl. Ist zum 31.12.

Abb. 43: Listenbild für die Finanzerwartungsrechnung

Die Finanzerwartungsrechnung protokolliert, wie sich das auswirkt, was als Folge von Abweichungen in der Finanzsteuerung – dispositive Finanzplanung – unternommen wird. Der operative (Jahres-)Finanzplan sollte aber dabei als ständige, Meßlatte – auch als Träger von Jahreszielen – bestehen bleiben. Es ist so ähnlich wie bei den Zügen. Der Fahrplan enthält den operativen Teil der Planung. Ein verspäteter Zug muß aber gemäß seiner Verspätung dispositiv gesteuert werden; ohne daß man deshalb anschließend den Fahrplan neu ausdruckt.

Die erwarteten Einnahmen in der restlichen Planperiode und die voraussichtlichen Ist-Einnahmen sind die wichtigste Aussage in der Finanzberichterstattung. Grundlage für die »Hochrechnung« – wie die Erwartungsrechnung oft auch genannt wird – sind die Soll-Ist-Vergleiche und Erwartungsrechnungen der operativen Teilpläne, in denen die Entwicklung von Umsatz und Kosten »hochgerechnet« wird. Auch die Zahlungsmoral der Kunden ist eine wichtige Information für die Finanzerwartungsrechnung. Die laufende Beobachtung des Zahlungsverkehrs gehört daher zu den Aufgaben des Finanzplaners.

Geht es in der(langfristigen)Finanzplanung vorwiegend um die Beschaffung von langfristigem Fremdkapital (Laufzeiten, Kreditart, Finanzierungs-Mix) oder zusätzlichem Eigenkapital, so ist die Aufgabe des Finanzplaners und -disponenten in der kurzfristigen Planung die Gelddisposition. Die Finanzerwartungsrechnung zeigt, wann Unter- oder Überdeckungen zu erwarten sind, sie ist Grundlage für die Sicherung des optimalen Geldbestandes und damit auch der Liquidität.

Eventuell ist zweckmäßig, die Erwartungsrechnung noch separat in Form z.B. eines Drei-Monats-Vorschauberichtes zu strukturieren. Dann gäbe es in Abb. 43 unter »Erwartungsrechnung« 3 Spalten: Vorschau nächste 3 Monate, Erwartung restliche Zeit, voraussichtliches Ist Jahresende. Der rollende Vorschaubericht kann aber auch über das Jahresende hinausfließen

Investitions- und Finanzplanung

Die Auswirkung des geplanten Investitionsprogramms auf die finanzielle Entwicklung war der wichtigste Punkt in der Fallstudie der MAFAK GmbH. Bei der Investitionsplanung ist zunächst der Investitionsaufwand zu planen, d.h. die Anschaffungs- bzw. Herstellungskosten in der Planperiode. Dazu kommt die Planung der Investitionsausgaben und -schulden. Die Ausgaben und Schulden als Folge von Investitionen können je nach Dauer des Investitionsvorgangs erheblich vom Anfall des Investitionsaufwands abweichen. Zur Investitionsplanung gehört daher die Planung der Verfügungszeitpunkte. Wann darf bestellt werden? Bestellungen führen erst bei Leistungseingang (also bei Vollzug der Investition) zu Aufwendungen, die sich im Rechnungswesen niederschlagen. Im bilanziellen Sinne handelt es sich um schwebende Geschäfte, die nach geltendem Bilanzrecht nicht buchungs- bzw. bilanzierungspflichtig sind, solange noch nicht erfüllt wurde. Ein aussagefähiges Investitions-Controlling muß jedoch dieses Obligo darstellen (Formular in Abbildung 48).

Die Investitionsplanung ist schließlich zusammen mit der Anlagenbuchhaltung Grundlage für die Planung der Abschreibungen. Basis für die Abschreibungen sind die Anschaffungs- oder Herstellungskosten. Hier taucht das Problem auf, daß künftige Investitionen infolge von Preissteigerungen und technischer Weiterentwicklung zu höheren Wiederbeschaffungskosten durchgeführt werden müssen.

Die Abbildungen 44 bis 48 bringen Formularbeispiele, die in einem firmeninternen Workshop entstanden sind. Sie sollen anregen, die eigenen Abläufe im Unternehmen zu überdenken und eventuell zu verbessern.

Abbildung 44 zeigt einen *Investitionsantrag.* Hier ist das Investitionsobjekt zu beschreiben und zu begründen. Die Kosten von heute sind begründet in den Investitionen von gestern. Sinngemäß begründen die Investitionen von heute die Kostenstrukturen von morgen im Unternehmen insgesamt, in den Werken, in den Leistungs- und Kostenstellen. Die Kostenbeeinflussung beginnt in der Entscheidungsfindung bei Investitionen. Die *Investitionsrechnung* liefert Aussagen über Rendite und Amortisationszeit eines Investitionsprojektes. Diese Rechengrößen sind für die Entscheidungsfindung durch qualitative Faktoren zu ergänzen. Welche Potentiale des Unternehmens werden durch die geplante Investitionsmaßnahme verbessert? Die *Investitionsnachrechnung* sagt, ob die Investitionssumme eingehalten wurde und ob die installierte Technik den Anforderungen in der Antragsbegründung entspricht. Natürlich kann man am fertigen Projekt nicht mehr viel ändern. Der Nutzen der Investitionsnachrechnung liegt im Lernprozeß für die näch-

Investitionsantrag	**Antrags-Nr.**
	Antragsteller: Ressort: Werk: Kostenstelle:

Bezeichnung des Investitionsobjektes:

Beschreibung und Begründung:

Art der Investition	Kapitalbedarf 1.000 öS
	Aktivierungspflichtiger Aufwand = _____
☐ Ersatz	Gesamter Kapitalbedarf = _____
☐ Rationalisierung	**Kennzahlen der Wirtschaftlichkeit**
☐ Kapazitätserweiterung	Amortisationszeit _____ Jahre
☐ Programmerweiterung	Rentabilität _____ %
☐ Diversifikation	**Anlagen** (z. B. Wirtschaftlichkeitsrechnung)
☐ Umwelt und Sicherheit	
☐ Sozial	

Name	Datum	Unterschrift
_____	_____	_____
_____	_____	_____
_____	_____	_____

Abb. 44: Formular für einen Investitionsantrag

Aufteilung des Kapitalbedarfs	**Antrags-Nr.**
	Antragsteller Ressort: Werk: Kostenstelle:

Bezeichnung des Investitionsobjekts

Kapitalbedarf   1.000 öS

I. Aktivierungspflichtige Aufwendungen gegliedert nach Anlagegruppen, z. B. nach Bilanzgliederung

                                         Zwischensumme   _____

II. Weiterer Kapitalbedarf

– Nicht aktivierungspflichtige Aufwendungen

– Restwert übernommener Anlagen

– Erhöhung Umlaufvermögen

   – Roh-, Hilfs- und Betriebsstoffe

   – Fertige Erzeugnisse

   – Forderungen aus Lieferungen und Leistungen

   – Übriges Umlaufvermögen

III. Gesamter Kapitalbedarf

Geplante Verteilung (1.000 öS)

Position	19__	19__	19__	19__	19__	später	Summe
Aktivierungspflichtig							
Nicht aktivierungspflichtig							
Erhöh. Umlaufvermögen							
Jahressummen							

Abb. 45: Investitionsantrag: Aufteilung des Kapitalbedarfs

Nicht aktivierungspflichtige Aufwendungen	**Antrags-Nr.**
	Antragsteller Ressort: Werk:

Bezeichnung des Investitionsobjektes	
Aufgliederung nach Sachgruppen	**Aufwand** (1.000 öS)
Fremdleistung bauliche Einrichtungen	————
Fremdleistung Fertigungs-Einrichtungen	————
Fremdleistung Versorgungs-Einrichtungen	————
Fremdleistung sonstige Einrichtungen	————
Leistungen eigener Werkstätten	————
Einsatz Kfz. und Arbeitsmaschinen	————
Zwischensumme	————
Sonstige Aufwendungen	————
Summe	

Kostenstelle	Betrag (1.000 öS)	Objektnummer	Betrag (1.000 öS)
		Datum	Unterschrift

Abb. 46: Formular zur Projektplanung für nicht aktivierungspflichtige Aufwendungen

Gesamtdarstellung der Investitionsobjekte					Stand ―――					
Investitionsobjekte	Aufwendungen (öS)									
	bewilligt	beantragt/ geplant	verbucht bis 31.12.	Restauf- wand Sp. 1+2-3	Verteilung des Restaufwandes					
					19 ――	19 ――	19 ――	19 ――	19 ――	später
	1	2	3	4	5	6	7	8	9	10

Abb. 47: Investitions-Liste

Bericht über die bewilligten Investitionen an die Geschäftsleitung		☐ Ersatz ☐ Rationalisierung ☐ Kapazitätserweiterung					☐ Programmerweiterung ☐ Diversifikation ☐ Umwelt und Sozial	
	Aufwand (1.000 öS)							
	Bewilligter Kapitalbedarf	verbucht bis 31.12.	im laufenden Jahr				BestellObligo Folgejahre	Verfügt
			verbucht	BestellObligo	Summe			
Ressort/Werk	a	b	c	d	e = c+d		f	g = b+e+f
Summe								

Abb. 48: Formularbeispiel zum Investitions-Controlling

ste Investitionsentscheidung, d.h. für die Rechnung, für die Entscheidungsfindung und für die Durchführung der Investition.

Im Sinne dieses Lernprozesses kann das *Investitions-Controlling* auf die Plan-Ist-Vergleiche auf den Leistungs- und Kostenstellen ausgedehnt werden. Für eine neue Anlage sind eine oder mehrere Leistungs- und Kostenstellen zu eröffnen, auf denen Leistung und Kosten zu budgetieren sind. Durch den Vergleich von Plan- und Istwerten in den Bezugsgrößen (Output) und Kostenverbräuchen (Input) ergeben sich auch Rückmeldungen zur früheren Investitionsmaßnahme. Der Plan-Ist-Vergleich auf der Leistungs- und Kostenstelle zeigt vor allem, ob sich eine der wichtigsten Annahmen bei der Investitionsentscheidung bestätigt, nämlich die Auslastung. Im Sinne eines ganzheitlichen, vernetzten Denkens ist der Verbund von Leistungs- und Kostenstellencontrolling zum Investitions-Controlling durch den Controller herzustellen. Zu seiner Rolle gehört es auch, diesen Zusammenhang den verantwortlichen Entscheidern zu erklären.

Die Investitionsrechnung als Bindeglied zwischen Ergebnis- und Finanzplanung ist Thema des 8. Kapitels.

In der Abbildung 45 soll der Kapitalbedarf für eine Investition aufgeteilt werden – sowohl nach der Aktivierungspflicht (Bilanzplanung) wie nach dem zeitlichen Anfall (Finanzplanung). Dazu ergänzt Abbildung 46 die detaillierte Planung von Aufwendungen, die nicht aktivierungspflichtig sind. Abbildung 47 dient als Sammelblatt oder Investitionsliste. Das Formular der Abbildung 48 dient der Fortschrittskontrolle bei Investitionen.

Planung von Forderungen und Schulden

Erfolgs-, Bilanz- und Finanzplanung sind auch hier im Verbund zu sehen. Ausgangspunkt sind die geplanten Umsätze und Kosten.

Die Frage, welche Einnahmen in der Planperiode aus Umsatzleistungen zu erwarten sind, führt zu folgenden Positionen:

- Einnahmen aus Umsätzen der Planperiode,
- Einnahmen aus Umsätzen der Vorperioden,
- Einnahmen für Umsätze späterer Perioden (erhaltene Anzahlungen).

Die Abgrenzung zwischen erwarteten Umsätzen und Einnahmen ist die Grundlage der *Forderungsplanung:*

- Forderungszugänge aus Umsätzen der Planperiode,
- Forderungsminderungen aus Einnahmen für Forderungen aus Vorperioden und aus neuen Forderungen.

Aus dem Anfangsbestand und den geplanten Veränderungen ergibt sich der Forderungsbestand am Ende der Planperiode. In gleicher Weise sind die erhaltenen Anzahlungen zu planen. Sie sind im Formularbeispiel für einen Plan der Verbindlichkeiten und Rückstellungen (Abbildung 50) eingebaut. Bei Unternehmen mit langfristiger Einzelfertigung ist die Erarbeitung eines gesonderten Anzahlungsplans sinnvoll.

Wichtige Daten für die Planung der Einnahmen und Forderungen sind die eigenen Zahlungsbedingungen, geplante Absatzfinanzierungen und die Zahlungsgewohnheiten der Kunden, über die man aus den Istzahlen der Finanzbuchhaltung Erfahrungswerte gewinnen kann. Ebenfalls auf Erfahrungswerte wird sich die Planung der pauschalen Wertberichtigung zu den Forderungen stützen, die ja zu einer Verminderung der Einnahmen führt.

Im Formularbeispiel der Abb. 49 ist die Planung der Forderungen in die Planung des gesamten Umlaufvermögens eingebettet. Die Spalte »Spitzen« erinnert daran, *wann besonders aufzupassen ist,* damit rechtzeitig für erhöhten Finanzbedarf vorgesorgt wird bzw. Überschüsse entsprechend angelegt werden.

Kosten sind bis zu ihrer Bezahlung Schulden. Das gilt auch für diejenigen Kosten, die zwar dem Grunde nach, aber nicht nach ihrer Höhe und Fälligkeit bekannt sind. Folglich ist die Planung von Rückstellungen in die Schuldenplanung einzubeziehen.

Wegen ihrer finanziellen Auswirkung sind die Ertragsteuern eine besonders wichtige Position in der Kosten-, Ausgaben- und Schuldenplanung. *Steuern sind in bar und nicht in Ware zu bezahlen.*

Auch die Planung der *betrieblichen Altersversorgung* gehört zur Schuldenplanung. Je nach Altersstruktur der pensionsberechtigten Mitarbeiter können aus der Differenz zwischen heute erfolgsmindernden Rückstellungen und später fällig werdenden Pensionsausgaben dem Unternehmen langfristig zur Verfügung stehende Mittel zugeführt werden.

Wichtige Daten für die Planung der Ausgaben und Schulden sind die Zahlungsbedingungen der Lieferanten, die eigenen Zahlungsgewohnheiten, Termine für die Zahlungen von Löhnen, Gehältern, Tantiemen, Steuern, Versicherungen.

Der Finanzbericht

Der Finanzbericht liefert Informationen zur Vermögens- und Finanzsituation des Unternehmens. Finanzleute (»Finanz-Controller«, Treasurer) präsentieren ihre Informationen in Zahlen, kommentieren sie mit Texten, versuchen mit Grafiken ihre Kunden ins Bild zu setzen und im persönlichen Gespräch die Wirkung von geplanten oder bereits durchgeführten Entscheidungen auf die Liquidität und finanzielle Stabilität des Unternehmens zu erläutern.

Die Zahlen sprechen meist nicht für sich. Auf einer hohen Verdichtungsstufe ist oft nicht zu erkennen, was sich an Turbulenzen in den Basisdaten ankündigt. Die Forderung *one page only!* kommt aus der Not, die Informationsflut nicht mehr verarbeiten zu können. Auf dieser *einen Seite* sollen die »Highlights« stehen, z.B. Return On Investment, Cash Flow, Working Capital, Eigenkapitalquote, Verschuldungsfaktor. Abweichungen vom Plan sind bei diesen Zielgrößen *starke Signale*. Korrektive Maßnahmen jetzt einleiten heißt mit Verspätung reagieren. Müßten nicht gerade die obersten Führungskräfte, das Top-Ma-

Plan des Umlaufvermögens	Plan ___			Ist zum ___			Voraussichtl. Ist zum ___	
	Laufzeit bis 3 Monate	gesamt	Spitzen	Laufzeit bis 3 Monate	gesamt		Laufzeit bis 3 Monate	gesamt
1. Flüssige Mittel Bank, Kasse Wertpapiere Wechsel								
2. Forderungen Kunden Sonstige Wertberichtigungen Ford. wertberichtigt								
3. Vorräte Wertberichtigungen Vorräte wertberichtigt	✕			✕			✕	
Summe des Umlaufvermögens (wertberichtigt)			✕					
Bereitstellungskredite								

Abb. 49: Formularbeispiel für einen Plan des Umlaufvermögens

	Plan _____							Ist zum _____		Vorauss. Ist zum _____	
	Laufzeit bis 3 Monate			gesamt				Laufzeit bis 3 Monate	gesamt	Laufzeit bis 3 Monate	gesamt
	Plan	Spitzen	Kredit-rahmen	Plan	Spitzen	Kredit-rahmen					
1. Verbindlichkeiten gegenüber Kreditinst. Kontokorrentkredite langfristige Kredite											
2. Verbindlichkeiten gegenüber Lieferanten											
3. Wechsel											
4. Erhaltene Anzahlungen											
5. Sonstige Verbindlich-keiten											
6. Rückstellungen Pensionen Andere											
Summe der Verbindlich-keiten u. Rückstellungen											
Obligo aus weiterge-gebenen Wechseln											

Abb. 50: Formularbeispiel für einen Plan der Verbindlichkeiten und Rückstellungen

nagement, das zuständig ist für die strategischen Weichenstellungen, *schwache Signale* empfangen und interpretieren, weil zu diesem Zeitpunkt die Reaktionszeit noch länger ist? Das *one page only* entspricht dem Prinzip der Verdichtung bei der Gestaltung der Informations-Infrastruktur (»Informations-Pyramide«). Ist das aber vereinbar mit der (berechtigten) Forderung *ohne Qualitätsverlust* und entspricht das dem Prinzip Verantwortung?

Die schwachen Signale sind im standardisierten Berichtswesen nicht zu finden. Sie sind auch schwer organisierbar. Sie erscheinen z.B. auf dem Bildschirm eines Mitarbeiters in der Auftragsbearbeitung. Ihm fällt auf, daß bei bestimmten Produkten von Kunden eines abgegrenzten Marktsegments in der letzten Zeit auffallend viele Stornos kommen. Nehmen wir an, dieser Mitarbeiter weiß, an wen er sich mit diesem »Verdacht« wenden kann; findet er auch Gehör? Oder läßt der Vorgesetzte mehr oder weniger deutlich merken, daß er das Engagement des Mitarbeiters als Wichtigtuerei oder als Störung empfindet? Mehrere solche Erfahrungen lassen die Initiative von Mitarbeitern erlahmen und können im Extremfall zur »inneren Kündigung« führen. EIS (Executive Information System) mit der Möglichkeit des »drill down«, im Extremfall bis zu den Daten des Mitarbeiters in der Auftragsbearbeitung, bleibt meist eine theoretische Möglichkeit. Wenn die »Highlights« *auf grün stehen* (alles in Ordnung), gibt es ja keinen Anlaß, in die Tiefe zu bohren.

Der Umgang mit schwachen Signalen braucht eine gute Unternehmenskultur. Diese zu pflegen (lat. colere ↠ Kultur) heißt den Boden anreichern, auf dem das Wissen und Können der Mitarbeiter wachsen und zum Vorteil des ganzen Unternehmens genutzt werden kann. Bleiben wir gedanklich an der Basis, wo Controller meist starke Signale auf allen Ebenen liefern, z.B. in Form von Abweichungen, von Kosten der Kostenstellen in monatlichen Soll-Ist-Vergleichen. In einer Kostenstelle werden auch Leistungen erbracht und nicht nur Kosten »verbraten«. Leistung und Kosten gehören zusammen, sind im Verbund zu sehen und zu analysieren; wie die Stornos von Aufträgen, die ihren Hintergrund in mangelnder Produktqualität oder schlechter Kundenbetreuung haben und vordergründig zu Umsatzeinbußen und zur Verschlechterung der Liquidität führen. Um für solche Zusammenhänge ein Gespür zu bekommen, müssen Manager, Controller und auch die Finanzleute öfter vor Ort sein. *Was man sehen kann, ist auch leichter einzusehen und zu durchschauen.* »Managing by wandering around« heißt das im Bestseller »Auf der Suche nach Spitzenleistungen«.

Sich Durchblick zu verschaffen braucht Zeit. In *one page only* steckt die Gefahr des Werbespots. Er richtet sich an die psychologischen Bedürfnisse des Betrachters. Bieten wir im Berichtswesen, was die Empfänger wollen oder was Not tut? Werbespots haben den Vorteil anschaulicher bildhafter Symbole, mit deren Hilfe wir die Lehren, die uns erteilt werden, leicht aufnehmen können. Diese Lehren besagen unter anderem, daß kurze einfache Botschaften langen und komplexen vorzuziehen sind. Der Werbespot verschmäht die Erörterung, denn sie erfordert Zeit und fordert Einwände heraus. Ist dieser Vergleich zwischen der Forderung nach *one page only* und einem Werbespot zu gewagt?

Sich kurz und präzise schriftlich auszudrücken ist schwierig. »Ich habe keine Zeit, dir heute einen kurzen Brief zu schreiben«, meinte Goethe und schrieb einen langen. Kurze, aussagefähige Kommentare müssen lange überlegt werden. Der Spruch »ein Bild sagt mehr als tausend Worte« ist das *Password* für den Einsatz der Grafik im Finanzbericht. Das Beispiel in der Abbildung 51 zeigt das Wachstum des Unternehmens in der Bilanzstruktur über den Zeitraum von 5 Jahren. Was tut der Berichterstatter, wenn es kein Wachstum oder gar einen Rückgang gibt? Das Bild vom schön gewachsenen Tannenbaum ist dahin. Ein Knick in den Ästen macht sich nicht gut. Es kann gut sein, daß entweder dieser Sachverhalt nicht mehr berichtet oder eine andere Grafik genommen wird. Hier ist noch einmal zu fragen: Steht im Finanzbericht, was die Empfänger gerne sehen oder was berichtswürdig ist?

Albert Einstein hat gesagt: »Alles sollte so einfach wie möglich gemacht werden, *aber nicht einfacher*«. Daran kann sich auch der Finanzbericht orientieren.

Informationsbedarf und Informationsversorgung sind in Einklang zu bringen. Die Balance zwischen Bedarf und Versorgung wird normalerweise vom »Faktor« Mensch gestört. Ein Informationsschub von unten nach oben wird ausgelöst durch Einstellungen wie »Ich will alles recht machen«, »Ich habe Wichtiges zu sagen«, »Die Chefs haben nicht gesagt, was sie brauchen«, »Ich will mir nicht nachsagen lassen, daß ...; also liefere ich alles« oder »Ich bin auch noch da«. Das Bedürfnis nach Absicherung oder Anerkennung löst Verhaltensweisen aus, die bis zur hemmungslosen Vollinformation führen können. Dann folgt die Klage über die Informationsflut. Diese Flut wird auch durch einen Informationssog von oben her ausgelöst. Unsicherheit und Mißtrauen sind der »Treibstoff« für diesen Sog. Wenn ein Manager über den »Zahlenfriedhof« auf seinem Schreibtisch klagt, sind die gelieferten Daten für ihn keine Informationen. Das kann am Lieferer der Daten liegen, der absenderorientiert statt empfängerorientiert berichtet. Es kann aber auch an der mangelnden Fähigkeit des Empfängers liegen, die Daten zu verstehen und richtig zu interpretieren, so daß sie für ihn nicht zu Informationen werden. Hier ist das Erklärungskönnen der Finanzleute gefordert.

Die Not mit der Informationsflut ist allgegenwärtig. Nicht nur der Postkorb (traditionell oder elektronisch) im Büro, auch der Postkasten zu Hause ist überfüllt.

Ein empfängerorientierter Bericht zeichnet sich schon dadurch aus, daß seine äußere Form (Formulare, Tabellen, Grafiken) *nicht ständig geändert werden.* Zur Anschaulichkeit gehört auch die *Vergleichbarkeit* und aussagefähige Gruppierung von Zahlen sowie die Erläuterung von Zusammenhängen verschiedener Rechnungen, z.B. der Zusammenhang zwischen Planbilanz, Plan-Bewegungsbilanz und Finanzplan.

Selbstverständlich ist die *Aktualität* der Informationen eines der stärksten Argumente für die »Verkaufsarbeit« im Berichtswesen. Die *Häufigkeit* der Berichterstattung hängt einerseits

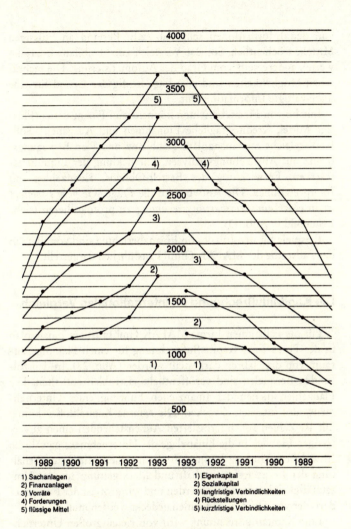

Abb. 51: Beispiel für die graphische Darstellung der Entwicklung der Bilanzstruktur (in Mio.)

von den Informationen selbst ab (z.B. Bestand an Flüssigen Mitteln wöchentlich, Soll-Ist-Vergleich zur Planbilanz quartalsweise), andererseits vom Grad der Automatisierung. Die technischen Möglichkeiten sind allerdings häufig der Grund für eine unbewältigte Informationsflut.

Inhalte von Finanzberichten können sein: Finanzstatus (Flüssige Mittel, Kredite, tägliche Einnahmen und Ausgaben), Soll-Ist-Vergleiche zu Finanzplan, Planbilanz und Plan-Bewegungsbilanz mit Abweichungsanalysen, Entwicklung der Liquiditätsreserven, Entwicklung des Bestell-Obligos, Kennzahlen mit Interpretationen. Die Antwort auf die Frage *Wie geht's weiter?* ist in einer *Finanzerwartungsrechnung* zu protokollieren (siehe Listenbild in Abb. 43).

Beispiele für den Inhalt von Finanzberichten sind vor allem in der Fallstudie der MAFAK GmbH ausführlich dargestellt.

Die Kapitalflußrechnung im internationalen Vergleich

Für die Fallstudien-Firma MAFAK GmbH ist ein Finanzplan in der Form einer Kapitalflußrechnung für einen Planungszeitraum von drei Jahren dargestellt worden (Abb. 28). In den folgenden Beispielen sind veröffentlichte Istzahlen enthalten. Die Planzahlen dienen der finanziellen Führung eines Unternehmens, also internen Zwecken. Die externe Kapitalflußrechnung mit Ist-Zahlen soll interessierten Außenstehenden einen zuverlässigen Einblick in die Finanzlage des Unternehmens gewähren: In welchem Umfang können die finanziellen Mittel zur Erhaltung der Leistungsbereitschaft und Marktgeltung aus der Umsatztätigkeit bereitgestellt werden und wie groß ist der Finanzbedarf, der von Dritten, von außen gedeckt werden muß?

Eine Kapitalflußrechnung wird von vielen großen Unternehmen in Deutschland im Geschäftsbericht veröffentlicht. Eine gesetzliche Verpflichtung hierzu besteht nicht.

Nach den Richtlinien der US-amerikanischen Börsenaufsicht SEC (Securities and Exchange Commission) muß der Geschäftsbericht (Annual Report) auch eine Kapitalflußrechnung in Form einer Cash Flow-Rechnung (Statement of Cash Flows) enthalten.

Auch nach IAS (International Accounting Standards) ist die Kapitalflußrechnung Pflichtbestandteil der Rechnungslegung. Im Originaltext heißt es: *The cash flow statement should report cash flows during the period classified by operating, investing and financing activities.* Bei der Entwicklung der Kapitalflußrechnung ist grundsätzlich die Bruttomethode anzuwenden, d.h. sämtliche Fondsmittelbewegungen sind unsaldiert zu zeigen. IAS empfiehlt für die Ermittlung der Zahlungsströme die direkte Methode. Die Mittelzu- und -abflüsse aus der laufenden Geschäftstätigkeit werden unmittelbar gezeigt; nicht zahlungswirksame Geschäftsfälle sind zu eliminieren.

Die indirekte Methode geht vom Jahresüberschuß/-fehlbetrag vor Steuern vom Einkommen und Ertrag sowie vor außerordentlichem Ergebnis aus. Die Fondsmittelveränderung aus der laufenden Geschäftstätigkeit wird durch Zu- bzw. Abrechnung von nicht zahlungswirksamen Geschäftsfällen ermittelt. Das Musterbeispiel (Abb. 52) für die direkte und indirekte Methode ist dem englischen Originaltext der Verlautbarungen des IASC (International Accounting Standards Committee) entnommen. Die Mittelzu- oder -abflüsse aus der Investitions- und Finanzierungstätigkeit bei der indirekten Methode werden wie bei der direkten Methode ausgewiesen. Die Darstellung im Beispiel der indirekten Methode ist daher verkürzt.

Im Beispiel der Abb. 54 (Daimler-Benz-Konzern) sind die in Klammern gesetzten Beträge in der Rechnung zu subtrahieren. Die Abkürzung GAAP steht für Generally Accepted Accounting Principles.

[1] Mittelzu-/-abfluß aus laufender Geschäftstätigkeit

Einzahlungen von Kunden	30.150	
./. Auszahlungen an Lieferanten und Beschäftigte	- 27.600	
= *Mittelzu-/-abfluß aus laufendem Geschäft*	2.550	
./. Zinszahlungen	- 270	
./. Zahlungen von Steuern vom Einkommen und vom Ertrag	- 900	
= *Mittelzu-/-abfluß vor außerordentlichen Geschäftsfällen*	1.380	
± Außerordentliche Mittelzu-/-abflüsse	180	
= *Nettomittelzu-/-abfluß aus laufender Geschäftstätigkeit*		1.560

[2] Mittelzu-/-abfluß aus der Investitionstätigkeit

Kauf eines Tochterunternehmens abzgl. erworbener Zahlungsmittel und Zahlungsmitteläquivalente	- 550	
./. Kauf von Sachanlagen	- 350	
+ Erlöse aus Sachanlagenverkäufen	20	
+ Erhaltene Zinsen	200	
+ Erhaltene Dividenden	200	
= *Mittelzu-/-abfluß aus der Investitionstätigkeit*		- 480

[3] Mittelzu-/-abfluß aus der Finanzierungstätigkeit

± Mittelzu-/-abfluß aus Kapitalveränderungen	250	
± Mittelzu-/-abfluß aus langfristigen Krediten	250	
./. Zahlung von Verbindlichkeiten aus Finanzierungsleasing	- 90	
./. Dividendenzahlungen	- 1.200	
= Mittelzu-/-abfluß aus Finanzierungstätigkeit		- 790

[4] Veränderung der Zahlungsmittel und Zahlungsmitteläquivalente
(Saldo der Posten [1] bis [3])   290

[5] Zahlungsmittel und Zahlungsmitteläquivalente zu Beginn der Periode   120

[6] Zahlungsmittel und Zahlungsmitteläquivalente am Ende der Periode   410
(Saldo der Posten [4] und [5])

Jahresüberschuß/-fehlbetrag vor Steuern vom Einkommen und vom Ertrag sowie außerordentlicher Geschäftsfälle	3.350	
± Anpassung für		
Abschreibungen	450	
Währungsverluste/-gewinne	40	
Beteiligungserträge	- 500	
Zinsaufwendungen	400	
= *Ergebnis vor Veränderung des Working Capital*	3.740	
± Erhöhung/Verminderung der Forderungen aus Lieferungen und Leistungen und sonstige Vermögensgegenstände	- 500	
± Erhöhung/Verminderung der Vorräte	1.050	
± Erhöhung/Verminderung der Verbindlichkeiten aus Lieferungen und Leistungen	- 1.740	
= *Mittelzu-/-abfluß aus laufendem Geschäft*	2.550	
./. Zinszahlungen	- 270	
./. Zahlungen von Steuern vom Einkommen und vom Ertrag	- 900	
= *Mittelzu-/-abfluß vor außerordentlichen Geschäftsfällen*	1.380	
± Außerordentliche Mittelzu-/-abflüsse	180	
= **Nettomittelzu-/-abfluß aus laufender Geschäftstätigkeit**		1.560
./. **Mittelzu-/-abfluß aus Investitionstätigkeit**		- 480
./. **Mittelzu-/-abfluß aus Finanzierungstätigkeit**		- 790
Veränderung der Zahlungsmittel und Zahlungsmitteläquivalente		290
Zahlungsmittel und Zahlungsmitteläquivalente zu Beginn der Periode		120
Zahlungsmittel und Zahlungsmitteläquivalente am Ende der Periode		410

Abb. 52: Beispiel zur direkten (S. 178) und indirekten (S. 179) Methode der Kapitalflußrechnung

Kapitalflußrechnung

Mittelzufluß (+) / Mittelabfluß (–) aus laufender Geschäftstätigkeit		
Jahresüberschuß	+ 275,2	+ 242,3
Abschreibungen/Zuschreibungen auf Gegenstände des Anlagevermögens	+ 476,2	+ 460,0
Zuführungen zu langfristigen Rückstellungen und Wertberichtigungen	+ 17,4	+ 38,7
Cash-flow	**+ 768,8**	**+ 741,0**
Zunahme (–) / Abnahme (+) des Umlaufvermögens und anderer Aktiva	– 809,2	+ 905,0
Zunahme (+) / Abnahme (–) kurzfristige Verbindlichkeiten und andere Passiva	+ 521,6	– 760,2
	+ 481,2	**+ 885,8**
Mittelzufluß (+) / Mittelabfluß (–) aus der Investitionstätigkeit		
Veränderung des Anlagevermögens		
Abgänge	+ 368,4	+ 1.347,2
Investitionen	– 1.561,4	– 737,9
	– 1.193,0	**+ 609,3**
	– 711,8	**+ 1.495,1**
Mittelzufluß (+) / Mittelabfluß (–) aus der Finanzierungstätigkeit		
Sonstige Zugänge des Eigenkapitals	+ 289,1	+ 32,0
Dividenden	– 60,4	– 101,7
Zunahme (+) / Abnahme (–) der subordinierten Darlehen	+ 9,8	– 246,7
des langfristigen Fremdkapitals (Saldo)	+ 473,3	– 1.178,7
	+ 711,8	**– 1.495,1**

Abb. 53: Aus dem Geschäftsbericht der Franz Haniel & Cie. GmbH, Duisburg

Changes in Financial Position

Increase (+) / decrease (−) of funds from operating activities
Net income ....
Depreciation and amortization revaluation of fixed and financial assets (net)
Increase in long-term accruals and allowances ....
Cash-flow ....

Increase (−) / decrease (+) of current assets, prepaid expenses and deferred charges ....
Increase (+) / decrease (−) of current liabilities and deferred income ....

Increase (+) / decrease (−) of funds from investing activities
Changes in fixed and financial assets
   Retirements ....
   Capital expenditures ....

Increase (+) / decrease (−) of funds from financing activities
Other increase of shareholders equity ....
Payment of dividends ....
Increase (+) / decrease (−) of subordinated loans ....

   long-term debt (net) ....

Tableau de Financement

Augmentation (+) / Diminution (−) de trésorerie provenant des opérations d'exploitation
Résultat net ....

Dotation aux amortissements des immobilisations
Dotation aux provisions et dépréciations à long terme ....
Cash-flow ....

Augmentation (−) / Diminution (+) de l'actif circulant à court terme et des comptes de régularisation ....
Augmentation (+) / Diminution (−) du passif exigible à court terme et des comptes de régularisation ....

Augmentation (+) / Diminution (−) de trésorerie provenant des opérations d'investissements
Variation de l'actif immobilisé par
   Cessions ....
   Investissements ....

Augmentation (+) / Diminution (−) de trésorerie provenant des opérations de financement
Autres augmentations des capitaux propres ....
Dividendes mis en paiement ....
Augmentation (+) / Diminution (−) des avances conditionnées ....
capitaux externes à long terme (solde) ....

Cash flow Statement (in Mio. DM)

	1. Hj. 1996	1. Hj. 1995
Konzernergebnis	782	
Abschreibungen auf das Anlagevermögen	3.283	
Veränderung der Rückstellungen	– (139)	
Ergebnis aus dem Verkauf von Anlagegegenständen	(191)	
Ergebnis aus Finanzierungsinstrumenten	373	
Veränderung im Working Capital	46	
Sonstiges	(1.339)	
Cash flow aus der Geschäftstätigkeit	**2.815**	**2.185**
Zugänge zu Anlagevermögen	(3.162)	
Zugänge zu Vermieteten Gegenständen	(2.865)	
Erlöse aus Anlagenabgängen	1.505	
Erwerb von Beteiligungen	(397)	
Erlöse aus Abgang von Beteiligungen	274	
Veränderung kurzfristiger Geldanlagen	1.146	
Zugänge Forderungen aus Absatzfinanzierung	(2.098)	
Zugänge Zahlungsmittel aus Änderungen im Konsolidierungskreis	46	
Sonstiges	(343)	
Cash flow aus der Investitionstätigkeit	**(5.894)**	**(3.106)**
Veränderung bei Commercial Papers, netto	581	
Veränderungen bei Finanzverbindlichkeiten	3.310	
Gezahlte Dividenden	0	
Sonstiges	0	
Cash flow aus der Finanztätigkeit	**3.891**	**1.572**
Einfluß Wechselkursänderungen auf Zahlungsmittel	93	(216)
Veränderung der Zahlungsmittel	905	435
Zahlungsmittel am Beginn der Periode	2.872	6.015
Zahlungsmittel am Ende der Periode	**3.777**	**6.450**

Abb. 54: Aus dem Halbjahresabschluß des Daimler-Benz-Konzerns nach US-GAAP

8. Kapitel

Die Investitionsrechnung – Ergebnis- und Finanzplanung im Verbund

Im Rahmen einer Investitionsplanung sind drei unterschiedliche Perspektiven zu berücksichtigen: Potentialplanung, Ergebnisplanung und Finanzplanung. Die Frage »Was bedeutet die Investition für Produkte, Märkte und organisatorische Effektivität?«, ist Bestandteil der Potentialplanung. Die Ergebnisplanung betrachtet die Fragen: »Lohnt sich die Investition?« »Wie verändern sich die Erlöse und Kosten?« »Wie groß ist die Wirkung auf das Sparten- oder Betriebsergebnis?« Hinzu kommt die Perspektive der Finanzplanung: »In welcher Höhe sind finanzielle Mittel erforderlich?« »Werden sie als Anlage- oder Umlaufvermögen gebunden?« »Fließen Sie als Eigen- oder Fremdkapital zu?«

An dieser Stelle wird speziell die Investitionsrechnung betrachtet als Bindeglied zwischen Ergebnis- und Finanzplanung. Sie bezieht finanzmathematisch das erwirtschaftete Ergebnis auf das durch die Investition zusätzlich gebundene Anlage- und Umlaufvermögen. Sie fragt: »Wie rentiert (verzinst) sich das eingesetzte Kapital, das in Form von Anlage- und Umlaufvermögen durch die Investition gebunden wird, und wann fließt es zurück?«

Mehrjahres-Management-Erfolgsrechnung

Im Detail sieht diese Vorgehensweise wie folgt aus: Ausgangspunkt für die Investitionsrechnung ist die Ergebnisplanung. Die strategische Zielsetzung ist in operative Zahlen arbeitsfähig umzutopfen. Ausgehend von der Portfolio-Analyse mit ihren Untersuchungen nach Marktvolumen und Marktwachstum sind von den Managern in der Mehrjahres-Management-Erfolgsrechnung zunächst folgende Aussagen über die Zeitdauer der Investitions-Betrachtung zu treffen: Entwicklung des Marktvolumens, eigene Absatzziele und der daraus resultierende Marktanteil.

Im nächsten Schritt sind Verkaufspreise und Produkt-/Grenzkosten zu ermitteln. Hierbei ist auf die Zahlungswirksamkeit zu achten. Werden die Verkaufserlöse zu Einzahlungen und die Grenzkosten zu Auszahlungen? Ist dieses nicht der Fall, sind die entsprechenden Zahlungsgrößen in Ansatz zu bringen. Die Investitionsrechnung ist eine Zins- und Zinseszinsrechnung mit dem Effekt, daß Zinsen für Zahlungsgrößen (Ein- und Auszahlungen) und nicht auf der Basis von Erträgen oder Kosten ermittelt werden können. Diesen besonderen Aspekt der Investitionsrechnung beachtend, sind in analytischer Weise die hinzukommenden Strukturkosten für die Bereiche Entwicklung, Marketing, Distribution, Produktion und Administration zu planen. Diese Positionen dürfen keine Abschreibungen für das zu planende Investitionsgut enthalten. Kapitalkosten (FK-Zinsen oder kalk. Zinsen) sind an dieser Stelle ebenfalls zu eliminieren. Das sich jetzt ergebende Brutto-Betriebsergebnis ist als ein Ergebnis vor Abschreibungen, Zinsen und Steuern zu interpretieren. Die Überleitung zum Ergebnis nach Steuern wird in folgender Weise am Beispiel des 1. Jahres für das Inv.-Beispiel durchgeführt:

Zahlungsdifferenz vor Steuern	– 700
– steuerliche Abschreibungen	4.380
– steuerlich abzugsfähige FK-Zinsen	1.250
= steuerbilanzieller Gewinn vor Ertragsteuern	– 6.330
darauf Ertragsteuerminderung (z.B.: 60%)	+ 3.798
Zahlungsdifferenz vor Steuern	– 700
– bare Ertragsteuerminderung	3.798
= Zahlungsdifferenz nach Steuern (Cash-Flow)	3.098

Aus der Sicht des Controllers ist eine Investitionsbetrachtung vor Ertragsteuern zu befürworten. Mit der Ertragsteuerberücksichtigung fließen Faktoren in die Beurteilung der Vorteilhaftigkeit ein, die nicht dem Investitionsgut zurechenbar sind: z.B. die Finanzierungsform und die Ausschüttungspolitik. Jedoch wären bei alternativen Investitionen, die einer unterschiedlichen Besteuerung unterliegen (z.B. höhere Abschreibungssätze für eine Investition in einer strukturschwachen Regionen oder einem anderen Land), die steuerlichen Aspekte selbstverständlich zu berücksichtigen. Ebenso in dem hier gewählten Beispiel, wenn der Fall eines Anlaufverlustes vorliegt, der mit den Gewinnen anderer Unternehmensteile »verrechnet« werden kann und so die Ertragsteuerlast des gesamten Unternehmens reduziert. Diese Steuerreduzierung kann aus Unternehmensgesamtsicht dem Investitionsobjekt als Ertragsteuerauszahlung mit negativem Vorzeichen zugerechnet werden: quasi als zusätzliche Einzahlung. Für dieses Investitionsobjekt wird so aus einer Zahlungsdifferenz vor Ertragsteuern von −700 TDM eine Zahlungsdifferenz nach Ertragsteuern von +3.098 TDM.

Ausgangsdaten

Zur Ermittlung der Ausgangsdaten für die Investitionsrechnung wird der zahlungswirksame Ergebnissaldo (vor Kapitalkosten) aus der Mehrjahres-Management-Erfolgsrechnung übernommen und durch die Planung des Investitionsbedarfs ergänzt. Neben dem Sachanlagevermögen muß noch das investitionsrelevante Umlaufvermögen berücksichtigt werden, das sich aus zusätzlichen Forderungen und Beständen zusammensetzt. Da diese Verwendungen Auszahlungscharakter besitzen, werden sie mit negativem Vorzeichen versehen.

Im Rahmen der Investitionsrechnung werden ungleichmäßige Ein- und Auszahlungen, die zu verschiedenen Zeitpunkten anfallen, vergleichbar gemacht, indem sie auf den Bezugszeitpunkt (Kalkulationszeitpunkt) abgezinst werden. Diese Vorgehensweise muß gewählt werden, weil einem Investor eine DM, die er heute besitzt, mehr bedeutet als eine DM, die er in einem Jahr erhält. Die eine DM, die er heute besitzt, kann der Investor während des Differenzjahres anlegen. Sie verzinst sich und erhält einen Wert von 1 DM plus Zinsen.

Die Mehrjahres-Management-Erfolgsrechnung (in TDM)					
	Jahr				
	1.	2.	3.	4.	5.
Marktvolumen	1.000	1.200	1.300	1.400	1.500
Marktanteil	2%	5%	7%	9%	10%
Absatzmengen	20	60	90	120	150
VP	500	500	480	460	455
Produktkosten	240	230	220	210	160
Umsatz	10.000	30.000	43.200	55.200	68.250
Prop. Kosten	4.800	13.800	19.800	25.200	24.000
DB I	5.200	16.200	23.400	30.000	44.250
Entwicklungskosten	1.500	200	200	200	200
DB II	3.700	16.000	23.200	29.800	44.050
Marketingkosten	3.000	7.000	5.000	5.000	4.500
DB III	700	9.000	18.200	24.800	39.550
Distribution	700	700	700	700	700
DB IV	0	8.300	17.500	24.100	38.850
Produktionsstrukturkosten.	500	500	500	500	500
DB V	-500	7.800	17.000	23.600	38.350
Administrationskosten	200	200	200	200	200
=Zahlungsdiff. vor Steuern und Zinsen	-700	7.600	16.800	23.400	38.150
- steuerl. Abschreibungen	4.380	3.066	2.385	2.385	2.384
- abzugsf. FK-Zinsen	1.250	1.400	1.200	800	500
=Gewinn v. Ertr.-Steuern	-6.330	3.134	13.215	20.215	35.266
Ertragsteuern (60%)	-3.798	1.880	7.929	12.129	21.160
Zahlungsdiff. v. Ertr. Steuern	-700	7.600	16.800	23.400	38.150
- bare Ertragsteuerveränderung	-3.798	1.880	7.929	12.129	21.160
Erg.-Saldo vor FK-Zinsen, zahlungswirksam	3.098	5.720	8.871	11.271	16.990

Abb. 55: Zahlenbeispiel einer Mehrjahres-Management-Erfolgsrechnung

Dieser Effekt ist in der Investitionsrechnung zu berücksichtigen. Es wird heute eine Auszahlung für ein Investitionsgut geleistet, während die Rückflüsse in späteren Jahren erfolgen. Sind diese Rückflüsse jetzt effektiv mehr wert als die Anschaffungsauszahlung und ergibt sich eine angemessene Verzinsung? Die Antwort liefert die Investitionsrechnung.

In diesem Beispiel wird zunächst der Barwert (= der mit einem gegebenen Zinssatz abgezinste Gegenwartswert zukünftiger Zahlungsüberschüsse) ermittelt, da sich die Investitionsauszahlung aus Auszahlungen in mehreren Perioden zusammensetzt. Während der Perioden t_0 bis t_2 fallen Auszahlungen in Höhe von −19.132 TDM für den Aufbau von Positionen des Anlage- und Umlaufvermögens an. Nach der Barwert-Formel ergibt sich beim Abzinsen mit einem Kalk.-Zins von 7,5% (i = 0,075) ein

Barwert (C_{Io}) der Investitionsauszahlungen von 18.821 TDM (C_{Io}=+a_o+a_1/(1+i)^1+...+a_n/(1+i)^n). Diese Vorgehensweise wird von dem Gedanken geleitet, daß die zuständige Sparte den Treasurer bittet, ihr für das geplante Investitionsobjekt heute (t_o) einen Betrag von 18.821 TDM zur Verfügung zu stellen, von dem jedoch im Moment nur 15.600 TDM verwendet werden sollen. Den Restbetrag möge der Treasurer bitte mit dem Marktzins (z.B. 7,5%) anlegen, bis dieser von der Sparte in den folgenden Perioden in Teilbeträgen benötigt wird. Durch den Zins- und Zinseszinseffekt dieser Zwischenanlage ergeben sich während der betrachteten drei Jahre aus den ursprünglichen 18.821 TDM die tatsächlich benötigten 19.132 TDM.

INVESTITIONSRECHNUNG					
AUSGANGSDATEN (in TDM)					
Jahr	Investitionsbedarf				Cash-Flow
(t)	AV	UV	Gesamt	abgezinst mit	
	(a)	(b)	(a+b)	7,5%	
0	-14.600	-1.000	-15.600	-15.600	0
1	0	-2.532	-2.532	-2.355	3.098
2	0	-1.000	-1.000	-865	5.720
3	0	0	0	0	8.871
4	0	0	0	0	11.271
5	0	0	0	0	16.990
Summe:	-14.600	-4.532	-19.132	-18.821	45.950

Abb. 56: Investitionsrechnung

Amortisationsrechnung

Zum Zweck der Amortisationsrechnung wird dieser abgezinsten Investitionsauszahlung (–18.821 TDM) der kumulierte Cash-Flow aus der Betriebstätigkeit (Tätigkeit des Investionsobjektes) gegenübergestellt. Die Amortisationszeit ist die zeitliche Größe für den Rückfluß des notwendigen Kapitaleinsatzes aus dem Cash-Flow. Sie liegt in diesem Beispiel zwischen dem zweiten Jahr (negatives Vorzeichen in der Spalte »Cash-Saldo, kum.«) und dem vierten Jahr (positives Vorzeichen); genau: 3,10 Jahre.

AMORTISATIONSRECHNUNG (in TDM)			
Jahr (t)	Kapital-bedarf, (a)	Cash-Flow, pro Jahr (b)	Cash-Flow, kum. (a+b)
0	-18.821	0	-18.821
1		3.098	-15.723
2		5.720	-10.003
3		8.871	-1.132
4		11.271	10.139
5		16.990	27.129

Abb. 56a:
Statische Amortisationsrechnung

Kapitalwertmethode (Discounted Cash Flow)

Bei der Kapitalwertmethode werden die Zahlungen der einzelnen Perioden der Investitionsbetrachtung auf einen einheitlichen Zeitpunkt (t_o) mit dem gegebenen Kalkulationszins abgezinst. Der Kalkulationszins entspricht der gewünschten Mindestverzinsung und wird in Dezimalform angegeben, z.B.: 25% $\Rightarrow$ i = 0,25. Die Mindestverzinsung orientiert sich dabei z.B. an der durchschnittlichen Unternehmensrentabilität, der durchschnittl. Branchenrentabilität und dem Marktzins. Die gewünschte Mindestverzinsung ist erzielt, wenn der Kapitalwert positiv ist. Seine Formel lautet: $C_o=(e_1-a_1)/(1+i)^1+\ldots+(e_n-a_n)/(1+i)^n-C_{Io}$. In diesem Beispiel wird der nominale Cash-Saldo, pro Jahr, mit dem jeweiligen Abzinsfaktor multipliziert; für die Periode 1:3.098 TDM (Spalte »c«) multipliziert mit 0,800 (Spalte »d«) ergibt einen Barwert von 2.478 TDM – oder: $3.098/(1\times 0,25)^1$. Der Kapitalwert ergibt sich als Addition der Spalte »Barwert« und entspricht der oben genannten Kapitalwert-Formel. Sein Ergebnis in Höhe von 2.044 TDM nach Ertragsteuern ist bei dem Kalkulationszins von 25% positiv. Damit ist die Zielhöhe erreicht.

	INTERNE ZINSFUSS-METHODE (in TDM)				KAPITALWERT-METHODE (in TDM)	
Jahr (t)	Projekt-Saldo, kum. (a)	Interne Zinsen auf (a) = 28,95% (b)	Cash-Saldo pro Jahr (c)	Projekt-Saldo pro Jahr (b+c)	Abzinsfaktoren bei einem Kalk.-Zins von: 25% (d)	Barwert (c x d)
0			-18.821	-18.821	1,0000	-18.821
1	-18.821	-5.449	3.098	-2.351	0,8000	2.478
2	-21.171	-6.129	5.720	-410	0,6400	3.661
3	-21.581	-6.248	8.871	2.623	0,5120	4.542
4	-18.958	-5.489	11.271	5.782	0,4096	4.617
5	-13.176	-3.815	16.990	13.176	0,3277	5.567
Summen:		-27.129	27.129	0	Kapitalwert:	2.044
	Interner Zinsfuß:			28,95%	Kapitalwertrate:	0,109

Abb. 57: Interne Zinsfuss-Methode und Kapitalwert-Methode

Interne-Zinsfuß-Methode (Discounted-Cash-Flow-Rate)

Nachdem zunächst mit der Kapitalwertmethode *das Erreichen der gewünschten Mindestverzinsung* untersucht wurde, wird jetzt mit der Berechnung des internen Zinsfußes nach demjenigen Zinsfuß gesucht, bei dem der Kapitalwert der Ein- und Auszahlungsreihe des Investitionsobjektes, bezogen auf den Kalkulationszeitpunkt (t_o), gleich Null ist; anders ausgedrückt: $C_o=(e_1-a_1)/(1+i)^1+...+(e_n-a_n)/(1+i)^n-C_{Io}=0$. Die Spalte »Cash-Saldo, pro Jahr« beginnt mit den Investitionsauszahlungen, die auf den Zeitpunkt t_o abgezinst sind (s. Ausgangsdaten). Hinzu kommen zeilenweise die ergebniswirksamen Cash-Salden der Jahre $t=_1$ bis $t=_5$ mit Nominalwerten. Als Summe ergibt sich ein Cash-Saldo von 27.129 TDM. Die Investition hat also ihre Anschaffungsauszahlung und einen darüber hinausgehenden nominalen Überschuß von 27.129 in fünf Jahren erzielt. Die jetzt noch zu beantwortende Frage lautet: Mit welchem Zinsfuß hat sich das eingesetzte Kapital verzinst, d.h., welchen Zinsfuß hätte der Investor erzielt, wenn er den Investitionsbetrag einer Bank zur Anlage gegeben hätte, und diese hätte ihm in den Jahren $t=_1$ bis $t=_5$ die gleichen Zahlungsüberschüsse wie das Investitionsobjekt ausgezahlt? Abb. 57.

Zur Ermittlung dieses Zinssatzes möge folgende Vorstellung helfen: Unabhängig von der tatsächlichen Finanzierungsform müßte der jährliche Projektsaldo (Spalte »c«) mit einem über die Investitionsbetrachtungsdauer konstanten Zinsfuß belastet werden. Dieser zu suchende Zinsfuß wird iterativ so lange verändert bis die hypothetischen Zinsen (Spalte »b«) genau dem erwirtschafteten Überschuß (27.179 TDM) entsprechen. Somit würde sich über den Betrachtungszeitraum dieser Investitionsrechnung ein Projekt-Saldo, kum., von Null ergeben. Dieser ermittelte Zinssatz (=28,95%) wird als »*Interner Zinsfuss*« oder »*Discounted-Cash-Flow-Rate*« bezeichnet. Er entspricht gedanklich der Gesamtkapitalrentabilität (Return On Investment) dieser Investition über die Betrachtungsdauer, jedoch werden diese Begriffe nicht im Zusammenhang mit der Investitionsrechnung benutzt.

Ist die Investition aus eigenen Mittel bestritten worden, wäre die erzielte Rentabilität gleich der Eigenkapitalrentabilität. Ist Fremdkapital hinzugezogen worden, müßte diese Verzinsung auch ausreichen, die tatsächlichen Fremdkapitalzinsen zu erwirtschaften. (vgl. Abb. 57).

Finanzierung

Nachdem jetzt die Vorteilhaftigkeit der Investition ermittelt worden ist, muß noch die Frage der Finanzierung geklärt werden. Zur Ermittlung der Zahlungsreihen in diesem Beispiel sind bereits Fremdkapitalzinsen berücksichtigt worden. Sie müssen mit einfließen, wenn die Vorteilhaftigkeit einer Investition unter Berücksichtigung von Ertragsteuern erfolgen soll.

Wird für dieses Investitionsobjekt eine Zeitreihe von Plan-Bilanzen erstellt, so ergibt sich für das erste Jahr folgendes Bild:

Eröffnungsbilanz (t=0)	
AV 14.600	EK 3.000
	FK 12.600
UV 1.000	
15.600	15.600

Schlußbilanz (t=1)	
AV 10.220	EK 3.000
	FK 10.752
UV 3.532	
13.752	13.752

GuV (t=1)	
zahlungswirksamer Aufwand 10.700	Erlöse 10.000
Abschreibungen 4.380	Erträge aus Verlustübernahme 6.330
FK-Zinsen 1.250	
16.330	16.330

Abb. 57a: Plan-Bilanz für die Investition im ersten Jahr.

Im ersten Jahr nimmt die Bilanzsumme von 15.600 TDM auf 13.752 TDM ab. Dieser Effekt resultiert einerseits aus den steuerlichen Abschreibungen auf das Anlagevermögen und andererseits aus einer Bestandserhöhung im Umlaufvermögen. Was bedeutet diese Bilanzverkürzung für die Finanzierungsseite? Würde die Investition in der Form einer zu gründenden, rechtlich selbständigen GmbH erfolgen, so würde sie im ersten Jahr einen Verlust in Höhe von 6.330 TDM erzielen und keine Ertragsteuer zahlen. Besteht mit der Muttergesellschaft ein Beherrschungs- oder Gewinnabführungsvertrag, so muß die herrschende Gesellschaft den Verlust ausgleichen. Damit verringert sich die Ertragsteuerschuld der Muttergesellschaft um ca. 60% des Verlustes (Gewinn und 100% Thesaurierung in der Muttergesellschaft unterstellt. Konsolidiert ergibt sich in diesem Beispiel eine Zahlungsmitteldifferenz 1 von −684 TDM, die in der Muttergesellschaft zu einem Abbau der flüssigen Mittel, zusätzlichem Kreditbedarf oder Verkauf von Positionen des Anlage- oder Umlaufvermögens führen könnte. Im Detail hat jetzt ein Finanz-Clearing zwischen den Treasurern der Mutter- und Tochtergesellschaft einzusetzen: In welcher Höhe muß der Verlustausgleich als Zahlung durchgeführt werden? Zu welchen Zeitpunkten haben diese Zahlungsströme zu erfolgen? Ist es in Abhängigkeit von den Konditionen sinnvoll, in der Tochtergesellschaft mit der Fremdkapitaltilgung einzusetzen, während die Muttergesellschaft für den Verlustausgleich evtl. Kredite aufnehmen muß oder Positionen des Anlage- oder Umlaufvermögens liquidieren muß?

	Tochtergesellschaft	Muttergesellschaft	Konsolidiert
Verlust (ohne Verlustausgleich)	−6.330		
Auszahlung aus Verlustausgleich		−6.330	
Einzahlungen aus Verlustausgleich	6.330		
Jahresüberschuß (nach Verl.-Ausgleich)	0		
Abschreibungen der Tochterges.	4.380		
Cash-Flow/Zahlungsmitteldifferenz 1	4.380	−6.330	−1.950
bare Ertragsteuerveränderung (60 %)		3.798	
Investition in das Umlaufvermögen	−2.532		
Zahlungsmitteldifferenz 2	1.848	−2.532	−684
Tilgung Fremdkapital	−1.848		
Abbau von flüssigen Mitteln		2.532	
Zahlungsmitteldifferenz 3	0	0	0

Abb. 57b: Finanzplanungsbeispiel für Investitionseffekte im Gesellschaftsverbund

Controller und Treasurer im Team

Die Investitionsrechnung ist eines der zentralen Schnittmengenprodukte zwischen Controller und Treasurer. Der Controller ist zuständig für das Ergebnis (den »Return«), der sich aus der Mehrjahres-Management-Erfolgsrechnung ergibt – unter Berücksichtigung der Fk-Zinsen und des Ertragsteuersatzes, den er vom Treasurer unter Berücksichtigung der Ausschüttungspolitik erhält. Der Treasurer ermittelt das Investment sowie dessen Finanzierung. Beide sorgen für die Darstellung der wirtschaftlichen Ergebnisse, die sich aus den Investitionsanträgen der Produktion, der Entwicklung, des Verkaufs etc. ergeben. Am Besten nehmen sie diese Funktion im Team wahr, gemeinsam vor dem PC mit einem integrierten Investitions- und Finanzplanungsprogramm (Abb. 58).

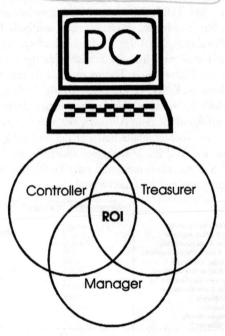

Abb. 58: Controller, Treasurer und Manager im Team vor dem PC

Shareholder Value Berechnung

Shareholder Value Beispiel							
	t 0	t 1	t 2	t 3	t 4	t 5	Rest
Investitionsauszahlung	-18.821						0
Cash Flow nach Ertragsteuern		3.098	5.720	8.871	11.271	16.990	
* Abzinsfaktoren bei Zins 10%		0,9091	0,8264	0,7513	0,6830	0,6209	
= Abgezinste Cash Flows		2.816	4.727	6.665	7.698	10.549	
= Barwert kum. Cash Flows	32.456						
- Fremdkapital	-14.116	bei z. B.:	75%	der Invest. als Ziel-Fremdkapitalquote			
= Shareholder value	18.340						
- Eigenkapital	-4.705	bei z. B.:	25%	der Invest. als Ziel-Eigenkapitalquote			
= Resid. Untern.-Kapitalwert	13.635						

Vorgehensweise:

1. Cash Flow Ermittlung

Cash Saldo nach Ertragsteuern

2. Berechnung der Barwerte

Wert der Investition
Diskontierter Restwert nach Ende der Betrachtungsperiode
Diskontierte Perioden - Cash Flows

3. Differenzierung des Barwertes nach Bezugsgruppen

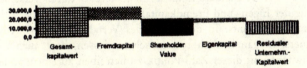

Abb. 58a: Darstellung des Shareholder Value

Die Ausgangsbasis für die Shareholder Value Berechnung bilden die sogenannten Freien Cash Flows (Free Cash Flow) *nach* Abzug der Ertragsteuern, *vor* Abzug der Fremdkapitalzinsen. Diese werden abgezinst und ergeben den Barwert, von dem nun nur der Fremdkapitalanteil der Investitionssumme abgezogen wird. Damit ergibt sich im Beispiel ein Shareholder Value von 18.340 als abgezinste „Ausschüttungsmöglichkeit" bezogen auf das eingesetzte Eigenkapital von 4.705.

Im Beispiel nicht ausreichend berücksichtigt ist der Restwert nach dem fünften Jahr. Dort wird angesetzt eine „ewige Rente" in Höhe des Cash Flows des letzten Jahres. Im Beispiel wären das die 16.990 / 10% = 169.900. Dieser Wert ist dann abzuzinsen mit dem Faktor 0,5645 (10%, 6 Jahre) auf 95.908. Damit erhöht sich der Shareholder Value auf 114.248, wovon aber der Großteil dann aus einer Betrachtungsperiode jenseits der 5 Plan-Jahre kommt. Eine Variante aus praktischer Anwendung ist, den Betrachtungszeitraum auf 10 Jahre zu beschränken, mit dem Hintergrund ein Projekt müsse sich innerhalb dieser Zeit amortisieren, was danach kommt muß man sich dann wieder neu erarbeiten.

Zur Bestimmung des Zinssatzes kann man heranziehen einen Mischzinssatz aus gewünschter Eigenkapital- und durchschnittlicher Fremdkapitalverzinsung. Z. B. 25% EK zu 16% Zins und 75% FK-Anteil zu 8% Zins gibt im Mittel eine Verzinsung von 10%.

Den Shareholder Value macht sicher attraktiv, daß dem berechtigten Interesse der Anteilseigner nach Ausschüttung und langfristiger Unternehmenswertsteigerung Rechnung getragen wird. Auf der anderen Seite ist der Shareholder Value manipulierbar, wie viele andere Kennzahlen auch, z. B. durch Verschiebung der Eigen- und Fremdkapitalrelation oder durch die Wahl des Zeithorizonts. In der Stärke des Verfahrens, die Anteilseignersicht ganzheitlich rechnerisch zu fassen, liegt auch die Schwäche, mit dieser Zahl Politik zu betreiben zu einem anderen Nutzen als ihn die Stakeholder wünschen.

Deshalb rückt der sogenannte Stakeholder Value mehr in den Vordergrund, wo auch andere Interessensgruppen betrachtet werden, wie Mitarbeiter, Lieferanten oder der Staat.

9. Kapitel

Vom Erfolgs-Budget zum Finanz-Budget
– eine System-Fallstudie

Die Strategie AG stellt Garn aus Chemiefasern (G) her. Verkauft wird das Garn hauptsächlich an industrielle Kunden der Teppichherstellung. Daneben besteht die Sparte Schnüre, vor allem Bindfaden; ebenfalls aus Kunststoff. Bindfaden wird überwiegend über (und an) den Handel verkauft.

In Zusammenarbeit mit dem Leiter der Sparte G, dem Leiter der Sparte S und dem Chef der Zentralen Technik/Entwicklung hat der Controller für das bevorstehende Jahr 01 einen Budget-Entwurf erarbeitet. Dabei ergibt sich auf das investierte Kapital ein Ertrag von 3,4% vor Ertrag-Steuern und Zinsen.

In der Muttergesellschaft macht man sich Gedanken darüber, wie hoch der Return on Investment für das kommende Jahr sein soll. Dazu ist von der Beurteilung der beigefügten, zum 1.1. des Budgetjahrs hochgerechneten Eröffnungsbilanz auszugehen (Abb. 59) – langfristige Darlehen Restlaufzeit > 5 Jahre.

In einer Budgetsitzung (»großen Ergebnislesung«) ist das »bottom up« neu überarbeitete Budget diesem »top-down« formulierten Ziel gegenüberzustellen. Dieses Budget-Abnahmegespräch findet am 17.11.00 statt und wird von dem für die Strategie AG zuständigen Vorstandsmitglied der Muttergesellschaft geleitet.

Außer der ROI-Zielsetzung besteht für das kommende Budgetjahr bei der Personalplanung eine »Null-Prämisse« – das heißt, die im Entwurf des Ergebnisbudgets genannten, dem Absatzplan entsprechenden 237 000 Stunden sind als Engpaß zu behandeln. In der Muttergesellschaft ist man sich übrigens im klaren darüber, daß ein ausführlicherer Planungsbrief hätte erstellt werden müssen, der Orientierungsdaten für die Budgetarbeiten liefert und schon zu Beginn dieser Arbeiten im September hätte vorliegen müssen. Aber natürlich – dazu gehört eine strategische Planung sowie eine operative Mehrjahresplanung. Andernfalls ist ein solcher Planungsbrief nicht aufzubauen. Deshalb ist im Terminkalender des kommenden Jahres sicherzustellen, daß etwa an Himmelfahrt 2001 eine ausdrückliche Quo-Vadis-Klausur stattfindet und auch in Zahlen ein Perspektiv-Budget aufgestellt wird. Dafür soll entlang der Budgetarbeiten für das kommende Jahr schon einmal ein Themenspeicher erstellt werden.

Die Spartenleiter G und S sind für Verkauf, Produktion sowie Einkauf der Rohstoffe (Flocken bzw. Granulate) in ihren Sparten verantwortlich. Der Leiter der zentralen Technik und Entwicklung hat Querschnittsfunktion und ist Service-Stelle. Im Rahmen des Fallbeispiels erhält er einen Sonderauftrag: Er soll für Artikel Nr. 3 in Sparte G eine strategische und operative Preiskalkulation erstellen. Dies erfolgt in Abstimmung mit der Spartenleitung. Der Chef Zentrale Technik/Entwicklung kann dazu auch Kundenbesuche machen; allerdings nicht um Aufträge zu holen, sondern um anwendungstechnische Beratung zu leisten.

Strategische und operative Planung

Wenn man es ganz schnell ausdrücken will, ist mit »strategischer« Planung gemeint, daß geklärt sein soll, ob man die richtigen Dinge tut (doing the right things). Operative Planung ist die Etikettierung für das »die Dinge richtig tun« (doing things right). Also das Richtige arbeiten ist strategisch; richtig arbeiten operative Durchführung. Das Fatale ist, daß man manchmal sehr richtig das Falsche macht; oder man hat das Richtige in der Hand und verschüttet es bei der Umsetzung (beim Umsatzen).

Abb. 60 bietet ein Schnelldiagnose-Video. Das ist wie bei einem Vexierbild. Man kann zwei Sachen gleichzeitig sehen – oder eher das eine oder das andere. Schaut man in Abb. 60 im Sinn des linken Pfeils herein, dominiert der strategische Aspekt

Aktiva (Mittelverwendung)		Passiva (Mittelherkunft)	
Gebäude	3 000	Gezeichnetes Kapital	3 000
Maschinen	2 800	Rücklagen	1 500
Ausstattung	800	Gewinn	–
Rohstoffe	500	Langfr. Rückst.	500
Fertigfabr.	1 000	Langfr. Darlehen	1 400
Debitoren	1 300	Bankkredit	3 200
Liquide Mittel	600	Kreditoren	400
Summe	10 000	Summe	10 000

Abb. 59: Hochgerechnete Eröffnungsbilanz zum 1.1.1998

der Planung mit operativem Unterbau; schaut man von der rechten Seite her herein, steht im Vordergrund die operative Durchführung; überstrahlt vom strategischen Oberbau.

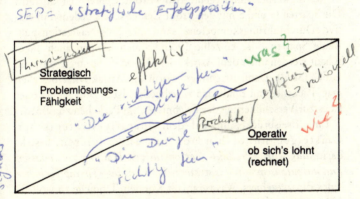

Abb. 60: Strategisch-operatives Schnelldiagnose-Videobild

Die operative Planung ist beherrscht durch das Budget. Die Suchfrage heißt: »Lohnt es sich?« Fügt man hinzu »auf Dauer«, so zeigt sich, daß auch die operative Planung nicht nur das Jahresbudget umfaßt, sondern ebenso ein mehrjähriges Perspektivbudget. Um zu sehen, ob es sich lohnt, muß man rechnen. Kalkulation, Kostenstellenrechnung, Wirtschaftlichkeitsrechnung und die Klärung der Finanzierbarkeit sind Bausteine der operativen Verwirklichung.

Abb. 62, mit denen die Zahlen des Budgetentwurfs illustriert sind, ist ein operatives Erkennungsbild. Wie läßt sich die Deckungsbeitrags-Stufung verbessern? Ansatzpunkte sind in der Sortimentspriorität, in der Verkaufspreisplanung, in der produktbezogenen Wertanalyse, in der Strukturkostenanalyse.

Das strategische Signalwort heißt »Problemlösungskompetenz«. Oder man kann es umschreiben mit dem Such-Satz: »Welcher Zielgruppe löse ›ich‹ welches (in seiner Lösung) als attraktiv empfundene Problem besser als vergleichbare Wettbewerbskollegen?« Eine strategische Erfolgsposition (SEP) ist eine Problemlösungsposition; d.h. einer bestimmten Marktzielgruppe wird ein Problem gelöst vergleichbar besser, als es Wettbewerber hinkriegen. Also »Profit Center« ist operativ. Die Sparten G und S mit den Profit Center-Chefs bedeutet operative Durchführungskompetenz samt Ergebnis-Navigationspult. Beide Sparten oder einzelne Produktlinien können auch angeschaut werden unter dem Aspekt der SEP oder »Strategic Business Unit« (SBU). Dann ist gefragt, worin die Attraktivität bestehen mag, Päckchen mit Bindfaden zu schließen. Ist es zum Schutz oder ist es zur Verschönerung des Erlebnisses, ein Päckchen zu öffnen?

Eine Eselsbrücke, um auf dem operativ-strategischen Umsteigebahnhof hin und her zu rangieren, besteht darin, *das Wort »Produkt« der operativen Planung zu verlassen und auszutauschen in das strategische Wort des »Therapiegebiets«* – des Einsatzgebiets. Was veranlaßt Kunden, Teppiche zu wollen? Müssen die auf dem Boden allein liegen? Was ist es, das ein Produkt attraktiv macht? Und wie gut lösen wir dies verglichen zu anderen, die ebenso zur Lösung dieses Problems angetreten sind. Das können andere Hersteller sein von Teppichen; es können aber auch Substitutstechniken sein wie z.B. keramische Böden oder Linoleum oder bäuerliche Holzdielen.

Dabei wird auch sichtbar, daß man nicht allein auf die unmittelbaren Kunden schauen darf, sondern man muß die Kundeskunden sehen. Der direkte Kunde der Sparte Garn ist die Teppichindustrie. Wer ist Kunde des Teppichherstellers – ein Heimtextilienhändler? Wer ist der Endverbraucher? Sind es private Endverbraucher; ist es Objektgeschäft für Bürobauten? Sind es kommunale Auftraggeber? Welche Rolle spielt der Architekt? Sein Therapiegebiet für Teppiche mag z.B. sein, ein Bauwerk eindrucksvoll eröffnen zu können. Wer ist meinungsbildend für Arten von Bedarf? Wer fördert das, was attraktiv ist? Gibt es solche Stellen/Personen, muß man sie ansprechen und in die Gestaltung der Kollektion einbeziehen. Z. B. Verlegerbetriebe.

Will man *Problemlösungskompetenz veran»schau«lichen, führt das ins Portfolio.* Die zwei Achsen des Portfolio-Bildes drücken mit Attraktivität einmal aus, was der Markt will. Und zwar vom Kunden her. Meßzahl dafür ist Wachstum – oder eben keines. Dahinter steht auch eine Produktlebenskurve. Die waagrechte Achse mit der Wettbewerbsposition drückt die Markt-Kompetenz aus. Meßzahl dafür der (relative) Marktanteil. Wo gehören die Produktlinien des Fallbeispiels hin in einem Portfoliobild der Abb. 61? Die Ausfülltechnik eines solchen strategischen Papiers ist weniger das Einsetzen von Zahlen, als das skalierende *Sichheranmeinen im Team*. Strategischer Arbeitsstil ist so ein bißchen »gekonnte Schlamperei«. Während man in der operativen Planung die Diskussion braucht, ist in der strategischen Planung *oft das Diskussionsverbot am Platz*. Sonst sind schwache Signale – ob nämlich das »still doing the right things« gilt – nicht recht zu vernehmen. Das Wort »das ist doch klar, daß...« tötet vielleicht manches Fragezeichen, das rechtzeitig neue Ideen eingeleitet hätte.

Mit den Bildern 61 und 62 läßt sich das Schnelldiagnose-Video von Abb. 60 illustrieren. Das Portfolio-Bild gehört zur Problemlösungskompetenz; das Deckungsbeitragsdiagramm zur »Lohnsich's-Frage«. Das »Video« verknüpft beide themazentriert – z.B. auf das Thema Artikel 3 hin konzentriert in der Garnsparte. Der Sonderauftrag des Chefs Zentrale Technik/Entwicklung im Drehbuch, eine strategische und operative Preiskalkulation für dieses Produkt Nr. 3 zu erstellen, ist darin unterzubringen. Der strategische Teil ist im linken Dreieck; der operative im rechten drin zu sehen.

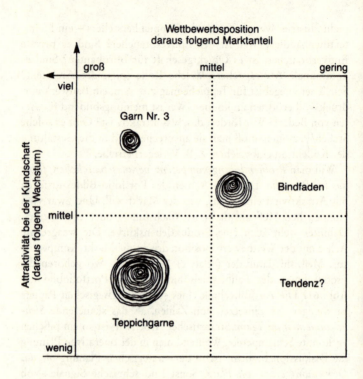

Abb. 61: Portfolio-Diagnose der Produktelinien

Strategisch-operative Positionierung von Garn 3

Garnsorte 3 ist gemäß der Zahlen des Budgetentwurfs in Abb.63 – plastisch abgebildet durch das Bild in Abb. 62 – soweit es den Deckungsbeitrag je Stunde betrifft »Träger der roten Laterne«. Schaut man nur in dieses Durchführungsbild, müßte man sagen, daß es sich nicht lohnen würde, Artikel 3 zu fördern. Jede Stundenverwendung für Produkt 3 würde 15 Mark Deckungsbeitrag dazubringen; aber Deckungsbeiträge verdrängen, die höher liegen als 15. Also müßte man eigentlich möglichst viel Bindfaden herstellen und – wenn der Engpaß gültig ist, Artikel 3 hinauswerfen. Die Deckungsbeiträge, die man noch kriegen könnte bei größerer Kapazität, sind auch als Engpaßkosten bezeichnet oder heißen im Linear-Programming die »Schattenpreise«.

Blickt man indessen auf die Portfolio-Darstellung von Abb. 61, so rangiert Artikel Nr. 3 auf dem Platz der Stars. Im folgenden Drehbuch ist ausgesagt, daß bei dieser Garnsorte ein technischer Vorsprung besteht gegenüber vergleichbaren Angeboten der Mit-

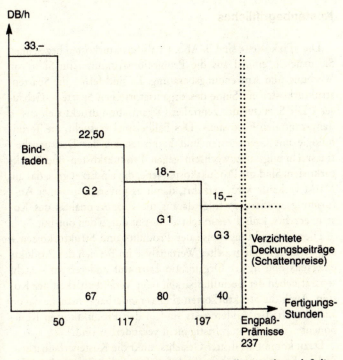

Abb. 62: Das Ergebnisbudget graphisch dargestellt (Annahme, daß die Mitarbeiter alternativ Garne und Bindfäden machen können)

bewerber. Außerdem wird gerade ein mit diesem Garn hergestellter Teppich als besonders attraktiv empfunden (weil vielleicht besonders elastisch, haftfähig, farbtreu, strapazierfähig, antistatisch).

Der Deckungsbeitrag bestimmt sich als Überschuß des Umsatzes (Nettoverkaufspreises je Kilogramm) über die Produktkosten im Sinne der Grenzkosten (variable Gestehungskosten). Hinter diesen Produktkosten – also den Kosten, die das Produkt zu sich selber verzehrt, damit es physisch existiert – stehen die Rohstoffrezepturen und die Arbeitspläne mit den Bezugsgrößenverbräuchen, bewertet zu den Produktkostensätzen.

Kostenbegriffliches

Die »Fixkosten« sind in Abb. 63 als Strukturkosten bezeichnet. Sie drücken einmal aus die Promotionstrukturen im Sinn von Werbung und Anwendungsberatung. Es sind ferner die Spartenstrukturkosten im Sinne des organisatorischen Sparten-»Gehäuses«. Die Struktur der zentralen Organisation drückt sich aus in den »zentralen Fixkosten«. Das Fallbeispiel versucht, die Terminologie mit Grenzkosten und Fixkosten bei der Deckungsbeitragsrechnung auszuwechseln gegen Produktkosten und Strukturkosten. Sind die Produktkosten jene, die ein Erzeugnis, das am Markt verkauft wird, verzehrt, damit es physisch in seiner Ausformung existiert, so folgt daraus die Proportionalität des Kostenverzehrs, kausal verursacht als in-put durch den out-put.

Diese Betrachtungsweise der Produkt- und Strukturkosten – eng verknüpft mit gezielter Wertanalyse im Bereich des Produkts einerseits und in der Organisationsstruktur andererseits – steht separat neben der Beeinflußbarkeit oder Veränderbarkeit der Kosten. Auch die Strukturkosten sind veränderbar – manche davon auch kurzfristig. Andererseits sind in den Produktkosten Komponenten drin, die kurzfristig nicht veränderbar sind.

Dazu kommt als dritter Gesichtspunkt die Kostenerfaßbarkeit. Welche Kostensachverhalte sind einzeln erfaßbar für die Produktlinien; welche einzeln erfaßbar für die Sparten? Nicht allein Pro-

Abb. 63: ERGEBNIS-BUDGET-ENTWURF – OPERATIVE PLANUNG 2001

	Sparte G Artikel 1	Artikel 2	Sparte G 3	Sub-Total	Sparte S Artikel B	Summe Gesamt
Verkaufspreis je kg	9,50	7,50	10,–		4,80	
Produktkosten je kg	7,70	6,–	7,–		3,15	
Deckungsbeitrag je kg	1,80	1,50	3,–		1,65	
DB %	19%	20%	30%		34%	
kg / Arb.Std.	10	15	5		20	
DB / Arb.Std.	18,–	22,50	15,–		33,–	
Absatz in t	800	1000	200	2000	1000	3000
Umsatz in Tsd.	7600	7500	2000	17100	4800	21900
Prop. Produktkosten in Tsd.	6160	6000	1400	13560	3150	16710
DB I in Tsd.	1440	1500	600	3540	1650	5190
Tausend Arbeitsstunden	80	67	40	187	50	237
Dir. Strukturkosten für »Promotion« in Tsd.				1000	250	1250
DB II in Tsd.				2540	1400	3940
Spartendirekte Strukturkosten				1500	600	2100
DB III Tsd.				1040	800	1840
Zentralstrukturkosten Tsd.						1500
Betriebsergebnis vor Zinsen u. Ertragsteuern						340
Direktes Spartenkapital in Tsd.				4000	2000	6000
Zentrales »capital employed« in Tsd.						4000
ROI auf Gesamtkapital						3,4%
COI auf Spartenkapital (contribution on investment)				0,26	0,4	

duktkosten (proportionale Kosten), sondern auch Strukturkosten (Fixkosten) sind einzeln erfaßbar.

Als Definitions-Kulisse steht hinter der Abbildung 63 mit ihren Budgetzahlen das Ordnungsbild in Abb. 64.

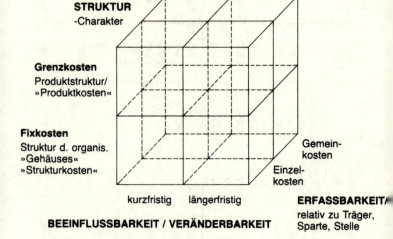

Abb. 64: Controller's Kostenwürfel

Drehbuch zu den Überlegungen fürs neue Budget

1. Der Controller macht sich Gedanken darüber, wie die noch nicht bekannte »top-down«-Zielsetzung auf die beiden Sparten zu übertragen sei. Zunächst könnte er von den direkten Fixkosten ausgehen, die in Sparte G 2,5 Millionen und in Sparte S 850 000,– betragen. Aber was soll mit den zentralen fixen Kosten in Höhe von zusammen 1,5 Millionen geschehen? Außerdem wäre in die Zuordnung von Deckungszielen für die Spartenchefs auch das Kapitalertragsziel einzubeziehen, das – falls

es 10% beträgt – weitere Deckungsbeiträge von 1 Million verlangen täte.
2. Falls sich herausstellt, daß in der Produktion durch Maßnahmen der Rationalisierung und Automatisierung weiter Investitionsmittel für eine der beiden Sparten gebraucht werden, so ist auf diese neuen Investitionsfonds ein Kapitalertragsziel (»internal rate«) von mindestens dem 2,5fachen des landesüblichen Zinsfußes vor Ertragsteuern zu verlangen.
3. Der Spartenchef für den Geschäftsbereich Schnüre will den Marktanteil im In- und Ausland dadurch ausbauen, daß er dem Handel Aktionsrabatte zwischen 10 und 15% auf die heutigen Abgabe-Nettopreise einräumt. Dadurch würde sich hier eine wesentliche Geschäftsbelebung ergeben. Dazu wäre es sehr vorteilhaft, wenn man besonders einem Großverteiler in Frankreich noch zusätzliche Promotion-Unterstützung durch einen Produkt-Manager geben könnte. Der Produkt-Manager solle nicht selber verkaufen, sondern die Detailhandelskunden des Großverteilers veranlassen, zugunsten der Strategie-Marken verstärkt bei diesem zu bestellen. Dadurch entstünden allerdings zusätzliche (fixe) Struktur-Kosten in Höhe von 100 000 pro Jahr.

Zu prüfen wäre indessen, ob es nicht angezeigt ist, eine differenzierte Preis-Strategie auf den Marktsegmenten In- und Ausland zu betreiben; anstatt – wie zunächst geplant – im Sinne der Marktanteils-Strategie eine Preissenkung über den gesamten Absatz von 10 bis 15% vorzusehen. Übrigens: Ist Mitbewerber nicht der Klebestreifen? Hat es dann Sinn, Marktanteile durch Preissenkung zu erringen? Ist das eine passende Strategie? Oder braucht man nicht eher auch Produkt-Differenzierung als Strategie (Weg) zum Ziel Marktanteile?
4. Die Frage der Marktsegmentierung stellt sich auch für die Sparte G. Hier kommt es vor allem darauf an, ob sich der Kunde Teppich-Produzent im gehobenen, mittleren oder unteren Genre bewegt.

Garnsorte 3 ist ein noch neues Produkt mit besonders gut gelungener Effektgebung. Dieses Garn wird für anspruchsvollere Teppiche verarbeitet. Der Verkaufspreis, der zunächst einmal

»aus der Hüfte geschossen« (konkurrenzorientiert) bei 10,- je kg festgelegt worden ist, müßte höher angesetzt werden können. Allerdings sind die Verkäufer der Meinung, daß man dann »überhaupt nichts mehr verkaufen könne«. Jedoch besteht hier ein inzwischen erkannter technischer Vorsprung vor vergleichbaren Angeboten der Konkurrenz, so daß die Nachfrage nach Artikel 3 weniger preiselastisch sein dürfte und einen Preisabstand ermöglichen müßte.

Welche der drei Garnsorten im Sortiment der Sparte G ist der bessere Verdiener? Einstieg in die Artikelbeurteilung bildet der Deckungsbeitrag I. Bezieht man den Deckungsbeitrag auf die Arbeitsstunde, so hat Sorte 2 die erste Priorität. Die Zuordnung der spartendirekten Fixkosten für Marketing-Maßnahmen (Werbung, Verkaufsförderung, Kundendienst, anwendungstechnische Beratung) müßte demnach vor allem Garn Nr. 2 begünstigen. Der Spartenchef G ist der Ansicht, daß sich diese Sorte durch Preissenkung weiter forcieren läßt (Erschließen neuer textiler Anwendungen, wenn ein Schlüsselzwischenprodukt billiger wird.)

Sorte 1 könnte man, so gibt Spartenleiter G zu bedenken, auch als Handelsware führen. Der Einstandspreis im gegenwärtigen Absatz- und damit Einkaufsvolumen läge dann bei 8,80 je kg; der Deckungsbeitrag fiele auf 0,70 je kg.

5. Der Chef der Zentralen Technik/Entwicklung hat die Sparten darauf hingewiesen, daß a) in der Sparte S bei einem größeren Absatz-Volumen in Tonnen über das größere Bestellvolumen für Kunststoff-Granulate eine Senkung der Einkaufskosten zu erreichen sein müßte; b) bei Artikel 3 in der Sparte G eine Reduktion der Durchlaufzeit durch den Effekt der Lernkurve erreicht werden können sollte (das Produkt ist noch neu; hat aber von den Verarbeitern her besonders gute Zukunftsaussichten).

6. Während die Manager der Sparten ergebnisverantwortlich sind, *ist der Controller ergebnis-transparenzverantwortlich.* Dazu gehört, daß man als Controller organisiert, *beim Ergebnis »im Bild« zu sein.* Etwas einsehen zu können, macht nötig, daß man es sieht. Für den konferenzbegleitenden Einsatz hat der Con-

troller deshalb die Zahlen der Abb. 63 in den Bildschirm geholt. Mit Hilfe eines Tabellenprogramms – im Fallbeispiel *Multiplan* – sind die Zahlen des Budgetentwurfs sinngemäß dargestellt, wobei hinter den Feldern eines solchen Tabellenprogramms entweder eine Entscheidungszahl steht, die in der Budgetbesprechung erarbeitet/bestätigt wird. Oder hinter dem Feld steht eine Rechenformel. So läßt sich begleitend während des Budgetgesprächs das wenn...-dann-...-Thema praktizieren. Personal Computer sei wörtlich zu nehmen, meint der Controller. Er müßte dann auch persönlich dabei sein; d.h. also dort, wo das Gespräch läuft – wo es »heiß hergeht«. Dabei ist vielleicht besser, nicht durch Projektionsmethodik den Bildschirm auf eine Leinwand zu projizieren. Das erzeugt bei den Konferenzteilnehmern evtl. das Kinogefühl, als sollte ihnen etwas vorgeführt werden, was schon festgelegt ist. Der Computer tut nichts anderes, als ins Bild setzen, was beschlossen worden ist – oder durch den kreativen Gesprächsprozeß neu an Ideen und Ideenfindung ausgelöst wird. Dabei stört es dann eher nicht, wenn der Bildschirm klein ist. Dann muß man eben eng zusammenrücken, was einem problemlösenden Arbeitsstil nur bekömmlich ist. Was bei dieser konferenzbegleitenden Anwendung des Personal Computers herausgekommen ist, zeigt die Abb. 67.

7. Für die strategische Perspektive der Planung hat der Controller ein Formular entwickelt, das in Abb. 65 zu sehen ist. Es enthält fünf »Kästen«, die folgendermaßen definiert sind:

1. **Leitbild** gemeint ist die Aufgabenbeschreibung der Unternehmung/der Sparte. Darin käme auch die Sinngebung zum Ausdruck, »Wozu sind wir da?« Welchem Typ von Kunden soll welches Problem gelöst werden? Aus einem klaren Leitbild folgt eine Identität.

2. **Zielsetzung** – Was in Erfüllung der Aufgabe (in Ausübung des Leitbildes) als Leistungsziel erreicht werden soll. Hier gehören Meßzahlen hin wie z.B. das Spartenergebnis oder ein Sparten-Contribution on Investment im Verbund mit einem Marktanteilsziel oder Zielgrößen, bezogen auf die Bilanzstruktur.

3. **Strategien** – Wege, die im Rahmen des Leitbildes zum Ziel führen sollen. Herausarbeiten eines Wettbewerbsvorteils.

4. **Prämissen** – Dies sind in Erfüllung der eigenen Strategie für nötig zu setzende Nebenbedingungen. Das können z.B gewünschte Annahmen sein über Strategien anderer wie Wettbewerber, öffentliche Organe. Die Nullprämisse ist auch eine solche einzuhaltende Nebenbedingung. Prämissen sind etwas, das gewünscht oder gewollt ist. Damit ist noch nicht sichergestellt, daß es auch effektiv so sein wird. Das muß dann erst recherchiert werden. Nicht daß man einfach unterstellt, daß »nicht sein kann, was nicht sein darf«. Ein nicht seltener Irrtum bei Prämissen ist, daß man für die eigene Strategie z.B. von Tiefflugpreisen für das Einführen eines neuen Produkts stillschweigend »ceteris paribus« unterstellt – d.h. annimmt, daß die Konkurrenz nicht reagieren wird. Macht man es schriftlich in diesem Formular, wird deutlicher, daß dies nicht ganz zu erwarten sein wird. Ein Vorteil besteht nur, wenn's andere nicht nachmachen.

5. **Maßnahmen** – Hier sind die Maßnahmenerfordernisse gemeint, die sich in Erfüllung der Strategie ergeben. Im Kasten 5 steigt das strategische Formular um in die operative Durchführung. Da müssen dann Termine hin und muß geklärt sein, wem die Realisierung einer Maßnahme anvertraut ist.

Simultanes Arbeiten strategisch und operativ

Beim Bearbeiten dieses Fallbeispiels wäre das besondere Lernerlebnis darin zu sehen, daß mit beiden Arbeitspapieren Budget (Abb. 63) und strategisches Formular (Abb. 65) simultan gearbeitet wird. Steht z.B. im Drehbuch unter der Ziffer 4, daß man von Artikel 2 in der Sparte G mehr Tonnen verkaufen könne, wenn man den Preis heruntersetzt, so ist diese Preis-Absatzplanung unterzubringen im Budgetformular. Der Personal Computer würde sofort durchrechnen bis unten hin, ob sich durch neue Entscheidungen in Verkaufspreisen und Einschätzungen in der daraufhin zu erzielenden Absatzmenge das Ergebnis verbessert, konstant

STRATEGIE AG	SPARTE	VISUM	Fassung vom	STRATEGISCHE PLANUNG
1. LEITBILD				
2. ZIELSETZUNG			speziell Inland	speziell Ausland
3. STRATEGIEN			speziell Inland	speziell Ausland
4. PRÄMISSEN			speziell Inland	speziell Ausland
5. MASSNAHMEN				

Abb. 65: Strategisches Planungs-Positionspapier

bleibt oder verschlechtert. Für diese Frage ist allein der operative Budget-Formularrahmen zuständig. Es ist eine die-Dinge-richtig-tun-Frage – oder die Dinge besser tun. Welche Kombination lohnt sich besser?

Steht aber im Drehbuch drin, daß durch den niedrigeren Preis gleichzeitig für Teppiche neue Anwendungen zu erschließen sind, so ist dies eine Strategie – im Formular für die strategische Planung einzufügen in Kasten 3. Diese Strategie hieße dann: »Erschließen neuer Anwendungen für Teppiche durch niedrigere Preise eines Schlüsselrohstoffes«. In diesem Fall könnte man die Prämisse setzen, daß es wünschenswert ist, wenn die Konkurrenz dieser Strategie folgt. Es soll ja ein Marktverhalten gefördert werden. Der Marktkuchen soll sich ausdehnen.

Ähnliches ist sichtbar in der Sparte Schnüre. Wenn es da heißt, man könne durch Preissenkung in Form von Aktionsvergütungen die Absatzmengen vergrößern, so ist dies operative Durchführung. Ein Bonussystem nach dem Wenn...-Dann...-Prinzip, das verknüpft ist an das Erreichen bestimmter Absatzmengen mit dem Handelspartner, ist operative Verwirklichung. Sobald aber die Frage Marktanteil angesprochen ist, geht es darum, wem ein Marktanteil wegzunehmen sei. Marktanteile vergrößern können nicht alle in einer Branche. Hat jemand im Sinn, einen größeren Marktanteil zu erringen, muß ein Mitbewerber gerupft werden. Wer ist jetzt Mitbewerber? Ein anderer Hersteller von Bindfäden? Oder ist Wettbewerber eine Substitutstechnik wie z.B. der Klebestreifen beim Päckchen machen?

Soll die Marktstellung des Bindfadens gegen den Klebestreifen ausgebaut werden, so ist Preissenkung wohl eine nicht geeignete – im strategischen Formular der Abb. 65 in Kasten 3 einzutragende – Strategie. Eine besser passende Strategie wäre »Entwickeln eines neuen Produkts«, das den Wettbewerbsnachteil des Bindfadens gegen den Klebestreifen aufzuholen verspricht.

Getreu dem simultanen Vexierbild der Abb. 60 wäre es deshalb ganz »sexy«, beide Perspektiven der Planung – die strategische und die operative – in einem Zug und einem Guß zu klären und zu protokollieren.

Operative und strategische Preiskalkulation für Artikel 3

Dieses *strategische und operative* »*Gleichzeitig*« befolgt auch der Chef der Zentralen Technik/Entwicklung bei seinem Spezialauftrag laut Drehbuch. Die operativ-rechnerische Preiskalkulation geht mit den Zahlen des Drehbuchpunktes I nach der Methode »Zieldeckungsbeitrag je Stunde« vonstatten. Nimmt man die Budgetzahlen des Entwurfs der Abb. 63, so beläuft sich das gesamte Strukturkosten-Deckungsziel in den beiden Sparten und in den zentralen Funktionen auf insgesamt 4850 TDM. Dazu kommt – vorläufig einmal – ein ROI-Ziel von 10% auf die Bilanzsumme von einer Million (Abb. 59). Der gesamte Deckungsbedarf ist dann 5850 TDM. Dieser soll unter Einhaltung der Engpaß-Prämisse mit 237 000 Fertigungsstunden erarbeitet werden. Daraus ergibt sich ein durchschnittlicher **Zieldeckungsbeitrag je Fertigungsstunde von rund DM 25 (genau DM 24,68)**.

Nimmt man diesen Zieldeckungsbeitrag je Stunde und zeigt der Budgetentwurf in Abb. 63, daß bei Artikel 3 fünf Kilogramm je Stunde geleistet werden können, so folgt daraus umgetopft auf das Kilo-Produkt ein Zieldeckungsbeitrag von DM 5,–. Addiert man die Produktkosten (Grenzkosten) von DM 7,– dazu, ergibt sich ein Preisziel von DM 12,– je Kilo. Machbar? Akzeptabel durch den Verkauf? Dies erzeugt die operative Preisdiskussion zwischen nötig (vom Deckungsbeitrag zur Kostendeckung her) und möglich vom Markt aus (verglichen zur Konkurrenz).

Die strategische Preiskalkulation sucht nach einem **Preis, der möglich sein müßte, wenn man bedenkt, worin die Problemlösungskompetenz der Modellfirma besteht – verglichen zu den Wettbewerbern.**

Das Stärken-/Schwächenprofil in Abb. 66 listet erst einmal *wie in einem Schulzeugnis die Fächer,* in denen sich ausdrückt, worin Attraktivität für Garne bei den Kunden besteht. Dabei ist ein Unterschied gemacht zwischen den unmittelbaren Kunden der Teppichherstellung sowie mit den Kundeskunden der Teppichbenutzer. Diese Fächer sind gewichtet wie in einem Schulzeugnis; d.h.

Haupt- und Nebenfächer sind gebildet durch Problemlösungsarbeit im Team.

Dann folgt eine Einschätzung gegenüber dem Mitbewerber, verglichen zu dem ursprünglich einmal im Budgetentwurf der Preis von DM 10,– je Kilogramm festgelegt worden ist. Hier zeigt sich das skalierende Vorgehen. Natürlich sind die einzelnen Punkte subjektiv zu verstehen. Aber jedes Teammitglied hat eingefügt in seine Skalierung, was es an Erfahrung gespeichert hat, was man so gesagt bekommt, sich sagen lassen muß ... Machen die *Teammitglieder im Prolöt (Problemlösungsteam)* dieses unabhängig voneinander für sich und werden nachher die einzelnen Skalierungen zusammengefügt zu einem Teamresultat, *so entsteht durch viele Subjektivitäten wieder eine Objektivität.*

Die Skala setzt in die Mitte »gleich gut wie die Konkurrenz«. Das eine Plus links soll bedeuten »eher besser«. Die zwei Plus stehen für »sicher besser«. Ein Minus heißt »eher schlechter«; zwei Minus hießen »sicher schlechter«.

Die Punkte – jeweils sieben – seien die separat gesammelten Meinungen der Team-Mitglieder. Nun kann man eine Notenskala ansetzen. Daß hier die Fünfer-Skala gewählt worden ist, läßt sich nicht logisch-kausal begründen. Es ist zu berichten als empirische Regel, daß die Fünfer-Skala praktisch brauchbar ist. Es muß etwas mit den fünf Fingern der Hand zu tun haben, die ein natürliches »Wägen« fördern. Schade, daß der Fünfer in dem Fach erzielt ist, das in der Gewichtung am schwächsten vertreten ist.

Übrigens gibt dieses Potentialprofil *zugleich eine Argumentenliste, um die Produktvorteile besser verkaufen zu können.* Ferner kann man sehen, daß dieses Potentialprofil die gleiche Denkweise vertritt wie das Portfoliobild in Abb. 61. Nur daß es keine senkrecht-waagrechte Achse ist, sondern ein nebeneinandergestelltes Strickmuster zur strategischen Ortsbestimmung. Der Kriterienliste für Attraktivität bei der Kundschaft entspricht die senkrechte Achse des Portfoliobildes; die Beurteilungsskala verglichen zur Konkurrenz bildet die Wettbewerbsposition ab. Praktisch ist oft das Potentialprofil mit seinem Links-Rechts-Arrangement brauch-

Kriterien für Attraktivität	Gewichtung	Beurteilung	Punktsumme
bei den Teppichherstellern		Skala 5 4 3 2 1	
keine Fadenbrüche	40	3,5 ++ + = − −−	140
Anwendungsberatung	20	3 ++ + = − −−	60
Logistische Präzision	10 / 70	3,5 ++ + = − −−	35
bei den Teppichbenutzern			
strapazierfähig	15	4 ++ + = − −−	60
farbtreu	10	3,5 ++ + = − −−	35
antistatisch	5	5 ++ + = − −−	25
	30 / 100 Gewichte		355

Abb. 66: Potentialprofil für Artikel G 3 – strategisches Fähigkeitszeugnis

barer als die »more sophisticated« zweidimensionale Positionierung in der Portfoliomatrix.

Multipliziert man Gewicht und Beurteilungs-Note, so entsteht als Punktsumme 355. Hätte man überall geurteilt mit »gleich gut wie«, hätte als Punktsumme herauskommen müssen 300. Also ergibt sich ein »Potentialfaktor« von 355 zu 300 = 1,18.

Unterstellt man, daß ursprünglich einmal der Preis von DM 10,– je Kilogramm bei Artikel 3 gemacht worden ist »wie die Konkurrenz«, so wäre der Preis, der aufgrund des Potentialprofils möglich sein müßte, DM 10,– x 1,18 = DM 11,80. Wohlgemerkt: Es ist nicht gesagt, daß DM 11,80 jener Preis sei, der möglich »ist«. Gemeint ist jener, der »möglich sein müßte«. Mit dieser Überlegung kommt gemäß Videobild in Abb. 60 die strategische Analyse vom linken oberen Dreieck herüber in das rechte untere Dreieck. Die Meinungsbildung stößt durch zu einem Rechenexempel – und das Rechenexempel mit dem Zieldeckungsbeitrag je Stunde, das bei DM 12,– je Kilogrammpreis endet, fragt zurück in die strategische »Darf-man-es-sich-trauen-Überlegung«.

Im Beispiel kommt heraus, daß der Zielpreis von DM 12,– je Kilogramm nach der operativen Kalkulation durch die strategische Überlegung nicht voll bestätigt wird. In der Budgetplanung für 98 ist deshalb als Preis für Artikel 3 DM 11,– je Kilogramm angesetzt (die berühmten 10% Preiserhöhung), aber eben doppelt begründet. Und in den Maßnahmen (Kasten 5 des strategischen Formulars) ist einzufügen, wo gezielt zu düngen ist, um Stärken auszubauen und Schwächen zu vermindern. Vor allem in den Hauptfächern Anwendungsberatung und logistische Präzision liegt es deutlich in der Hand des Unternehmens selber, ein verbessertes Leistungsprofil herauszuarbeiten.

Gewinnbedarfs-Budget

Inzwischen ist das Gewinnziel für das kommende Jahr erarbeitet. Ausgehend von der Bilanzbeurteilung in Abb. 59 sind festgelegt:

	TGE
– Eine Dividendenplanung von 12% auf das gezeichnete Kapital	360
– Planung einer Zuführung zu Rücklagen zur Verbesserung des working capital (Umlaufvermögen minus kurzfristiges Fremdkapital derzeit minus 200)	200
– Ertragsteuerplanung auf ausgeschütteten und einbehaltenen Gewinn geschätzt 55%	684
– Budget der Fremdzinsen etwa	340
Nötiges Betriebsergebnis vor Zinsen und Ertragsteuern	1584

Das Gewinnziel ist somit nicht einfach verkündet, sondern begründet. *Der Gewinnbedarf ist von der Verwendungsseite her entwickelt.* Hier ist im Vordergrund die Handschrift des Treasurers. Auch welche Ansprüche sind zu erfüllen hinsichtlich von Kennzahlen zur finanziellen Stabilität. Der Finanzbereich liefert eine Begründung für das Gewinnziel zur finanziellen Existenzsicherung der Unternehmung; der Controller hätte das Transmissionssystem zu installieren, das dieses Gewinnziel umformt in arbeitsfähige Einzelziele für die verschiedenen Funktionen. Das Tableau dafür ist das Ergebnisbudget in der Struktur der stufenweisen Deckungsbeitragsrechnung.

Aus dieser Zielformulierung ergibt sich ein nötiges Betriebsergebnis für das Wirtschaftsjahr 98 im Fallbeispiel von TDM 1584. Bezieht man dieses Ergebnis auf die Bilanzsumme von 10 Millionen, entsteht eine Return-on-Investment-Zielkennzahl von rund 16%.

Das neue Budget – computerprotokolliert

Abb. 67 zeigt das neue Budget im Rahmen der Managementerfolgsrechnung. Es handelt sich um eine Aussageform, um
– Marktplanung nach Absatzmengen, Verkaufspreisen, Promotionsmaßnahmen;

vgl. auch III ⟹ Syhenluft ⟹ Diskette! Controller Toolbox

BUDGET - ENTWURF - OPERATIVE PLANUNG

	Artikel 1	Artikel 2	Sparte G 3	Sub-Total	Sparte S Artikel B Inland	B Ausland	B Neu	Sparte S Sub-Total	Summe Gesamt
Verkaufspreis/kg	9,50	6,45	11,00		4,50	4,8	6		
Produktkosten/kg	8,80	5,00	7,00		2,86	2,86	3,4		
DB/kg	0,70	1,45	4,00		1,64	1,94	2,6		
DB %	7,37%	22,48%	36,36%		36,44%	40,42%	43,33%		
kg/Arb. Std.	0	16	5		21	21	8		
DB/Arb. Std.	0,00	23,20	20,00		34,44	40,74	20,80		
Absatz in t	800	1500	250	2550	1100	350	180	1630	4180
Umsatz in Tsd.	7600	9675	2750	20025	4950	1680	1080	7710	27735
Prop. Kosten in Tsd.	7040	7500	1750	16290	3146	1001	612	4759	21049
DB I in Tsd.	560	2175	1000	3735	1804	679	468	2951	6686
Tausend Arbeitsstunden		94	50	144	52	17	23	91,547619	235,297619
								0	

Dir. Kosten für Promotion in Tausend	1150	150	100	350	600	1750
DB II in Tsd.	2585	1654	579	118	2351	4936
Strukturkosten der Sparte (Verkauf,Prod.,Verwaltg.)	1300	600	0	0	600	1900
DB III Tsd.	1285	1054	579	118	1751	3036
zentrale Strukturkosten						1500
Betriebsergebnis						1536
Direktes Spartenkapital in Tsd	4000	2000				6000
Zentral capital employed in Tsd						4000
ROI auf Gesamtkapital						15,36%

Abb. 67: Das neue Ergebnisbudget im Rahmen Management-Erfolgsrechnung (MER)

- technische Strukturen hinter den Produktkosten wie Rezepturen, Stücklisten, Operationspläne;
- die Struktur des organisatorischen Gehäuses, ausgedrückt in den »Fixkosten«;

daraufhin zu kanalisieren, daß alles im Ensemble ins Ergebnisziel führt.

Gemäß den Punkten des Drehbuchs wurde für Sorte 1 in der Sparte G entschieden, dieses Programm von der Eigenfertigung auf den Zukauf umzustellen. Diese Garnsorte wird fremd hergestellt und als Handelsware geführt. Damit werden 80000 Stunden frei.

Mit der Prämisse, daß die Fertigungsstunden in jeder Verwendung einsetzbar sind – die Qualifikation der Mitarbeiter also dafür ausreicht – plant erst einmal Sparte G den Einsatz dieser knappen Ressourcen für die Produkte 2 und 3. Bei Produktlinie 2 wird entschieden, den Preis herabzusetzen. Im Sinn der operativen Planung ergibt sich eine Verbesserung des Deckungsbeitrags I gegenüber dem Budgetentwurf um 675 TGE; einmal durch den Mengeneffekt im Absatz und sodann durch die infolge der höheren Produktion mögliche Verbesserung in der Struktur der Produktkosten (Grenzkosten). Bei Produktlinie 3 wird, wie schon erörtert, der Verkaufspreis auf GE 11,– je Kilogramm erhöht. Die Produktkosten bleiben – auch wegen der in das Produkt hineingebauten Qualität. Die Absatzmenge ist auf 250 Tonnen erhöht. Es gelingt gemäß Fahrplan – und die jetzigen Vorbereitungen lassen es naheliegend erscheinen – einen neuen Kunden zu gewinnen; gestützt auf das Argumentenprofil der Potentialanalyse in der Abb. 66. Dieser Kunde hat sich bisher geweigert, Garne der Strategie-AG in seine Rezepturen aufzunehmen. Mit dem Türöffner Artikel 3 ändert sich das. Allerdings ist, flankierend dazu, der Promotionetat um 150 TGE aufzustocken. Dafür reduzieren sich die Strukturkosten der Sparte um 200 TGE, weil infolge besserer Zusammenarbeit mit dem Chef Zentrale Technik/Entwicklung eine Unterauftragnehmerleistung zur Durchführung der Potentialanalyse eingespart werden kann. Das Spartenergebnis erhöht sich von 1040 im Budgetentwurf (Abb. 63) auf 1285.

Für Sparte S ist begleitend in Abb. 68 auch das strategische

Abb. 68

		Visum	Fassung vom.........	STRATEGISCHE PLANUNG
1. LEITBILD »Wozu sind wir da?«		Problemlösungskompetenz im Verschließen und Öffnen von Päckchen/Paketen – zum Schutz und zur Erhöhung der Erlebnisfreude, daß man etwas öffnen darf – »mehr Spaß am Päckchen kriegen«		
2. ZIELSETZUNG 5-Jahreszielsetzungen mit Jahreszwischenzielen		DB 3 Ziel gemäß Budget 1750 Halten der Rolle des Marktführers	speziell Inland	speziell Ausland Brückenkopf im französischen Markt ausbauen auf 350 t
3. STRATEGIEN Wege, auf denen die Ziele zu erreichen sind		Partnerschaft mit dem Handel ausbauen Produktdifferenzierung: Herausbringen eines Geschenkbindfadens	speziell Inland Bonussystem mengengekoppelt	speziell Ausland Einsatz eines »Rausverkäufers«
4. PRÄMISSEN benötigte Nebenbedingungen		Anbieter B für Klebestreifen engagiert sich nicht im Bindfadensektor	speziell Inland	speziell Ausland
5. MASSNAHMEN In Ausübung der festgelegten Strategie zu treffende Maßnahmen und deren Konsequenzen		Durchentwickeln des neuen Bindfadens so, daß er zum 1. Mai einführungsreif ist; das Pilotprodukt »Knüpfhelfer« in Serie geben Suchen des Merchandisers in Frankreich		

Abb. 68: Ausfüllbeispiel „strategisch"

Formular ausgefüllt. Daraus ergibt sich erst einmal die getrennte Strategie für Inland und Ausland. Im Inland wird mit einem Bonussystem der Nettoverkaufspreis (Händlereinstandspreis) heruntergesetzt. Die vergrößerte Absatzmenge (vorher im Inland 900 Tonnen) um 200 Tonnen ist verknüpft an die Bonusfälligkeit. Das erhöht die Verläßlichkeit der Planung. Auf dem Rücken des größeren Volumens gibt es eine Verbesserung der Rüstzeiten pro Stück und eine Chance in den Einkaufspreisen der Rohstoffe. Der Produktkostensatz geht auf GE 2,86 (von vorher GE 3,15 je Kilo).

Die jetzt von ursprünglich 100 auf 350 Tonnen erhöhten Exportmengen werden zum ursprünglichen Verkaufspreis (Händlereinstandspreis) angeboten. Da es sich um ein identisches Produkt handelt, gilt ebenso der Produktprozeßkostensatz (Gestehungspreis) von GE 2,86 je Kilo. Mit der erhöhten Ausstoßleistung (geringere Rüstzeiten) ist beim Auslandsbindfaden der Deckungsbeitrag je Stunde jetzt am höchsten. Die Mengenerhöhung hängt mit dem Einsatz der Merchandising-Aktivität zusammen, die 100 000 Strukturkostenbudget erfordert (gemäß Drehbuch).

Neu konzipiert ist ein portionierter, farbiger Bindfaden mit Schnürvorrichtung. Für dieses neue Produkt ist ein Verkaufspreis von GE 6,– ins Auge gefaßt. Da der Herstellprozeß teurer und die Ausstattung besser ist, beläuft sich der Produktkostensatz auf GE 3,40. Die Kilogrammleistung liegt bei 8. Folglich sind für das neue Produkt bei 180 Tonnen im ersten Jahr der Einführung 23 000 Stunden nötig. In Summe ergibt sich die Einhaltung des Engpasses mit 23 7000 Stunden (knapp nicht ganz ausgenützt).

Das Werbebudget für den Standardbindfaden ist gekürzt. Hier soll das Bonussystem beim Wiederverkauf hauptsächlich wirken. Zur Einführung des neuen Bindfadens ist ein Etat von 350 TGE vorgesehen, wobei diese Werbemaßnahme auch Abstrahleffekte hat auf die Standardware. Die Strukturkosten der Sparte S sind unverändert mit 600 000 angesetzt. Das Spartenergebnis bei S geht im neuen Budget auf 1751 TGE.

Die zentralen Strukturkosten in Höhe von 1500 TGE bleiben unverändert. Damit endet das Budget bei 1536 Plan-Betriebsergebnis vor Zinsen und Ertragsteuern.

In der *Schreibweise* »*Managementerfolg*« ergibt sich:

Betriebsergebnis	1536
./. Ergebnisziel	1584
Managementerfolg	./. 48

Die Zahl 48 heißt nicht Verlust, sondern bedeutet ein insoweit nicht ganz erreichtes Ziel. Diese kleine Toleranz ist aber zu vernachlässigen. Wichtig ist, daß das Budget nicht einfach hingetrimmt worden ist auf das hin, was rauskommen soll. Das zeigt sich auch daran, wie das Budget integriert ist – gezeigt am Beispiel der Schnüresparte – mit der strategischen Planung.

Vom Ergebnisbudget im Rahmen der stufenweisen Deckungsbeitragsrechnung in das Budget der Aufwands- und Ertragsrechnung der Finanzbuchhaltung

Dabei sollen zuerst einmal folgende zusätzliche Annahmen gelten:

Liste der ergänzenden, finanz- und erfolgswirksamen Geschäftsvorfälle:

a) Der Bestand an Fertigerzeugnissen von G 2 soll sich im Budgetjahr um 100 Tonnen erhöhen. Sie sind zu bewerten mit steuerlichen Herstellungskosten, die je kg 5,50 GE betragen sollen. Die Produktkosten hingegen machen laut Abbildung 67 GE 5,– je kg aus.

b) Von der Handelsware G 1 werden 100 Tonnen zusätzlich wegen Versorgungssicherung an Lager genommen; bewertet mit dem Einstandspreis von GE 8,80 je kg.

c) Das Rohstofflager wird in beiden Sparten zusammen um TGE 250 abgebaut.

d) Der Zugang an Debitoren soll mit 10% vom Jahresumsatz angenommen werden.

e) Die Debitoren aus der Eröffnungsbilanz gehen in Höhe von TGE 1300 voll ein.

f) Die proportionalen Kosten der Abbildung 67 in Höhe von TGE 21 049 sollen bestehen zu 70% aus Material, zu 20% aus Lohn und zu 10% aus proportionalen Fertigungsgemeinkosten.
g) Die Materialrechnungen werden in Höhe von TGE 3000 in der Budgetperiode nicht mehr bezahlt; erhöhen also die Lieferantenschulden.
h) Die fixen Kosten bestehen zu TGE 3500 aus Gehältern, zu TGE 1090 aus fixen Sachkosten und zu TGE 560 aus kalkulatorischen Abschreibungen.
i) Die Abschreibung der Buchhaltung beläuft sich auf TGE 510 und soll sich vereinfacht nur auf Maschinen beziehen. Neuinvestitionen in Höhe von TGE 400.
j) Der Aufwand in Höhe von TGE 340 für Fremdkapitalzinsen und von TGE 684 für Ertragsteuern soll Ausgabe werden in der Budgetperiode. Es sei also angenommen, daß die Vorauszahlungen an Körperschaft- und Gewerbe-Ertragsteuer dieser Planung entsprechen.

Abb. 69 bringt die parallel gestaltete budgetierte Aufwands- und Ertragsrechnung der Finanzbuchhaltung zugleich mit der geplanten Abstimmbrücke zwischen Betriebsergebnis und Jahresüberschuß in der Bilanz.

Sinn dieses Arbeitspapiers ist:

- Umstellung auf die Kostenartengliederung (zur Vorbereitung der Finanzplanung);
- Einbau der Ertragsteuerplanung (hier improvisiert vorgenommen);
- Vorbereitung einer Planbuchhaltung auf den Erfolgskonten;
- Umstellung von der Logik der Deckungsbeitragsrechnung mit Produkt- und Strukturkosten auf die Denkweise von Soll und Haben der Finanzbuchhaltung: Jede Buchung im Soll als Mittelverwendung gesehen; jede Buchung im Haben als Mittelherkunft. Damit integriert sich das Controlling zum Ergebnisziel mit dem Controlling der finanziellen Sicherung und Stabilität.

In Abb. 69 sind erst einmal die proportionalen und fixen Kosten der Abb. 67 arrangiert nach den hauptsächlichen Kostenartengrup-

Vorgang/Position/Konto	lt. Budget MER Abb. 67	Umformung	lt. Budget G- u. V Fibu
Materialaufwand	14 000	+350	14 350
Fert.löhne	4 500	+100	4 600
Prop. FGK	2 549	+ 50	2 599
Σprop. Kosten / Produktkosten	21 049	+Bestandes veränd. 100 t G 2 = 500	
Gehälter	3 500	Zinsen 340	3 500
Sachkosten	1 090	Ertrag-	2 114
Kalk. Abschreibung	560	steuern 684	510
Fixkosten / Strukturkosten	5 150		
Kosten Total	26 199		27 673
Umsatzerlöse	27 735	als »steuerliche Entgelte«	27 735
Bestandesveränderg. HF/FF	—	+100 t G 2 à 5,50/kg	550
Erträge / Betriebsleistung			28 285
Betriebsergebnis vor Zinsen, Ertragsteuern	1 536		
Abstimmbrücke			
Fixkosten i.d. Bestandesveränderg.	+ 50		
Abschreibungsunterschied	+ 50		
Zinsaufwand	−340		
Ertragsteueraufwand	−684		
Jahresüberschuß	612		612

Abb. 69: Umstellung der budgetierten Managementerfolgsrechnung auf die budgetierte Gewinn- und Verlustrechnung der Finanzbuchhaltung

pen. Was sind Kosten, aber nicht Ausgaben wie die Abschreibungen? Welche Kostenarten werden über Kreditoren geführt, welche nicht?

Dann ist eingefügt in die Budgetierung der G+V-Rechnung die Bestandesveränderung an Fertigfabrikaten. Bewertet zu Herstellungskosten sind dies 550 TGE. Um diesen Betrag erhöht sich die *Betriebsleistung* der Budgetperiode auf 28 285. Sinngemäß dazu sind die dem Verkauf entsprechenden Produktkosten (proportionale Kosten) erhöht – aber zur Produktkostenbewertung. Die Differenz von 50 steht in der Abstimmbrücke mit Vorzeichen Plus. Die Erträge sind um 50 000 mehr erhöht als der Aufwand. Also ist dies in der Finanzbuchhaltung gegenüber der Managementerfolgsrechnung ergebniswirksam. Die Zahl 14 350 TGE Materialaufwand der Periode ist die Summe aller Materialentnahmescheine, die während des Budgetjahres 01 in die Produktion gehen, bewertet mit den Einstandspreisen des Jahres 01.

Bei den Sachkosten sind – da die Zielsetzung ungefähr erreicht wird – die Zahlen aus dem Gewinnbedarfsbudget als Zinsaufwand sowie als Ertragsteueraufwand eingefügt. Diese Positionen sind den Sachkosten »einverleibt«. Daraus ergibt sich in der Abstimmbrücke eine Minusposition, denn das Betriebsergebnis ist vor Zinsen und Ertragsteuern formuliert gewesen.

Der totale Aufwand in der budgetierten Aufwands- und Ertragsrechnung beträgt 27 673. Die Zwischensumme »proportional« und »fix« kennt die Buchhaltung nicht mehr. Sie bewegt sich im Bereich von Soll (obenstehende Zahlen) und Haben (untenstehende Zahlen). Der Jahresüberschuß der Finanzbuchhaltung nach Abb. 69 beläuft sich auf 612 TGE. Dies ist das Ergebnis nach Zinsaufwand und nach Ertragsteuern; aber vor Gewinnverwendung.

Liste der Plan-Bilanzbuchungen

In der Liste der Abb. 70 sind die wichtigsten Buchungsvorgänge eingefügt. Erlöse und Aufwand sind ausschließlich als das G- und V-Konto der Bilanz angegeben. Die Planbuchungen sind Stellvertreter für die Einzelbuchungen, die während eines Jahres über die Bühne gehen. Als Kontrastprogramm zur Buchungsliste bei der MAFAK ist dieses Kollektiv der budgetierten Buchungen freihändig von Hand gemacht.

Beim Materialaufwand sind es gemäß Produktion 14 350. Nach Drehbuch wird der Bestand an Handelsware um 880 TGE aufgestockt. Andererseits soll sich das Rohstofflager um 250 abbauen. Die eingehenden Kreditorenrechnungen für Materialbezüge sind demnach 14 350 minus 250 plus 880. Von diesen 14 980 bleiben 3000 TGE in der Mittelherkunft aus Kreditoren.

Nr.	Vorgang	Soll	Haben
1	**Umsatz u. Zahlungseingang**		
	G + V		27 735
	Debitoren	2 800	
	Fl. Mittel	24 935	
2	**Eingang Debitoren**		
	Debitoren		1 300
	Fl. Mittel	1 300	
3	**Materialaufwand u. -zahlungen**		
	G + V	14 350	
	Lager Handelsw. +Rohst. +880–250	630	
	Kreditoren		3 000
	Fl. Mittel		11 980
4	**Zahlg. »alte« Kreditoren**		
	Kreditoren	400	
	Fl. Mittel		400
5	**Investitionen u. Abschreibungen**		
	Maschinen (Neuinvestition)	400	
	Fl. Mittel		400
	G u. V (Abschreibungsaufwand)	510	
	Maschinen		510
6	**Buchg. sämtl. übriger Aufwand**		
	G + V	12 813	
	Fl. Mittel		12 813
7	**Bestandesaufbau Fertiglager**		
	Fertigfabrikate	550	
	G + V		550
8	**Rückführen Bankkredit**		
	Kontokorrentkredit	642	
	Fl. Mittel		642

Abb. 70: Liste der budgetierten Bilanzbuchungen

Auf dem Konto flüssige Mittel ist jetzt »fast versehentlich« der operative Jahresfinanzplan entstanden. Dazu sind die dort gemachten Buchungen laut Abb. 70 wie folgt zusammengestellt:
Die Buchungen Mittelverwendung für die Kasse sind Einnahmen. Die Mittelherkunft aus der Kasse sind aus der Sicht des Finanzplans die Ausgaben. Es ergibt sich eine Überdeckung von TGE 642. Diese wird, ausgedrückt in Buchung 8, dazu benutzt, den Bankkredit zurückzufahren.

für die »Kasse« MV = Einnahmen	Flüssige Mittel = Finanzplan	aus der »Kasse« MH = Ausgaben
① 24 935		③ 11 920
② 1 300		④ 400
		⑤ 400
		⑥ 12 813
		25 593
26 235		642
Überdeckung		

Aufstellung der Planbilanz

Abb. 71 bringt ausgehend von der Eröffnungsbilanz in Abb. 59 mit den Bewegungen der Buchungsliste aus Abb. 70 sowie Informationen aus der Gewinnplanung Abb. 69 die Entwicklung der Planbilanz. Dabei zeigt sich, daß sich die Bilanzsumme vergrößert hat. Die ursprünglich als Zielkennzahl genannten rund 16% sind als Prozentsatz jetzt nicht mehr erfüllt. Wohl ist etwa das absolute Ergebnisziel pro Jahr erreicht; aber die Relation zur Bilanzsumme ist nicht eingehalten. Das Umlaufvermögen hat sich vergrößert. Dies hängt zusammen mit dem gegenüber dem Budgetentwurf in Abb. 63 vergrößerten Umsatzvolumen in Abb. 67.

Soweit sind die Finanzzahlen – integriert mit der Ergebnisplanung – »gekocht«. Jetzt geht es noch darum, diese Zahlen im Finanzbericht zu »servieren«.

Finanzbericht zur Strategie AG fürs Budgetjahr

Zwei Darstellungsformen im Sinne des Finanzberichts sind herausgegriffen als Schlußbaustein der Planungsarbeit. Das eine ist die Bewegungsbilanz oder Kapitalflußrechnung mit Auskunft über Wohin und Woher. Hier sind die Zahlen so serviert, daß sie ein Bild geben sollen zur finanziellen Diagnose. Da bieten sich zwei große Zusammenhänge an für eine Finanzinterpretation: Die

Konto	EB lt. Abb. 59	Bewegungs-Bilanz MV	Bewegungs-Bilanz MH	Plan-SB 31.12.01
Gebäude	3 000			3 000
Maschinen	2 800	⁵ 400	⁵ 510	2 690
Ausstattung	800			800
Anlagevermögen	*6 600*			*6 490*
RHB	500	³ 880	³ 250	1 130
Fertigfabrikate	1 000	⁷ 550		1 550
Debitoren	1 300	1 500		2 800
Fl. Mittel	600	lt. Finanzplan		600
Umlaufvermögen	*3 400*			*6 080*
Aktiva	**10 000**			**12 570**
Gezeichnetes Kapital	3 000			3 000
Rücklagen	1 500			1 500
Gewinnkonto	–	lt. G- u. V 612		612
Eigenkapital	*4 500*			*5 112*
Langfr. Rückst.	500			500
Langfr. Darlehen	1 400			1 400
Langfr. Fremdk.	*1 900*			*1 900*
Bankkredit	3 200	⁸ 642		2 558
Kreditoren	400		³⁴2 600	3 000
Kurzfr. Fremdk.	*3 600*			*5 558*
Passiva	**10 000**			**12 570**

Abb. 71: Aufbau der Planbilanz unter Einbau der Buchungssätze als Bewegungsbilanz

Investitionen von 400 TGE sind voll aus dem Cash-flow finanziert; der restliche Teil des Cash-flow dient der Rückführung des Bankkredits. Die Expansion im Umlaufvermögen, verknüpft mit der Marktexpansion, ist finanziert aus größerer Beanspruchung der Lieferantenkredite.

Dem entspricht auch die Auskunft der Working Capital-Analyse. Das Working Capital beträgt in der Schlußbilanz jetzt etwa 0,1 des Umlaufvermögens, hat sich also gegenüber der Eröffnungsbilanz durch unsere Fahrplanbauten verbessert. Diese Verbesserung beträgt plus 722. Und zwar handelt es sich um den ins Umlaufvermögen, also nicht ins Anlagevermögen investierten Cash-flow. Dieser Cash-flow mit 1122 geht in Höhe von 400 in Investitionen und verbleibt mit 722 zur Finanzierung des Umlaufvermögens; bzw. zum Abbau der kurzfristigen Schulden.

a) Kapitalflußrechnung / Bewegungsbilanz

Mittelverwendung			Mittelherkunft	
Investitionen		400	Gewinn	612
Anlagevermögen			Abschreibung	510
			Cash-flow	1122
Expansion				
Umlaufvermögen:				
Debitoren	1500		Fremdfinanzierung	
Läger	1180	2680	Lieferanten	2600
Tilgung				
Bankkredit		642		
		3722		3722

b) Working-Capital-Analyse

	EB	SB
Umlaufvermögen	3400	6080
./. KFK	3600	5558
= WC	− 200	+ 522
	+ 722	

Abb. 72: Finanzbericht – Bauteile

Der Fall der »Strategie AG« im Controlling-Dreifelder-Bild

Abb. 73 zeigt als eine Art »Altarbild« drei Controllingperspektiven simultan. Da ist einmal im linken Altar die Planung und Steuerung der strategischen Potentiale. Es sind die Know-hows (gekonnt wie man es macht) und die Know-who's (man ist kundig, wenn man die Kunden kennt). Eine Potentialanalyse im Sinne eines Attraktivitäten- sowie Stärken- und Schwächenprofils gehört

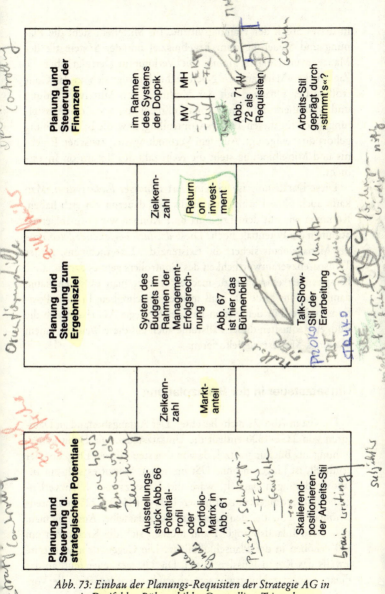

Abb. 73: Einbau der Planungs-Requisiten der Strategie AG in ein Dreifelder-Bühnenbild – Controlling-Triptychon

in dieses Stück der Planungsvitrine. Im Mittelfeld steht die Planung und Steuerung zum Ergebnisziel mit der Systematik der Managementerfolgsrechnung. Die Verknüpfung erfolgt über die Zielbrücke »Marktanteil«. Nach rechts hin fügt sich an das Controlling der Finanzen mit der Methodik von Mittelverwendung und Mittelherkunft. Die Kapitalflußrechnung wäre ein Ausstellungsstück für diesen Teil des Controlling; bzw. die Bilanzplanung gehört dort eingefügt. Auf dem Verbindungssteg zwischen Ergebnis und Mittelbindung steht die Kennzahl des Return on Investment.

Diese Darstellung ist wie eine Art *ständiges Radarsystem*. Man kann auch ohne Formulare notfalls dies dauernd vor sich haben. Kommen wir mit dem Ergebnis hin? Können wir es finanzieren? Stimmen die Potentiale noch? Diese *dreifach begleitende Suchfrage* des Managements sichert die Existenz des Unternehmens. In der Transparenzverantwortlichkeit des Controllers geht es darum, diese Perspektiven einsehbar zu machen. Damit man es sehen kann, damit man im Bilde ist, muß man es aufschreiben; braucht Positionspapiere. Für den echten Fall der Strategie AG lassen sich die Budget-Requisiten dieser Fallstudie auch auf diese Weise zu einem Planungs-Messestand dekorieren.

Umsatzsteuer in der Bilanzplanung

Dies ist in Abb. 71 nicht beachtet. Der Anfangsbestand an Debitoren von TGE 1300 enthält die Umsatzsteuer. Die Debitorenerhöhung aus Buchungssatz 1, da von den steuerlichen Entgelten her ermittelt, ist hingegen ohne USt bestimmt. Soweit es sich um Inlandsforderungen handelt, wäre die Umsatzsteuer bilanzverlängernd hinzuzufügen; angenommen 15% auf 1500 = 225 debitorenerhöhende USt. Bei den Kreditoren gilt dasselbe. Angenommen, alles seien Inlandsbezüge. Dann müßten sich die Kreditoren um 450 erhöhen in der Planschlußbilanz. Die Gegenbuchung beträfe jeweils das Konto Flüssige Mittel. Die Umsatzsteuer muß an das Finanzamt auszahlungswirksam abgeführt worden sein; die Vorsteuerabzüge mindern die Umsatzsteuerzahlungen des Budgetjahres. Folglich ist der Bestand an FlüMi um 225 höher zu budgetieren. Der »free cash flow«, jetzt 642 betragend und in die Schuldentilgung investiert, wäre um diesen Betrag größer.

»Shareholder Value« oder ...?

In seinem Buch »Creating Shareholder Value« (New York 1986) zitiert Alfred Rappaport gleich zu Anfang die Einstellung zweier Firmen zu dieser Frage. Coca Cola schreibt auf dem Umschlag des Jahresberichts 1984: »To increase shareholder value over time is the objective driving this enterprise«. Und wer denkt an den Kunden? Ist der Kunde kein »value driver« (Rappaport nennt z.B. Umsatzwachstum, Cash-Flow-Rate, Kapitalkosten) und customer focus bzw. Kundenorientierung nur ein leeres Wort? Oder ist man inzwischen drauf gekommen, daß Kundenorientierung langfristig auch im Interesse desAktionärs liegt? Wie Coca Cola sieht auch Hillenbrand Industries, ein Hersteller von Krankenhaus-Einrichtungen, seine Verantwortung darin, den Ertrag für seine Shareholders zu maximieren.

Haben diese Unternehmen den ursprünglichen Sinn ihrer Existenz aus den Augen verloren? Wozu sind sie da? Liegt ihr Sinn darin, Mehrwert in Form von Geld zu erzeugen, von außen gesteuert durch Manager von Pensions-Fonds, durch die Drohung einer feindlichen oder unfreundlichen (klingt freundlicher) Übernahme, durch Kreditgeber? Das Erlebnis des Kleinen Prinzen mit dem Geschäftsmann, der die Sterne zählt, kommt einem in den Sinn (2. Kapitel).

Coca Cola will das Ziel der Maximierung des shareholder value durch die Steigerung des Jahresgewinns pro Aktie und einer Zunahme der Eigenkapitalrendite erreichen. Hillenbrand Industries dagegen erklärt im Geschäftsbericht 1984: »Shareholder value is created when a company generates free cash flow in excess of the shareholder's investment in the business«. Jahresgewinn pro Aktie oder Cash-Flow? Im 2. und 3. Kapitel seines Buches stellt

Rappaport die Unterschiede dieser Methoden und die Überlegenheit des cash-flow-basierten Lösungsansatzes dar.

Was haben die Shareholder in den Fallstudien-Unternehmen dieses Buches von ihrem Engagement? Das Startkapital des *Teppich-Unternehmers* (4. Kapitel) in Höhe von 20 000 soll laut Planbilanz bis zum Jahresende auf ein Eigenkapital von 31 450 anwachsen. Schulden bei Lieferanten, nicht aber bei der Bank weist die Planbilanz aus. Nehmen wir an, daß er mit den Entnahmen während des Jahres nicht schlecht leben wird. Und was ganz wichtig und nicht in Geld auszudrücken ist: Er ist Unternehmer, er kann und muß entscheiden, mit allen Chancen und Risiken. Ein ehemaliger Schulkollege, jetzt Controller in einem größeren Unternehmen, hat ihm bei der Planung geholfen und seinen unternehmerischen Mut und seine Ideen durch das Zahlenwerk gestützt bzw. abgesichert. Vielleicht steigt er bald als Partner und Mitunternehmer ins Geschäft ein.

Die *MAFAK GmbH* ist ein Unternehmen in Schwierigkeiten. Vielleicht hat man sich zu lange auf früher verdienten Lorbeeren ausgeruht. Die vorgelegte 3-Jahresplanung zeigt eine starke finanzielle Anspannung. Die geplante Dividende ist dementsprechend sehr bescheiden. Die Eigentümerverhältnisse sind nicht näher beschrieben, doch kann bei einer GmbH angenommen werden, daß es eher wenige Gesellschafter sind, einige von ihnen vielleicht auch Mitglieder der Geschäftsführung. Möglicherweise werden die Eigentümer, die Shareholder (wörtlich: Anteilehalter) sogar auf die ohnehin geringe Dividende verzichten, um so ihren persönlichen Beitrag zum Durchstehen der Durststrecke zu erhöhen. Die Fähigkeit zu verzichten ist in der Situation der MAFAK ein Potential zur Sicherung der Lebensfähigkeit des Unternehmens.

Für die *Strategie AG* wurde für die operative Jahresplanung ein Gewinnbedarfsbudget erarbeitet. Das Gewinnziel ist begründet durch Ansprüche, die an das Unternehmen gestellt werden von den Aktionären, den Kreditgebern, dem Unternehmen selber und dem Fiskus. Es ist zu überlegen, ob nicht auch der erfolgsabhängige Teil des Einkommens der Mitarbeiter in das Gewinnbedarfsbudget eingearbeitet werden soll. Jedes Kapital muß verzinst werden, also neben dem Aktienkapital (Shareholder) auch das von Kreditgebern (Debtholder) geliehene Fremdkapital. Die geplanten Fremdkapitalzinsen sind etwa gleich hoch wie die geplanten Dividenden. Es wäre zu überlegen, ob sich die Mitarbeiter des Unternehmens auch finanziell im »eigenen« Unternehmen stärker engagieren sollten. Wieso das ersparte Geld zur Bank bringen, damit die es wieder in unserem Unternehmen anlegen kann? Den »Zwischengewinn« könnte das Unternehmen selber gut gebrauchen für Investitionen, Entwicklungsprojekte oder zur Verbesserung der finanziellen Stabilität; und auch die Mitarbeiter könnten davon etwas bekommen. Oder können die Banken das ersparte Geld besser wieder anlegen? So sicher ist das nicht, wie Beispiele von Unternehmen zeigen, die den Banken Kredite entlocken für waghalsige Bauprojekte und Spekulationskäufe. Kein Privater würde für seinen Hausbau so leicht Geld bekommen.

Diese Kreditverluste müssen wir alle tragen. So könnten die Mitarbeiter auch das Risiko für das ins eigene Unternehmen investierte Geld tragen, das sie viel eher unter Kontrolle haben. Sie wären dann Stakeholder (Interessenten) als Inhaber eines Arbeitsplatzes, der das Basiseinkommen sichert und als Anteilseigner (Shareholder).

Das 3-Felderbild in Abbildung 73 – als Formular ausfülltechnisch zubereitet in Abb. 74 – macht deutlich, daß die verschiedenen Interessen miteinander zu »versöhnen« sind. Das gemeinsame Interesse ist die Lebensfähigkeit des Unternehmens. Die Erhaltung und Schaffung von Potentialen in der strategischen Planung ist die Vorsteuergröße zur Nutzung dieser Potentiale in der operativen Mehrjahres- und Jahresplanung. Rentabilität und finanzielle Stabilität bzw. Liquidität müssen dauerhaft gesichert werden. Das Wort dauerhaft erinnert an die Gedanken zu sustainable development im 1. Kapitel. Die Maximierung des shareholder value ist vielleicht doch zu einseitig, auch rein ökonomisch gesehen. Zur Sicherung der Überlebensfähigkeit müssen wir den Naturverbrauch in die Planungsüberlegungen zu Hause, im Unternehmen, in der Volkswirtschaft, in der Weltwirtschaft einbeziehen. Ökologie ist Ökonomie auf lange Sicht.

Sachverhalt	1. Jahr			2. Jahr			3. Jahr			4. Jahr			5. Jahr		
	Jetziges	Neues	Summe	Jetziges	Neues	Summe	Jetziges	Neues	Summe	Jetziges	Neues	Summe	Jetziges	Neues	Summe
Marktvolumen															
Marktanteil															
Absatzmengen															
Verkaufspreise/Einheit															
./. Produktkosten / Einheit															
Deckungsbeitrag / Einheit															
Σ Deckungsbeiträge															
./. Strukturkosten (ohne Abschreibungen)															
Ergebnis / Cash Flow															
./. Veränderung Mittelbindung															
Anlagevermögen															
Umlaufvermögen															
"Netto-Cash-Flow" (vor Ertragsteuern)															

Abb. 74: Perspektivbudget: Mehrjahres-Netto-Cash-Flow

Sachnachweise

Abschreibungsquote 147
Abstimmbrücke 63, 223
Abstimmbrücke zur Bilanz 64
Abzinsen 186
Abzinsfaktor 188
Activity Based Cost 12
Aktiva-Mehrung 51
Aktiva-Minderung 51
Amortisationsrechnung 187
Anforderungen an das
   Rechnungswesen 38
Arbeitsstile in der Planung 229
Aufgabenbeschreibung 41
Auftragsbearbeitung 172
Aufwands- u. Ertragsrechnung 221
Ausgaben und Einnahmen 75

Banker's Rule 128
Bankkonto 77
Barwert 186
Barwert-Formel 186
Bean Counters 27
Bestandsänderungen 78, 223
Bestände 148
Betriebsergebnis vor Zinsen und
   Ertragsteuern 215
Betriebsvergleich 137
Bewegungsbilanzen 50, 76, 81, 87
Bewertungsprobleme 50
Bilancier sein 72
Bilanz 17, 49, 52, 102
Bilanz- und Finanzbericht-
   erstattung 138
Bilanzanalyse 138, 145
Bilanzklarheit 46
Bilanzkontinuität 46
Bilanzplanung 49, 54, 65, 76
Bilanzpolitik 22
Bilanzrichtliniengesetz 154
Bilanzstruktur-Entwicklung 175
Bilanzverkürzung 79

Bilanzvorsicht 46
Bilanzwahrheit 46
Bodenerwerb 99
Break-even-Analyse 132
Break-even-Diagramm 133
Brutto-Betriebsergebnis 184
Buchhalter 26, 31
Buchhaltung 46
Buchhaltung und Bilanz 45
Buchungsliste 57
Buchungen 53
Buchungssätze 57, 103, 227
Budget, computerprotokolliert 215
Budget der Einnahmen und
   Ausgaben 156
Budgetsitzung 195

Cash Flow 132, 137, 179, 187, 227
Cash Flow-Analyse 131, 136
Consolidated Statement of
   Cash Flows 179
Controller 21, 27, 28, 40, 173, 184, 204
Controller ergebnis-transparenz-
   verantwortlich 206
Controller und Kommunikation 12
Controller, Treasurer und
   Manager 29
Controller und Treasurer
   im Team 192
Controller, Treasurer und Manager
   im Team vor dem PC 192
Controller-Akademie 10, 27
Controller-Aufgaben 25
Controlling 99
Controlling-Dreifelder-Bild 228
Controlling-Fallbeispiel 99
Controlling-Thementeppich 15
Controlling-Triptychon 229
Cost-Center 30
current ratio 145

Debitorenkonto 26
Deckungsbedarf 211

Deckungsbeiträge 36, 203
Deckungsbeitragsprioritäten 201
Deckungsverhältnisse 126
Definitions-Kulisse für Kosten 204
direkte Methode der Finanzplanung 152
Discounted-Cash-Flow-Rate 188, 189
Dividende 39, 122
doppelte Buchführung 25
Doppik, Prinzip 48
Drei-Felderbild 233
Drei-Jahres-Bewegungsbilanz ff.
Drei-Monats-Vorschaubericht 160
Dringlichkeitsgliederung der Passivseite 140
DSO days sales outstanding 148
Du Pont-Formel 117

Eigenfinanzierung 86
Eigenkapital 122, 131, 140, 144
Eigenkapitalrendite 231
Einnahmen-/Ausgabenplan 72
Einnahmen-/Ausgaben-Übersicht 71
empfängerorientierter Bericht 174
erfolgsneutrale Veränderung 52
Erfolgsplan 74, 77
Erfolgs-, Finanz- und Bilanzplanung 73
erfolgswirksamer Geschäftsfall 52
Ergebnis nach Steuern 184
Ergebnisbudget 217
Ergebnis-Budget-Entwurf 203
Ergebnis- und Strategietransparenz 17
Ergebnisplanung 102
Ergebnisverbesserung 155
Eröffnungsbilanz 190, 197
Ertragskraft 28, 121
Ertragsteuern 185
Ertragsteueraufwand 224
Ertragsteuerplanung 27, 50
Erwartungsrechnung 159

Executive Information System (EIS) 172
Expansion des Umlaufvermögens 114
Externe Rechnungslegung 38

Fabrikbuchhaltung 26
Finanzbedarf und Finanzherkunft 153
Finanzbedarfsrechnung 88
Finanzbericht 159 ff., 169 ff.
Finanzbewegungsrechnung 152, 154
Finanz-Break-even-Punkt 133
Finanzbuchhaltung 91, 224
Finanz-Controller 17, 32, 68
Finanz-Controlling 90, 117 ff., 151
Finanz-Controlling-Fallbeispiel 71 ff.
Finanz-Controlling Sache des Finanzmanagers selber 20
Finanzerwartungsrechnung 159, 176
Finanzkennzahlen 117 ff.
Finanzkraft 28
Finanzlücke 110
Finanzplan 88 ff., 113, 152, 226
Finanzplanung 151 ff., 156 ff.
Finanz-Soll-Ist-Vergleich 159
Finanzströme der Planperioden 153
Finanz-Transparenz 32
Finanz- und Rechnungswesen 37
Finanzwirkungen von Entscheidungen 17
finanziell gesund 20
finanzielle Diagnose 226
finanzielle Manövriermasse 134
finanzielle Stabilität 124
finanzielle Unternehmensführung 28
Finanzierung 190
Fixkosten 11, 202
flüssige Mittel 230
Formularbeispiele 157, 161 ff.

Formular für einen Investitionsantrag 162
Formularbeispiel für einen Plan des Umlaufvermögens 170
Formularbeispiel für einen Plan der Verbindlichkeiten und Rückstellungen 171
Formularbeispiel für Einnahmen- und Ausgabenplanung 158
Formularbeispiel zum Investitions-Controlling 166
Forderungsplanung 168
Free Cash Flow 134, 135
Fremdkapital 140
Fristigkeiten 139
Funktionsbeschreibungen für Treasurer und Controller 40

Geldbewegungen 92
Generally Accepted Accounting Principles 23
Gesamtkostenverfahren 106
Gesamtverschuldung 135
Geschäftsfälle für die Bilanzplanung 56
Geschäftsfälle-Systematik 54
Geschäftsvorfälle 221
Gschichte der Finanzfunktion 25
Gewinn 122
Gewinnbedarfs-Budget 30, 65, 214
Gewinn- und Verlustrechnung 77
Gewinnverwendung 224
Goldene Bilanzregel 126
Grenzkosten 202
Grenzkosten/Fixkosten 12
Grenzkostensatz 12
Grundsätze ordnungsmäßiger Buchführung 45

Handelsware 224

Indirekte Methode bei der Finanzplanung 151

Industriekontenrahmen 154
Informationsbedarf und Informationsversorgung 174
Informationsflut 174
Informationsquellen zur Bilanzplanung 67
Inhalte von Finanzberichten 176
interface 31
Interne Revision 37
Interne Zinsfluß-Methode 188 f.
Internes Rechnungswesen 38
Investition 88, 110, 189
Investitionsantrag 161
Investitions-Controlling 161
Investitions-Liste 165
Investitionsobjekt 190
Investitionsplanung 161
Investitions- und Abschreibungsplanung 101
Investitions- und Finanzplanung 160
Investitionsprogramm 126, 134
Investitions- und Finanzplanungsprogramm 192
Investitionsrechnung 161, 183 ff.
Iso-Kurve 117 f.
Istzahlen in ihrer buchhalterischen Doppik 90

Jahresabschluß 48
Jahresgewinn 135
Jahresschlußbilanz 103

Kalkulationszeitpunkt 189
Kapitalbedarf f. Investition 163
Kapitalertrags-Stammbaum 117, 119
Kapitalflußrechnung 113, 176, 179, 180, 182, 228
Kapital-(Mittel-)flußrechnung 180
Kapitalumschlag 147
Kapitalwert 188
Kapitalwertmethode 188

Kennzahlen 177 ff., 147
Kapitalbindung 147
Kennzahlen zur Kapitalstruktur 143
Kennzahlen zur Vermögens-
 struktur 142
Kennzahlen-„Inventar" 141
Kapitalkonto 80
konferenzbegleitende Anwendung
 des Personal Computer 207
Kostenbegriffe 202
Kostenwürfel 204
Knetphase 118
Kundeskunden 198
kurzfristige Schulden 114, 122, 128

Lagerdauer der fertigen Erzeugnisse
 147
Lagerhaltung 148
langfristige Finanzplanung 155
langfristige Mittelverwendung 115
langfristige Verschuldung 114
leistungsmengeninduzierte Struk-
 turkosten 12
Leitbild 207
Leverage-Effekt 124
Lieferantenkreditdauer 148
Liquidität 21, 138, 144, 155
Liquiditätsgrad I 144
Liquiditätsgrad II 144

Management als praktische Rolle
 mit Struktur 18
Managementerfolg 221
Management-Erfolgsrechnung 11,
 63, 65, 184, 192, 217
Managementerfolgsrechnung und
 Gewinn- und Verlustrechnung
 der Finanzbuchhaltung 223
Management-System 18
Manager und Controller 29, 31
Managing by wandering around 173
Marktsegmentierung 205
Maßnahmen der Rationalisierung 205

Mehrjahres-Finanzplanung 99 ff.
Mehrjahres-Management-Erfolgs-
 rechnung 183, 186
Mehrjahres-Netto-Cash-Flow 234
Mehrjahresplanung 196
Mindestverzinsung 188, 189
Mittelaufbringung 51, 85
Mittelflußrechnung 178, 180
mittelfristige Drei-Jahres-Planung 99
Mittelherkunft und Mittelverwen-
 dung 176
Mittelverwendung 51
Mittelverwendung und Mittelauf-
 bringung 85
Muttergesellschaft 191, 195

Negativklausel 136
Netto-Umlaufvermögen 146
(Net)Working Capital 145
Neues Budget 204
Null-Prämisse 195

Ökologie 24, 233
one page only 173
operative Mehrjahresplanung 110
operative Planung 197
operative und strategische Preiskalkulation 211
Ordnungsbild für Managementfunktion 19
Organisation der Buchhaltung 46

Passiva-Mehrung 51
Passiva-Minderung 51
Passivtausch 79
Personal Computer 192, 207
Perspektivbudget 234
Planbilanz 49, 80, 81, 125, 174, 226,
 227
Planbilanz mit saldierten Be-
 standsänderungen 80
Planbilanzbuchungen 224
Planbilanzen für drei Planjahre 107
Plan-Buchungen 104

Plan-Gewinn-und-Verlust-
  Rechnung 81
Planschlußbilanz 230
Planung d. Bewegungs-Bilanzen 83
Planungsbrief 43
Planungs-Panorama 111
Portfolio 199
Portfolio-Darstellung 201
Portfolio-Diagnose 200
Potentialanalyse 228
Potentialfaktor 214
Potentialprofil 212
Prämisse 218
Preiskalkulation 211
Problemlösungskompetenz 198, 199
Problemlösungsteam 212
Produkt und operative Planung 198
Produktkosten 12, 202
Produktprozeßkostensatz 220
Produktvorteile besser verkaufen 212
profit after taxes 29
Profit-Center 30
Projektplanung für nicht aktivierungspflichtige Aufwendungen 164
Prozeßkostenrechnung 37

quick ratio 145

Relationen in der Bilanz 136
Rentabilität 117, 121
Rentabilität und Liquidität 32
Rentabilitäts-Analyse 120
Rentabilitäts-Kennzahl 123
Return on Investment 18, 40, 117, 195
Rüstzeiten 220

Selbstfinanzierung 155
Service-Center 30
Shareholder 233
Shareholder-Value-Konzept 36, 193, 231

Stakeholder 233
Sichheranmeinen im Team 199
Soll und Haben 11, 26
Soll-Ist-Vergleich 90, 95
Soll-Ist-Vergleich bei der Bilanz 96
Soll-Ist-Vergleich der Bewegungsbilanzen 95
Soll-Ist-Vergleich der Einnahmen und Ausgaben 94
Sonderposten mit Rücklagenanteil 141
Spartenchef 205
Spartenleiter 196
Suchfrage 230

Schlußbilanz 190
Schnelldiagnose-Video 196
Schnelligkeitsgliederung der Aktivseite 139
Schnittmenge 30
Schuldendeckung 144
Schuldentilgungskraft 135
schwache Signale 172, 199
schwarze Null 21

Stärken/Schwächen-Profil 211
Statements des Controller-Verein e.V. 17
Statement of Cash Flow 178
steuerliche Betriebsprüfung 28
Strategie 208, 220
strategisch und operativ (simultane Arbeiten) 208
strategische Erfolgsposition (SEP) 198
strategische u. operative Planung 196
strategisches Formular 208
strategische Potentiale 228
strategisches Signalwort 198
strategisch-operative Schnelldiagnose 197
Strukturkosten 12, 202

Strukturkosten sind veränderbar 202
stufenweise Deckungsbeitragsrechnung 61

Tätigkeiten u. Kompetenzen 42
Teammitglieder 212
technischer Vorsprung 206
Teppichhandelsgeschäft 71
Thementeppich-Controllers Werkzeuge 16
Therapiegebiet 198
Tochtergesellschaft 191
top-down 195
top-down-Zielsetzung 204
Treasurer 10, 17, 21, 25, 31, 32, 41, 187, 191
Treasurer und Controller 37
True and Fair View 23
Typologie der Geschäftsfälle 53

Überleitung vom Betriebsergebnis zum Bilanzerfolg 61
Umsatzrendite 120
Umsatzrendite und Kapitalumschlag 118
Umsatzsteuer 230
Umschlagshäufigkeit der Vorräte 147
Umweltmanagement 23

value driver 231
Veranlassungsrechnung 63
Verkaufserfolgsrechnung 62
Vermögens- und Kapitalaufbau 130
Verschuldungsfaktor 18, 136
Verschuldungsgrad 131

WEG 111
Wertanalyse 202
Wettbewerbsposition 200
Working Capital 145
Working Capital als Kennzahl für die Finanzierung 128

Working-Capital-Analyse 115, 127 ff., 227, 228

Zeitvergleich 137
zentrale Strukturkosten 220
Zero-Base-Budgeting 37
Zieldeckungsbeitrag 211
Zieldeckungsbeitrag je Fertigungsstunde 211
Zeiel festlegen 19
Zielpreis 214
Zielsetzung 207
Zins- und Zinseszinsrechnung 184